Princípio da Legalidade penal

Proteção pelo STJ e Parâmetros de Interpretação

Antônio de Padova Marchi Júnior

Princípio da Legalidade Penal

Proteção pelo STJ e Parâmetros de Interpretação

2ª Tiragem

Del Rey Editora

Belo Horizonte
2016

Impresso no Brasil | *Printed in Brazil*

EDITORA DEL REY LTDA.
www.livrariadelrey.com.br

Editor: Arnaldo Oliveira

Editor Adjunto: Ricardo A. Malheiros Fiuza

Editora Assistente: Waneska Diniz

Coordenação Editorial: Wendell Campos Borges

Projeto Gráfico: Dilex Editoração Ltda.

Editoração: Dilex Editoração Ltda.

Revisão: RESPONSABILIDADE DO AUTOR

Capa: CYB Comunicação

Editora / MG
Rua dos Goitacazes, 71 – Sala 709-C – Centro
Belo Horizonte – MG – CEP 30190-050
Tel: (31) 3284-5845
editora@delreyonline.com.br

M317p Marchi Júnior, Antônio de Padova
Princípio da legalidade penal: proteção pelo STJ e parâmetros de interpretação. / Antônio de Padova Marchi Júnior. Belo Horizonte: Del Rey, 2016.

xviii + 212 p.

ISBN: 978-85-384-0430-9

1. Princípio da legalidade. Direito penal. I. Título.

CDU: 343.28

Nilcéia Lage de Medeiros
Bibliotecária
CRB6: 1545

Para Ivana, Helena e Hugo.

Agradeço aos meus pais e irmãos, porque sem eles não chegaria até aqui;

A todos os professores e colegas estudantes que conheci ao longo dos anos de formação acadêmica, alguns que citei nesta obra, outros de quem recebi permanente incentivo e um tanto que interferiu diretamente em minha trajetória de vida;

À Faculdade de Direito da UFMG, onde obtive a graduação e os títulos de mestre e doutor em direito;

Ao Ministério Público do Estado de Minas Gerais: orgulho de ser Promotor de Justiça;

Ao Curso de Direito do UNIBH, local em que experimento a cada dia a desafiadora e gratificante prática docente;

Aos amigos sonhadores do Instituto de Ciências Penais – ICP.

Sumário

Prefácio

Impõem-se, inicialmente, algumas considerações sobre ter sido escolhida para formular a apresentação da obra de Antônio de Pádova Marchi Júnior, intitulada "PRINCÍPIO DA LEGALIDADE PENAL: proteção pelo STJ e parâmetros de interpretação", o que se deve pela circunstância de haver acompanhado o cuidado do autor, desde a escolha do tema de sua tese de doutorado, da qual se originou este livro, até sua defesa, ato este que tive o prazer de assistir como sua convidada.

Não bastasse, presenciei, nos últimos anos, a sua brilhante carreira no Ministério Público, no magistério penal e no Conselho de Criminologia e Política Criminal de Minas Gerais, onde o tema ora abordado foi sempre uma das suas grandes motivações, influenciando com suas lúcidas ideias os demais conselheiros.

Discorrer sobre o princípio da legalidade penal, aparentemente, é tema fácil, escolhido por muitos outros autores, eis que foi amplamente acolhido na Magna Carta, em todos os seus aspectos, mas o estudo de sua aplicação é tarefa ingente, principalmente sem as devidas precauções e limites, com graves e perigosas interpretações, gerando dúvidas até mesmo sobre o órgão judicial que deve fazê-lo.

Esta obra estuda o princípio em questão desde sua origem, passando pela expansão do Direito Penal, a relativização das garantias individuais, os limites da sua interpretação judicial, a jurisprudência vinculante, a análise dos precedentes nos sistemas do *civil Law* e do *comon Law*, os meios previstos em nosso ordenamento jurídico, que o vem aproximando desses sistemas e chega à função institucional do Superior Tribunal de Justiça de uniformizar a interpretação das leis federais e a reação à relativização do princípio da legalidade, favorecendo o debate e a interferência da opinião pública através das universidades e da doutrina específica.

O autor lembra que a atividade do mencionado órgão de cúpula exige o surgimento de novas ferramentas, além das modernamente aplicadas, com meios aptos para resolver divergências hermenêuticas sobre a validade, o alcance e a extensão da conduta proibida, exercendo o controle da interpretação dada pelas instâncias ordinárias aos tipos penais, favorecendo a segurança jurídica.

Assim é com grande prazer que apresento ao leitor este livro, que tem, evidentemente, a intenção de propiciar um estudo profundo e crítico sobre o Princípio da Legalidade Penal e sua interpretação, despertando a necessidade da criação de novos mecanismos para sua eficaz aplicação.

Desembargadora Jane Ribeiro Silva

Apresentação

O livro ora publicado pelo professor Antônio de Padova Marchi Júnior é a sua tese de doutorado, defendida no programa de pós graduação em Direito da UFMG.

O trabalho verte sobre o princípio da legalidade dos delitos e das penas, tema sempre renovado pelo labor doutrinário, e atualmente muito discutido, em especial levando-se em conta a funesta expansão do direito penal.

O autor trata não apenas dos aspectos históricos do princípio e suas implicações ideológicas, mas também o analisa nas diversas legislações do Brasil e na Lei de Execução Penal.

Com nítida precisão e acurado espírito crítico, o professor cuida das garantias constitucionais dele decorrentes e suas implicações, tais como a taxatividade e o convencionalismo penal, os elementos normativos do tipo, as normas penais em branco...

Temas como o direito administrativo sancionador, o princípio da legalidade nos sistemas do *Civil Law* e do *Common Law*, bem como suas vias de aproximação e convergência também constituem objeto da exposição realizada pelo autor.

O livro discorre, ainda, sobre a função institucional do Superior Tribunal de justiça, e introduz a ideia do princípio da legalidade como limite da jurisprudência com força vinculante. É permeado pela jurisprudência sobre o princípio da legalidade em cotejo com diversos crimes em espécie e, o que é importante, discorre sobre as implicações garantistas que podem advir de sua efetiva aplicação, limitando o âmbito de incidência dos tipos penais.

Conhecí o autor deste livro no Programa de Pós Graduação em Direito da UFMG. Tive a alegria se ser por ele escolhida como orientadora do seu curso de mestrado e, também, do doutorado.

Durante todo este período, o professor Antônio de Padova sempre foi um cuidadoso e dedicado pesquisador, apesar das intensas atividades que desenvolvia e, até hoje desenvolve, *extra murus*: é procurador de justiça, foi corregedor geral do Ministério Público do Estado de Minas Gerais e, atualmente, exerce a importante função de Subsecretário de Administração Prisional do Estado de Minas Gerais.

Uma característica marcante de sua personalidade é a sua simplicidade. Isto sempre me impressionou. Simplicidade para fazer todas as coisas. Simplicidade no exercício dos mais diversos cargos que já ocupou.

Por isso mesmo, o traço que mais característico deste livro é a simplicidade.

Não obstante a profundidade e a densidade com as quais o autor discorre sobre o tema escolhido, este livro é de obra de fácil leitura, caracterizada pela simplicidade de estilo de seu autor e pela clareza com a qual expõe não apenas o problema da legalidade, mas, também, os árduos temas a ele conexos e sua *praxis*.

O livro ora publicado é de imprescindível leitura para todos aqueles que estudam e aplicam o Direito penal, em especial porque não se trata de um estudo meramente teórico sobre o tema. Com efeito, as questões jurisprudenciais aqui levantadas, e a aplicação do princípio da legalidade aos casos concretos, são expostos com clareza e analisados de forma crítica pelo autor.

Atualmente, com a inegável e indesejada expansão do direito penal, na maior parte das vezes levada pelo populismo, este trabalho, sem dúvida, oferece sua contribuição a todos aqueles que trazem em seu ideário um direito penal mínimo, marcado pela racionalidade e pela efetividade.

A meu ver, esta é a maior contribuição desta publicação, gentilmente oferecida pela capacidade de pesquisa e de crítica do seu autor.

Belo Horizonte, Outono de 2015.

Sheila Jorge Selim de Sales
Mestre em ciências penais pela FDUFMG.
Doutora em Direito penal e criminologia e pós doutora pela *Università degli Studi di Roma - La Sapienza.*
Professora Associada de Direito Penal na Faculdade de Direito da UFMG.

Introdução

A motivação para este trabalho reside na constatação de que o princípio da legalidade, muito embora positivado tanto na Constituição Federal quanto na legislação infraconstitucional, tem sido contornado pela jurisprudência pátria.

Isso demonstra que a sua origem histórica e o rico desenvolvimento experimentado ao longo de pouco mais de dois séculos não asseguram, por si sós, a plena efetividade de seus comandos, os quais, ao contrário, passaram a ser vistos como obstáculos ao enfrentamento dos delitos da atualidade.

Começa-se a ouvir que o princípio da legalidade, tão fundamental para a contenção do arbítrio estatal e, por conseguinte, para a afirmação da liberdade individual e do respeito aos direitos humanos, já não presta ao correto enfrentamento dos problemas da "sociedade do risco".

A atual compreensão do "bem jurídico" como valor e interesse com relevância constitucional encontra-se estreitamente vinculada com as circunstâncias que pressionam pela flexibilização da legalidade em prol da expansão do Direito Penal.

Os problemas decorrentes dessa nova realidade apontam para uma resposta punitiva em defesa dos interesses de caráter coletivo e com vitimização difusa, especialmente através de dois instrumentos bastante apreciados pelo legislador: os crimes de perigo abstrato e o direito penal simbólico[1], podendo-se citar como exemplos, no ordenamento jurídico brasileiro, a criação de tipos penais para a proteção do sistema financeiro (Lei n.º 7.492/1986), da ordem tributária (Lei n.º 8.137/1990), do meio ambiente (Lei n.º 9.605/1998), da lavagem de dinheiro (Lei n.º 9.613/1998), das drogas (Lei n.º 11.343/2006) e dos certames de interesse público (Lei n.º 12.550/2011).

Por isso, a maneira de se compreender o objeto da tutela penal passou a ser determinante para o futuro mais ou menos venturoso do princípio da legalidade, devendo-se resgatar sua função limitadora da atividade de criminalização desempenhada pelo legislador.

Outros múltiplos aspectos também ajudam a compreender esse momento de embaçamento da legalidade, exigindo rápida superação caso se queira evitar um retrocesso às estações mais sombrias do Direito Penal.

Um dos fatores que contribuem para tal fenômeno reside justamente na ampliação do alcance dos tipos penais pela jurisprudência, conforme se pode facilmente perceber através da análise cronológica do tratamento dispensado ao momento consumativo do furto e do roubo, à constante desconstrução dos conceitos de "grave ameaça" e "violência" e da configuração meramente formal do juízo de tipicidade.

A ofensa à legalidade, todavia, não se restringe somente aos citados delitos patrimoniais, estendendo-se ao vasto rol de condutas típicas positivadas no ordenamento pátrio. Aqui, é bom registrar, os crimes contra o patrimônio não foram tomados como o objeto da pesquisa, mas como instrumentos metodológicos para a abordagem do objeto, que é a violação do princípio da legalidade.

Considerou-se, ainda, que os referidos crimes, por não exigirem maior qualificação do agente, são, em regra, praticados por integrantes das classes menos favorecidas da sociedade, ou seja, pelas pessoas mais expostas ao sistema penal e, consequentemente, as que mais sofrem com o desrespeito às garantais individuais.

Por fim, como se tratam de delitos praticados em todas as épocas e em todas as sociedades, fornecem um ângulo privilegiado para uma

[1] Cf. HASSEMER, Winfried. *Direito penal:* fundamentos, estrutura, política. Trad. por Adriana Beckman Meirelles et al. Porto Alegre: SAFE, 2008. p. 228.

adequada compreensão do fenômeno de debilitação do princípio da legalidade.

O trabalho ainda adverte para o provável agravamento do problema diante do maior protagonismo do juiz na conformação da conduta proibida, tendo em vista a ampliação do objeto da tutela penal, a larga utilização de elementos normativos do tipo e a já citada preferência do legislador pelos crimes de perigo abstrato.

Nesse contexto, a reafirmação do princípio da legalidade aparece como a primeira e indispensável etapa para tornar efetiva a estrutura de proteção individual própria dos verdadeiros Estados Democráticos de Direito.

Afinal, conforme frisado pelos professores paranaenses Jacinto Coutinho e André Giamberardino, "a legalidade segue sendo uma garantia do cidadão e não pode ser banalizada de forma alguma e muito menos por aqueles que, por ela, querem suprimir outros direitos e garantias constitucionais".[2]

Demonstrado o desrespeito principiológico, o objetivo final do trabalho se concentrou na eleição de um mecanismo capaz de controlar as violações da legalidade e, assim, resgatar o prestígio do princípio como o mais importante instrumento em prol da liberdade individual.

O marco teórico recaiu sobre a obra "Direito penal: fundamentos, estrutura, política", de Winfried Hassemer, que aborda a legitimidade do Direito a partir das consequências da interpretação da lei penal e da crise do Direito Penal moderno.

Maior destaque imprimiu-se ao papel do Estado de Direito e seus desdobramentos, fatores que permeiam o trabalho deste jurista alemão, sobretudo quanto ao princípio da legalidade.

Com a observância do princípio da legalidade se espera "uma vinculação estrita da jurisprudência à lei e maior transparência na aplicação

---

2 COUTINHO, Jacinto Nelson de Miranda; GIAMBERARDINO, André Ribeiro. Legalidade e reformas parciais do CPP: a excrescência da relativização das regras e princípios constitucionais. *In*.: BRANDÃO, Cláudio et. al. (Coord.). *Princípio da legalidade*: da dogmática jurídica à teoria do direito. Rio de Janeiro: Forense, 2009. p. 512.

e justificação do Direito", alcançando-se, desse modo, "melhor previsibilidade e controlabilidade do que se passa na legislação e na jurisdição penais".[3]

Neste contexto, a interpretação e a aplicação da lei deverão obedecer a uma coerência com o ordenamento.

Por isso, parte-se da premissa de que a tarefa de dar efetividade ao princípio compete mais diretamente ao Poder Judiciário – órgão ao qual cabe declarar a inconstitucionalidade dos tipos penais violadores das garantias vinculadas à legalidade, bem como limitar seu alcance às condutas que estiverem objetivamente determinadas.

Outra consideração reconhece que, em um país de dimensão continental, caracterizado por significativa diversidade sociológica e pela reconhecida polaridade dos milhares de órgãos judicantes, tanto na esfera estadual como na federal, exige um especial esforço de proteção da legalidade, capaz de mobilizar todo o Poder Judiciário.

Cumpre esclarecer, todavia, que mobilização não significa engessamento, uma vez que a interpretação da matéria de proibição não deve perder de vista as peculiaridades de cada caso concreto.

Proteger a legalidade é proteger o indivíduo e a própria democracia, o que justifica a eleição de um órgão jurisidicional com atribuições específicas para tal mister, no caso, o Superior Tribunal de Justiça.

Os recentes instrumentos instituídos para uniformizar a jurisprudência e aperfeiçoar a harmonização da legislação infraconstitucional reforçam essa compreensão, inclusive por meio da força vinculante de suas decisões, fazendo realçar a importância da análise dos precedentes, tão própria dos países que compõem a família do *common law*.

Conclui-se, assim, que a contenção do avanço arbitrário do Direito Penal depende, como nunca, da firme disposição do Superior Tribunal de Justiça em compatibilizar sua tarefa uniformizadora da legislação infraconstitucional com os valores e garantias inerentes ao princípio da legalidade.

3 HASSEMER, Winfried. *Direito penal: fundamentos, estrutura, política*. Trad. por Adriana Beckman Meirelles *et al.* Porto Alegre: SAFE, 2008, p. 53.

Primeira Parte

História, conteúdos e garantias da legalidade

> A *burguesia ilustrada* tentou assentar a intervenção do Estado no Direito Penal de modo particularmente estrito com uma série de leis gerais. E isto, com razão, em princípio, não se modificou até os dias de hoje. O desenvolvimento da teoria do Direito Penal desde o começo do séc. XIX é caracterizado pela tentativa de manter, de aperfeiçoar e assegurar o princípio da legalidade frente à ameaça do executivo e de revisar e reformular o seu "ethos" jurídico e sócio-político em face dos novos conhecimentos científicos e da nova linguagem científica.
>
> HASSEMER. *Introdução* ... p. 334-5.

1 ORIGEM E DESENVOLVIMENTO DO PRINCÍPIO

1.1 Nota histórica

Estudar o princípio da legalidade significa acompanhar o desenvolvimento da própria sociedade, pois quanto mais efetiva a exigência de prévia determinação legal dos delitos e de suas respectivas sanções, mais naturalmente se identifica a fonte de produção do Direito Penal e mais acessível ao cidadão se torna a proibição, realizando-se, assim, a garantia que remarca os pressupostos políticos e ideológicos de tal princípio.

As condições sociais que permitiram o surgimento dos direitos fundamentais não se deram por acaso; foram alcançadas através de um lento processo histórico marcado por devastadoras lutas, insurreições, guerras e outras revoltas transformadoras.[4]

Especificamente em relação ao princípio da legalidade, os requisitos políticos e normativos de seu surgimento se densificaram com o Iluminismo, marco divisor entre os dois grandes períodos do Direito Penal: o período do terror e o período liberal.[5]

O período do terror foi marcado pela falta de método e de outros objetivos maiores que o simples castigo do réu, muitas vezes determinados tão somente para acomodar "situações desagradáveis aos detentores do poder político, traduzindo-se em um instrumento de arbítrio estatal".[6]

Não havia preocupação com a humanização da pena, a violência era empregada de maneira desmedida e ilimitada e o cidadão não tinha nenhuma garantia para se proteger do poder punitivo do Estado.

---

4 DIMOULIS, Dimitri; MARTINS, Leonardo. *Teoria geral dos direitos fundamentais.* 3 ed. São Paulo: RT, 2011. p. 16. Os autores afirmam categoricamente que, para se falar em direitos fundamentais, deve-se constatar a presença concomitante do Estado moderno (aparelho de poder centralizado capaz de controlar determinado território e impor suas decisões por meio da Administração Pública), Indivíduo (como ser moral, independente, autônomo e não social em contraste com as pessoas que, nas sociedades do passado, eram consideradas membros de coletividades como família, clã, feudo, reino, sendo subordinadas a eles e privadas de direitos próprios) e Constituição (texto regulador da relação entre Estado e indivíduos), condições essas que se apresentaram reunidas apenas na segunda metade do Século XVIII (DIMOULIS, Dimitri; MARTINS, Leonardo. *Teoria geral dos direitos fundamentais.* 3 ed. São Paulo: RT, 2011. p. 22-24).

5 Nesse sentido: BRANDÃO, Cláudio. *Curso de direito penal.* Parte geral. Rio de Janeiro: Forense, 2008. p. 21.

6 BRANDÃO, Cláudio. *Curso de direito penal.* Parte geral. Rio de Janeiro: Forense, 2008. p. 15.

Durante todo o intervalo anterior ao Iluminismo, o Direito Penal foi largamente utilizado para oprimir o povo mediante a aflição indiscriminada de dor.[7]

Isso não impediu que surgissem lampejos de legalidade na Grécia antiga, no Direito Romano e na Idade Média.

Christos Dedes defende a tese de que o princípio *nullum crimen nulla poena sine lege* tem sua gênese no antigo Direito Grego, em que, desde as décadas próximas ao ano 600 a.C., a divulgação das normas se realizava mediante a inscrição em tábuas, o que possibilitava a todos os cidadãos da *polis* conhecê-las.[8]

Embora limitado ao procedimento ordinário *per quaestiones*,[9] o princípio da legalidade também foi enunciado pelas fontes romanas, tal como percebido por Luigi Ferrajoli, para quem se pode afirmar que "enquanto o princípio de mera legalidade remonta ao direito romano, o princípio da estrita legalidade é obra do pensamento iluminista".[10]

Por sua vez, Nelson Hungria observa que, no Direito Romano, ao tempo do governo dos magistrados e do tribunal popular, já havia prefiguração de vários crimes e prefixação das penas, mas somente a partir da instituição do tribunal de jurados a condenação ficou condicionada à previsão expressa da lei, vedando-se, inclusive, a analogia.[11]

---

7 Para análise mais detalhada das práticas punitivas anteriores ao Iluminismo, confira: FOUCAULT, Michel. *Vigiar e punir*. História da violência nas prisões. Trad. por Raquel Ramalhete. 15 ed. Petrópolis: Vozes, 1997.

8 DEDES, Christos. Sobre el origen del principio <nullum crimen nulla poena sine legge>. In.: Revista de Derecho Penal y Criminologia, 2. época, n. 9, 2002, p. 141-146.

9 Discussão abrangente sobre a origem das quaestiones em MALAN, Diogo; SAAD, Marta. Origens históricas dos sistemas acusatório e inquisitivo. Disponível em: <http://www.malanleaoadvs.com.br/artigos/origens_historicas_sistemas.pdf>. Acesso em: 15.02.2012. Os autores apontam a expansão do Estado romano verificada no final do período republicano como o fator histórico que ensejou a instituição das quaestiones. Tal expansão ocasionou o aumento significativo no número de causas de difícil investigação, notadamente a concussão praticada por magistrado provincial (crimen repetundarum ou pecuniae repetundae), tornando inviável seu processamento perante as grandes assembleias populares, o que exigiu a delegação das funções jurisdicionais por parte do Senado ou do Povo para tribunais ou juízes em comissão.

10 FERRAJOLI, Luigi. *Diritto e ragione*. Teoria del garantismo penale. Roma: Laterza, 2000. p. 378.

11 HUNGRIA, Nelson. *Comentários ao código penal*. 6. ed. Rio de Janeiro: Forense, 1980, v. I, t. I. p. 35. Todavia, como explica o autor, tal prática não durou muito tempo, sendo abolida com

Igualmente, mesmo no transcurso da Idade Média, quando foram executadas as penas mais arbitrárias e violentas da história, fundamentadas no pleno arbítrio dos juízes e no direito costumeiro, podem ser encontrados traços do princípio na *Magna Carta* da Inglaterra (1215) e nas *Petitions of rights* norte-americanas.[12]

Apesar dessas intuitivas e pontuais aparições, o princípio da legalidade, tal como conhecido hoje, é fruto mesmo do Movimento Ilustrado, desenvolvido por muitos pensadores do Século XVIII.

Vale ressaltar, com Gonçal Mayos, que os pensadores e personagens ilustrados, em sua grande maioria, assim não se consideravam, pois, em meio aos múltiplos conflitos e diversidades, era difícil imaginar a existência de uma atitude ou perspectiva "ilustrada" comum ou, ao menos, que pudesse ser equiparada a um "Movimento Ilustrado".[13]

Sem embargo, tratando de dar respostas aos problemas de seu tempo, tais pensadores começaram a manifestar ideias básicas e universais, "mesmo sem possuírem uma visão unitária do passado, um diagnóstico sobre o presente e tampouco um projeto coincidente de futuro".[14] Se havia algo em comum, ninguém o assumia em todos os seus aspectos; porém, "havia certo ar de família nas atitudes e nas esperanças, nos ideais, naquilo que se contestava e no que haveria de mudar, nas experiências vividas e na visão da condição humana".[15]

o advento do processo senatório-consular e do concomitante tribunal imperial, que repudiaram o princípio da legalidade rígida e reconheceram, como fonte do Direito Penal, além das antigas leis populares, a "*Constitutio* imperial, o *rescriptum*, o direito municipal, o direito local, e a *consuetudo* radicada no *usus fori*, permitindo-se a interpretação extensiva e o retorno da analogia através do julgamento *ad exemplum legis*" (HUNGRIA, Nelson. *Comentários ao código penal.* 6. ed. Rio de Janeiro: Forense, 1980, v. I, t. I, p. 35-37).

12 BRUNO, Aníbal. *Direito penal.* 3 ed. Rio de Janeiro: Forense, 1867, t. I. p. 206-207. O autor adverte, porém, que as disposições da Magna Carta não tinham o caráter geral que lhes foi atribuído, mas representa um movimento individualista, "que definia e delimitava, na mais grave das matérias, os poderes do Estado, embora os homens livres a que se referia o texto fossem os nobres, porque somente estes, na época, poderiam ser considerados capazes de reclamar direitos". No mesmo sentido se pronunciava Asúa, destacando ainda a Carta Magna de Don Alfonso, rei de Léon e da Galícia (1188), que continha preceitos atinentes à "reserva do Direito" (ASÚA, Luiz Jiménez de. *Tratado de derecho penal.* 2 ed. Buenos Aires: Losada, 1950, t. II. p. 385-386).

13 MAYOS, Gonçal. *La ilustración.* Barcelona: Editorial UOC, 2007. p. 9.

14 MAYOS, Gonçal. *La ilustración.* Barcelona: Editorial UOC, 2007. p. 9.

15 MAYOS, Gonçal. *La ilustración.* Barcelona: Editorial UOC, 2007. p. 9.

Aplicando as concepções ilustradas ao Direito Penal, Beccaria discorreu sobre o princípio da legalidade em sua obra intitulada *Dos delitos e das penas*, publicada em 1764 e considerada por muitos o marco fundador do período liberal.[16]

Beccaria se contrapôs à ordem absolutista e originou uma nova fase do Direito Penal ao propor obediência a princípios que, a um só tempo, exigiam respeito à dignidade da pessoa humana e limitavam o poder punitivo dos detentores do poder político.

O sistema de Beccaria se apoia em três princípios fundamentais: a legalidade dos crimes e das penas, a separação de poderes e a utilidade da sanção.

A legalidade é o princípio que fundamenta todos os demais, constituindo-se no instrumento adequado para distribuir a sanção penal desde os integrantes da mais alta posição social, para guardar proporcionalidade entre o crime e a pena, para determinar a irretroatividade da norma penal gravosa e para proibir a analogia.[17]

Como decorrência da separação dos poderes, considera-se que apenas as leis podem descrever o crime e estabelecer suas respectivas penas, limitando o arbítrio do julgador, que não poderá ultrapassar os limites legais "sob qualquer pretexto de zelo ou de bem público".[18]

O aspecto utilitarista de sua doutrina pode ser extraído da seguinte passagem:

> Da simples consideração das verdades até aqui expostas, resulta evidente que o fim das penas não é atormentar e afligir um ser sensível,

[16] Nesse sentido, Jorge de Figueiredo Dias afirma que a "autoria" do princípio da legalidade, "no sentido de criação e senhorio em acepção moderna", pertence indisputavelmente a Cesare Beccaria e ao seu imortal *Dei delitti e delle pene* (DIAS, Jorge de Figueiredo. *Legalidade e tipo em direito penal. In* Escritos em homenagem a Alberto Silva Franco, São Paulo: RT, 2008, p. 214).

[17] BRANDÃO, Cláudio. *Curso de direito penal.* Parte geral. Rio de Janeiro: Forense, 2008. p. 33.

[18] BECCARIA, Cesare. Dos delitos e das penas. Trad. por Lucia Guidicini e Alessandro Berti Contessa. 2 ed. São Paulo: Martins Fontes, 1997. p. 44. Beccaria nega ao juiz até mesmo a função de interpretar a lei, concedendo-lhe apenas a possibilidade de verificar a existência de um "perfeito silogismo" entre os fatos praticados pelo réu e a conduta descrita como crime, o que se justificava, apesar do evidente excesso, diante do arbítrio generalizado daquela época (BECCARIA, Cesare. Dos delitos e das penas. Trad. por Lucia Guidicini e Alessandro Berti Contessa. 2 ed. São Paulo: Martins Fontes, 1997. p. 46).

> nem desfazer um delito já cometido. É concebível que um corpo político, que, bem longe de agir por paixão, é o moderador tranqüilo das paixões particulares, possa abrigar essa inútil crueldade, instrumento do furor e do fanatismo, ou dos fracos tiranos? Poderiam os gritos de um infeliz trazer de volta do tempo sem retorno as ações já consumadas? O fim, pois, é apenas impedir que o réu cause novos danos aos seus concidadãos e dissuadir os outros de fazer o mesmo.[19]

A obra de Beccaria fica ainda mais realçada quando se percebe o momento em que foi publicada – já no final da Idade Moderna, quando "os sofrimentos impostos pelo uso de um direito penal não limitado pelo princípio da legalidade deram continuidade ao terror que se verificou na Idade Média".[20]

Com efeito, o direito penal era, então, utilizado pelos soberanos com o objetivo declarado de manutenção do poder à custa do temor produzido pelos brutais suplícios punitivos aplicados contra os que se opunham ao regime.

Não por acaso, Beccaria optou por não publicar sua obra em Milão, preferindo, por cautela, encaminhar o texto a Livorno, sob os cuidados de Giuseppe Aubert, diretor de imprensa do abade e poeta Marco Coltellini. Em julho de 1764, a obra já circulava na Toscana, sendo coroada de pronto, ainda que tivesse aparecido sem data, sem o nome de seu autor e sem divisão em parágrafos e capítulos.[21]

A coragem do Marquês foi reconhecida e aplaudida por todos, pois, conforme Foucault, "o protesto contra os suplícios era encontrado em toda parte na segunda metade do século XVIII: entre os filósofos e teóricos do direito; entre juristas, magistrados, parlamentares; nos *chaiers de doléances* e entre os legisladores das assembleias".[22]

---

19 BECCARIA, Cesare. *Dos delitos e das penas*. Trad. por Lucia Guidicini e Alessandro Berti Contessa, 2 ed., São Paulo: Martins Fontes, 1997, p. 62.

20 BRANDÃO, Cláudio. *Curso de direito penal*. Parte geral. Rio de Janeiro: Forense, 2008. p. 30.

21 ASÚA, Luiz Jiménez de. *Tratado de derecho penal*. 2 ed. Buenos Aires: Losada, 1956, t. I. p. 247.

22 FOUCAULT, Michel. *Vigiar e punir*. História da violência nas prisões. Trad. por Raquel Ramalhete. 15 ed. Petrópolis: Vozes, 1997. p. 69.

Naquele momento histórico, a fé generalizada no direito natural como fonte e diretriz do direito positivo já havia sido desacreditada pela teoria do conhecimento do idealismo alemão e pela filosofia política do iluminismo, o que resultou no fortalecimento teórico das críticas que a teoria do contrato social formulava ao Direito Penal.[23]

Precisava-se punir de outro modo, eliminando-se a confrontação física entre soberano e condenado, "entre a vingança do príncipe e a cólera contida do povo".[24]

Segundo Hassemer, a filosofia política do iluminismo afastou-se do direito natural e procurou justificar o direito positivo na vontade do homem racional, na *volonté générale*, pois sabia que a chave para a evolução se encontrava no critério de "racionalidade", na diferença entre a "vontade geral" e a "vontade de todos", sede em que possivelmente estaria o gérmen de um novo direito, de um "direito racional", imaginado idealmente e imposto através de um contrato ajustado entre todos os integrantes de um Estado, o "contrato social" (s*ozialvertrag*).[25] Em suas palavras:

> A ideia do contrato social é evidente e, de acordo com os precedentes, consequente. Sem a força normativa do Direito Natural reconhecido, todo homem é inserido em si mesmo. Com a reunião dos homens em grupos, em sociedade, em um Estado, todos se colocam ao mesmo tempo, uns diante dos outros, pois os limites da sua soberania e da sua liberdade resultam dos limites da liberdade dos demais, isto é, eles devem se reunir contratualmente (vertraglich) e aí acordar os limites da sua liberdade, os limites até os quais eles renunciam à sua soberania.[26]

---

23 HASSEMER, Winfried. Introdução aos fundamentos do direito penal. Tradução da 2ª edição alemã por Pablo Rodrigo Alflen da Silva. Porto Alegre: SAFE, 2005. p. 333. O autor observa que, na época do direito natural, o legislador tinha que se preocupar muito pouco em estabelecer com exatidão os preceitos legais, ao passo que o iluminismo elevou o grau de exigências de legitimação e modificou a qualidade das leis.

24 FOUCAULT, Michel. *Vigiar e punir.* História da violência nas prisões. Trad. por Raquel Ramalhete. 15 ed. Petrópolis: Vozes, 1997. p. 69. Vale perceber, com o autor, que o suplício tornou-se rapidamente intolerável: "revoltante, visto da perspectiva do povo; vergonhoso, considerado da perspectiva da vítima e perigoso, de qualquer ângulo, pelo apoio que nele encontram, uma contra a outra, a violência do rei e a do povo".

25 HASSEMER, Winfried. *Introdução aos fundamentos do direito penal.* Tradução da 2ª edição alemã por Pablo Rodrigo Alflen da Silva. Porto Alegre: SAFE, 2005. p. 333.

26 HASSEMER, Winfried. *Introdução aos fundamentos do direito penal.* Tradução da 2ª edição alemã

O princípio da legalidade encontrou no direito penal sua elaboração mais refinada, convertendo-se no grande limitador do poder punitivo estatal e na essência de todo sistema que ambicione a segurança jurídica.[27] Sendo assim, não demorou muito até que passasse a constar dos textos legislativos, de maneira expressa e inquestionável.

Com efeito, o princípio da legalidade foi recepcionado pela Declaração de Direitos da Virgínia (12.06.1776), cujo artigo 9º afirmava que "as leis com efeito retroativo, feitas para punir delitos anteriores a sua existência, são opressivas e não devem ser promulgadas"; pela Constituição americana (17.09.1787), que, na nona seção do art. I, proibia a promulgação do decreto de proscrição (*Bill of Attainder*) ou de lei retroativa (*ex post facto Law*), e, finalmente, pelo art. VIII da Declaração dos Direitos do Homem e do Cidadão (26.08.1789), que dispunha que a lei apenas deve ditar penas estrita e evidentemente necessárias e que ninguém pode ser punido senão em virtude de uma lei estabelecida e promulgada antes do delito e legalmente aplicada.[28]

As primeiras codificações que adotaram expressamente o princípio foram o Código Penal de D. José II, rei da Áustria, datado de 1787 (Josephina), as ordenações de Frederico II, rei da Prússia e déspota esclarecido, datadas de 1794 (Parte Geral do Direito da Terra), e o Código Penal francês de 1810.

Contudo, sua sistematização dogmática só aconteceu em 1801, através da obra de Feuerbach, que passou a considerá-lo como expressão e determinação de uma organização jurídico-penal que sanciona "não porque casualmente existe uma lei penal, mas porque necessariamente existe uma lei que reproduz a justiça".[29]

---

por Pablo Rodrigo Alflen da Silva. Porto Alegre: SAFE, 2005. p. 334.

[27] Nesse sentido, BATISTA, Nilo. *Introdução crítica ao direito penal brasileiro*. 5 ed. Rio de Janeiro: Revan, 1999. p. 67.

[28] Conforme, BATISTA, Nilo. Introdução crítica ao direito penal brasileiro. 5 ed. Rio de Janeiro: Revan, 1999. p. 66. A redação original do art. VIII da Declaração dos Direitos do Homem e do Cidadão é a seguinte: "Nul ne peut être puni, qu´en vertu d´une loi étabile et promulguée antérieurement au délit et légalement appliquée".

[29] NAUCKE, Wolfgang. La progressiva pérdida de contenido del principio de legalidad penal como consecuencia de um positivismo relativista y politizado. In.: La insostenible situación del derecho penal. Granada: Comares, 2000 (Estudios de derecho penal, v. 15), p. 536. Ainda segundo o autor, para Feuerbach, o conceito de "conduta lesiva merecedora de pena" se

Feuerbach unificou o conteúdo e a forma requerida pelo princípio da legalidade ao condicionar a imposição de pena à existência de uma lei penal – *nulla poena sine lege* –, de uma ação incriminada – *nulla poena sine crimen* – e de uma sanção jurídica determinada – *nullum crimen sine poena legali* –, fórmulas latinas que foram posteriormente condensadas na conhecida expressão *nullum crimen nulla poena sine lege*.[30]

O princípio da legalidade, portanto, traduz a concepção utilitarista de Feuerbach, encontrada em sua Teoria da Coação Psicológica, que se caracteriza como o modelo "clássico" da prevenção geral. A pena é concebida como um mecanismo meramente dissuasivo da realização da conduta, fundado na intimidação através da ameaça de sua aplicação.[31]

Para produzir o efeito de uma coação psicológica e, naturalmente, desestimular o potencial infrator a praticar crimes, torna-se imperioso que a lei descreva previamente a conduta proibida e a pena cominada.[32]

---

pressupõe e pode ser reconhecido mesmo por quem não tem instrução sobre a lei, a qual somente acentua a infração jurídica.

30 Conforme, BRANDÃO, Cláudio. *Curso de direito penal.* Parte geral. Rio de Janeiro: Forense, 2008. p. 34. No mesmo sentido, Nilo Batista esclarece que, ao contrário do que se difunde frequentemente, das obras de Feuerbach não consta a fórmula ampla "*nullum crimen nulla poena sine lege*", mas sim uma articulação das três fórmulas mencionadas (BATISTA, Nilo. *Introdução crítica ao direito penal brasileiro.* 5 ed. Rio de Janeiro: Revan, 1999. p. 66).

31 FEUERBACH, Anselm von. *Tratado de derecho penal.* Trad. por Eugenio Raúl Zaffaroni. Buenos Aires: Hammurabi, 1989, p. 61. Conforme percebido por Naucke, "em Feuerbach se encontra de forma cabal a unidade entre conteúdo e forma que o princípio da legalidade penal requer. No enunciado 'nullum crimen, nulla poena sine lege' a expressão 'crimen' significa o injusto realmente grave (e somente este) contra a pessoa e o Estado; o vocábulo 'poena' representa a sanção soberana (não brutal) do injusto grave. A teoria da coação psicológica não serve para os pequenos roubos e furtos, senão para o homicídio, a violação e a alta traição. A força com a qual se ameaça, que dá lugar à prevenção intimidatória de Feuerbach, só será possível se ocorre um encaixe entre o injusto grave e o convencimento de sancioná-lo adequadamente" (NAUCKE, Wolfgang. La progressiva pérdida de contenido del principio de legalidad penal como consecuencia de um positivismo relativista y politizado. In.: *La insostenible situación del derecho penal.* Granada: Comares, 2000 [Estudios de derecho penal, v. 15], p. 535).

32 Os contornos dessa teoria foram assim sintetizados por Cláudio Brandão: "Toda lesão jurídica contradiz o objetivo do Estado e, para evitar essas lesões, deve-se recorrer à lei penal, a qual cumpre um papel de exercer uma coação de índole psicológica. Se o indivíduo conhece a lei e o mal que ela comina à lesão, tenderá a refrear seus impulsos, que o levam ao cometimento da ação lesiva; assim, a lei penal produz uma coação psicológica que traz como conseqüência a intimidação dos sujeitos" (BRANDÃO, Cláudio. *Curso de direito penal.* Parte geral. Rio de Janeiro: Forense, 2008. p. 34).

Convém ressaltar que o destaque atribuído por Feuerbach ao momento cominatório abstrato decorre de dois fatores: a concepção ilustrada e liberal do homem como ser racional e a visão do Estado como instrumento a serviço dos indivíduos, a partir de onde se pode fundamentar sob critérios racionais e instrumentais o exercício do direito de punir.[33]

Sucederam essa concepção utilitarista de legalidade duas versões laicas das antigas teorias absolutas ou retribucionistas, que atribuíam à pena o papel de uma "retribuição ética", justificada por meio do valor moral da lei penal violada pelo agente, conforme o pensamento de Kant,[34] ou uma "retribuição jurídica", como exigência da razão, na forma de resposta estatal que anula as consequências do delito, como postulado por Hegel.[35]

Com os primeiros lineamentos da escola positiva inicia-se uma nova etapa do "sistema de legalidade", que passou a identificar na reação punitiva uma medida de defesa social, priorizando a prevenção do crime em relação à sua repressão.[36]

Apesar de privilegiar, na fundamentação da pena, a possibilidade de o acusado voltar a delinquir, relativizando, desse modo, a estrita correspondência entre o fato e a lei, a escola positiva não se afastou do princípio da legalidade, por considerá-lo "imprescindível baluarte da liberdade individual".[37]

---

33 Conforme, GUIRAO, Rafael Alcácer. *Los fines del derecho penal*: una aproximación desde la filosofía política. Bogotá: Universidad Externado de Colombia, 2004, p. 136.

34 KANT, Immanuel. *Fundamentação da metafísica dos costumes*. Trad. por Paulo Quintela. Lisboa: Edições 70, 2007.

35 HEGEL, G. F. *Filosofía del derecho*. Trad. por Angélica Mendoza de Montero. Buenos Aires: Editorial Claridad, 1937.

36 CUNHA, Rosa Maria Cardoso da. *O caráter retórico do princípio da legalidade*. Porto Alegre: Síntese, 1979. p. 41. A autora denomina "sistema de legalidade" o conjunto de práticas enfeixadas em vários subsistemas com múltiplas redefinições da legalidade em seu interior.

37 HUNGRIA, Nelson. *Comentários ao código penal*. 6. ed. Rio de Janeiro: Forense, 1980, v. I, t. I. p.23. Conforme assinala Martínez, "se os positivistas não postularam expressamente a eliminação do princípio da legalidade, foi porque o ambiente ainda não estava preparado para aceitar passivamente o desaparecimento de uma regra tão fundamental para a civilização europeia" (MARTÍNEZ, Rosario de Vicente. *El principio de legalidad penal*. Valencia: Tirant lo Blanch, 2004. p. 23).

Com as posições mistas ou ecléticas que sucederam a escola positiva, o princípio da legalidade recobrou seu destaque na doutrina penal e converteu-se na mais importante garantia do cidadão em face do poder punitivo do Estado.[38]

Hodiernamente, deve ser compreendido em sua estreita relação com a exigência de respeito à dignidade da pessoa humana, corolário da moderna concepção do Estado de Direito.

Nesse sentido, o ordenamento jurídico oferece os métodos e meios adequados para a prevenção do delito ao mesmo tempo em que impõe limites ao exercício do poder punitivo, garantindo que o cidadão "não fique desprotegido e à mercê de uma intervenção arbitrária ou excessiva do 'Estado Leviatã'".[39]

1.2 Significado técnico do princípio da legalidade

Como visto, o princípio da legalidade deita raízes no pensamento ilustrado e, para sua correta compreensão, torna-se necessário conhecer suas premissas.

Na atualidade, de um modo geral, as exigências do princípio da legalidade se aglutinam em três proposições: uma, de ordem política, ainda como o grande postulado liberal da repartição de poderes, agora enriquecido com a ideia de liberdade conferida pelo Estado de Direito; outra, de origem jurídico-criminal, como expressão da essência ou função social da norma e da sanção penal, e, por último, uma terceira, vinculada à tutela do cidadão em face do poder punitivo do Estado.[40]

---

38 Luiz Flávio Gomes lembra que, por encontrar abrigo nas principais Cartas e Declarações de Direitos Humanos, o princípio da legalidade galgou a condição de "patrimônio cultural da humanidade, da civilidade e da cidadania" (GOMES, Luiz Flávio. Princípio da legalidade (ou da reserva legal) e os limites das "medidas provisórias" em direito penal. In.: *Responsabilidade penal da pessoa jurídica e medidas provisórias e direito penal.* São Paulo: RT, 1999. p. 215).

39 ROXIN, Claus. *Derecho penal parte general.* Trad. por Diego-Manuel Luzón Peña, Miguel Diaz y Garcia Conlledó e Javier de Vicente Remesal. Madrid: Civitas, 1997. p. 137.

40 Conforme MARTÍNEZ, Rosario de Vicente. *El principio de legalidad penal.* Valencia: Tirant lo Blanch, 2004. p. 28.

1.2.1 Conteúdo político

A exigência de vinculação do Poder Executivo e do Poder Judiciário às leis formuladas pelo Poder Legislativo remonta ao liberalismo e permanece essencial nos dias de hoje.

A fundamentação democrática do princípio da legalidade, desenvolvida desde Montesquieu e Beccaria, significa a proibição do Executivo e do Judiciário de criar delitos e penas mediante seus atos. Essa faculdade, ensina Roxin, é restrita à lei editada pelo Parlamento, instância que representa mais diretamente o povo como titular do poder de Estado.[41]

Isso significa que o juiz não tem a função de criar o Direito, mas tão somente a de aplicá-lo, enquanto o Executivo não exerce nenhuma interferência na punição.[42]

A partir da exigência de lei formal, o princípio da legalidade passou naturalmente a reivindicar a segurança jurídica, transformando-se num instrumento de luta contra o arbítrio judicial, tão comum no Antigo Regime, quando os juízes, segundo as peculiaridades do caso, podiam aplicar penas de maior ou menor gravidade do que aquelas cominadas em lei.[43]

Assim, não se pode contestar que, em toda a sua concreta evolução histórica, o princípio da legalidade tem expressado um valor político antagônico àquele que animava o princípio fundante do Estado absoluto.

Desse ponto de vista, é correto perceber, com Nicola Bassi, que a afirmação da regra da legalidade como hoje é conhecida tem o mesmo significado, em termos atualizados, de um dos mais antigos argumentos de teoria política: o da intrínseca preferência por um governo regido por leis em oposição a um governo regido por homens.[44]

Como assinala Carl Schmitt, o Estado absoluto tem seu traço característico na vontade pessoal e no comando autoritário de um Chefe de Estado que governa, ao passo que o Estado legiferante tem como

---

41 ROXIN, Claus. *Derecho penal parte general.* Trad. por Diego-Manuel Luzón Peña, Miguel Diaz y Garcia Conlledó e Javier de Vicente Remesal. Madrid: Civitas, 1997. p. 141.

42 ROXIN, Claus. *Derecho penal parte general.* Trad. por Diego-Manuel Luzón Peña, Miguel Diaz y Garcia Conlledó e Javier de Vicente Remesal. Madrid: Civitas, 1997. p. 145.

43 Conforme MARTÍNEZ, Rosario de Vicente. *El principio de legalidad penal.* Valencia: Tirant lo Blanch, 2004. p. 29.

44 BASSI, Nicola. *Principio di legalità e poteri amministrativi impliciti.* Milano: Giuffrè, 2001. p. 146.

manifestação típica a normatização predeterminada, mensurável e determinável quanto ao conteúdo, duradoura e geral. Em tal Estado, direitos e obrigações provêm das leis, e não dos indivíduos, das autoridades ou de instâncias superiores. Em suas palavras:

> As leis não regem, elas vigem apenas como normas. Domínio e puro poder simplesmente deixam de existir por completo. Quem exerce poder e domínio, age 'com base em uma lei' ou 'em nome da lei'. Apenas faz valer, com legitimidade, uma norma vigente.[45]

O significado político que levou à proclamação do princípio da legalidade tem, portanto, um sentido de luta contra a insegurança jurídica própria do Direito Penal dos Estados monárquicos, pois a segurança política dos cidadãos somente pode ser alcançada através da segurança jurídica característica do Estado de Direito.

Entretanto, a justificação política do princípio, determinada pela divisão de poderes, a par de proibir a utilização dos costumes e da analogia para criar tipos penais e agravar as penas, não serve para fundamentar a proibição da retroatividade da lei penal gravosa.

Afinal, conforme observado por Roxin, "a retroatividade não afeta em nada a vinculação do juiz à lei nem a hegemonia do legislativo, motivo pelo qual sua inadmissibilidade só pode derivar de uma justificação jurídico-criminal".[46]

1.2.2 Conteúdo jurídico-penal: anterioridade e reserva legal

Junto ao princípio da legalidade se construiu uma fundamentação jurídico-penal decorrente do sentido material das normas, cuja função motivadora estende-se sobre a generalidade dos cidadãos, os quais, por isso, devem receber o comando normativo de modo claro, mediante a

---

45 SCHMITT, Carl. *Legalidade e legitimidade.* Trad. por Tito Lívio Cruz Romão. Belo Horizonte: Del Rey, 2007. p. 2.

46 ROXIN, Claus. *Derecho penal parte general.* Trad. por Diego-Manuel Luzón Peña, Miguel Diaz y Garcia Conlledó e Javier de Vicente Remesal. Madrid: Civitas, 1997. p. 144.

publicação prévia da lei, contendo a identificação precisa do início de sua vigência.

Como consequência direta da garantia da anterioridade, nenhuma conduta poderá ser castigada se não estiver tipificada como infração penal, constituindo o princípio da reserva legal uma garantia ao cidadão de que não será condenado por componentes criminais criados por via judicial, pelos costumes ou por analogia.

1.2.2.1 Princípio da anterioridade

O primeiro significado fundamental proveniente do princípio da legalidade se vincula com a proibição da retroatividade da lei penal, tendo por base a "teoria da ação psicológica", desenvolvida por Feuerbach.[47]

Como forma de motivar as pessoas a manterem um comportamento conforme as normas, exige-se a descrição legal da conduta proibida e a cominação da respectiva sanção penal para quem realizá-la fora das hipóteses excludentes da ilicitude ou da culpabilidade.

Nesta perspectiva preventivo-geral da pena, que se efetiva através da intimidação, a irretroatividade da lei penal gravosa tem singular importância, pois é através da prévia previsão legal que os indivíduos podem conhecer o alcance da conduta proibida e sua respectiva pena.

Por outro lado, o surgimento do princípio da anterioridade também remete à necessidade de se impor limites ao arbítrio judicial, submetendo o juiz à lei, posto que, em matéria penal, compete exclusivamente ao legislador a tarefa de determinar o que é ilícito, bem como a espécie e o *quantum* da sanção.

---

47 FEUERBACH, Anselm von. *Tratado de derecho penal.* Trad. por Eugenio Raúl Zaffaroni. Buenos Aires: Hammurabi, 1989, p. 58-60. Vale acrescentar a advertência feita por Roxin, para quem Feuerbach não é em absoluto o criador do dito princípio, que foi desenvolvido e também codificado antes dele. Coube a Feuerbach, além de sua formulação latina "*nullum poena sine legé*", lhe adicionar uma fundamentação autônoma a partir da teoria da pena (ROXIN, Claus. *Derecho penal parte general.* Trad. por Diego-Manuel Luzón Peña, Miguel Diaz y Garcia Conlledó e Javier de Vicente Remesal. Madrid: Civitas, 1997, p. 146).

Isso significa que somente a lei pode descrever determinada conduta como criminosa e estabelecer a sanção aplicável, cujos efeitos, por exigência do princípio da anterioridade, atingirão apenas as condutas praticadas após sua entrada em vigor.

Como se percebe, a anterioridade da lei se entrelaça com a reserva legal, garantindo que a aplicação da sanção penal ocorra nas estritas hipóteses em que o agente pratique uma conduta previamente catalogada como crime, o que configura inarredável limitação do poder punitivo do Estado em favor da segurança e certeza jurídicas.

1.2.2.2 Princípio da reserva legal

O princípio da reserva legal identifica como fonte do Direito Penal unicamente a lei em sentido estrito.

Primeiramente, cumpre explicitar o papel fundamental que o princípio da separação de poderes exerce em prol da liberdade do cidadão nos Estados Democráticos de Direito.

O Poder Executivo, órgão ao qual cabe administrar o Estado, não poderia ficar também responsável pela edição das leis, uma vez que sempre haveria a possibilidade de cair na tentação de criar textos abusivos no interesse da Administração e em prejuízo dos indivíduos.

Com maior razão ainda, a criação legislativa não poderia recair sobre o Poder Judiciário, já que a ele compete a fiel aplicação do ordenamento jurídico.

O ofício, portanto, é do Poder Legislativo, órgão ao qual cabe estabelecer o direito positivo em nome do povo, conforme preconizado por Rousseau:

> O legislador, a todos os respeitos, é no Estado um homem extraordinário. Se o deve ser por seu engenho, não o é menos por seu emprego; não é de modo algum magistratura, não é de nenhum modo soberania. O emprego, que constitui a república, não entra em absoluto em sua constituição; é uma função particular e superior, que nada tem de comum com o império humano; porque, se quem dirige os homens não deve dirigir as leis, quem dirige as leis não deve, pela mesma razão, dirigir os homens; do contrário, suas leis, ministras de suas

paixões, perpetuariam muitas vezes suas injustiças, e ele jamais poderia evitar que intuitos particulares alterassem a santidade de sua obra".[48]

Em segundo lugar, a materialização do princípio da legalidade, como critério fundamental de legitimação do poder punitivo estatal, determinou o processo de codificação do direito penal e a exclusiva atribuição do legislador para definir crimes e cominar penas.

Essa garantia é superiormente cara ao direito penal devido às graves implicações decorrentes da sanção penal, em especial, a pena privativa de liberdade.

Exatamente por isso, as regras jurídico-penais devem expressar a vontade popular como "condição de legitimação democrática por meio do poder competente: o Poder Legislativo".[49]

O princípio da reserva legal representa, portanto, uma ferramenta indispensável para o controle do exercício do direito de punir do Estado e, via de consequência, da própria segurança jurídica, representando importante garantia política para o cidadão, expressiva do império da lei, "da supremacia do Poder Legislativo – e da soberania popular – sobre os outros poderes do Estado".[50]

Por ele, somente através da lei em sentido estrito, assim considerada aquela proveniente do Poder Legislativo, poderá o Estado dispor sobre matéria penal, proibindo ou impondo condutas sob a ameaça de sanções previamente determinadas.

Ficam, por conseguinte, desautorizados no âmbito penal os atos legislativos emanados dos demais poderes, como, por exemplo, as medidas provisórias, bem como o emprego dos costumes, da analogia e dos princípios gerais do direito para definir crimes ou cominar penas.

Desse modo, conclui Jair Leonardo Lopes, "a fonte da norma incriminadora, que constitui o direito penal em sentido estrito, isto é, aquele

---

48 ROUSSEAU, Jeas-Jacques. Do contrato social. Trad. por Rolando Roque da Silva. Edição eletrônica: Ed. Ridendo Castigat Mores, p. 57-58. Disponível em _www.cfh.ufsc.br/~wfil/contrato.pdf_ Acesso em 14.9.2012.

49 QUEIROZ, Paulo. Direito penal: parte geral. 3 ed. São Paulo: Saraiva, 2006, p. 38.

50 QUEIROZ, Paulo. *Direito penal*: parte geral. 3 ed. São Paulo: Saraiva, 2006, p. 38.

que faz a previsão dos crimes e das penas respectivas, há de ser sempre e unicamente a lei".[51]

1.2.3 Conteúdo de proteção do cidadão

O princípio da legalidade, como expressão política de garantia do cidadão, destina-se à proteção das tradicionais esferas da liberdade e da propriedade, determinando que qualquer limitação a tais direitos somente se realize quando estiver expressamente contemplada e autorizada por lei.

O fundamento de garantia do princípio da legalidade – como proteção do homem diante do poder punitivo – radica na intenção de se assegurar a liberdade mediante a vinculação do Estado à lei abstrata.[52]

Por esse motivo é que se diz que "o direito penal se volta para o homem através da legalidade, respeitando-o em sua dignidade".[53]

Foi através do acolhimento do princípio da legalidade que o direito penal passou a considerar a dignidade da pessoa humana, passando, por conseguinte, a conjugar o exercício do *jus puniendi* com as inúmeras limitações hoje concebidas como garantias dos cidadãos.

Da abrangência de tais garantias o texto se ocupará de modo mais detalhado um pouco mais adiante.

1.3 Crise, rupturas e reafirmação do princípio da legalidade: dois casos emblemáticos

As primeiras construções jurídicas que irromperam contra o princípio da legalidade tiveram como pano de fundo o positivismo penal do final do Século XIX.

Conforme assinala Naucke, baseados na ideia de invulnerabilidade da lei, de sua inquebrantável autoridade e de sua excelência, tão bem defendidos por Binding, os positivistas já não reconheciam o princípio

---

51 LOPES, Jair Leonardo. *Curso de direito penal.* 3. ed. São Paulo: RT, 1999. p.44.

52 ROXIN, Claus. *Derecho penal parte general.* Trad. por Diego-Manuel Luzón Peña, Miguel Diaz y Garcia Conlledó e Javier de Vicente Remesal. Madrid: Civitas, 1997. p. 144-145.

53 BRANDÃO, Cláudio. *Introdução ao direito penal*: análise do sistema penal à luz do Princípio da Legalidade. Rio de janeiro: Forense, 2002. p. 41.

da legalidade como um absoluto cultural, seja quanto ao conteúdo seja quanto à forma.[54]

Também se assiste a uma reação contra o princípio da legalidade, especialmente em relação à exigência de prévia cominação da pena, entre os penalistas da Escola Correcionalista e a Escola Positivista italianas, que defendiam o arbítrio judicial e a sentença indeterminada, possibilitando ao Judiciário eleger o tratamento mais adequado à pessoa do delinquente.[55]

Todavia, foi no campo político que o princípio da legalidade conheceu sua mais profunda crise a partir do surgimento de "doutrinas políticas estranhas",[56] nomeadamente o nacional socialismo alemão e o denominado socialismo real na União Soviética.

Com efeito, devido ao fato de seu significado se constituir em importante limitação do direito de punir do Estado, protegendo o particular contra as arbitrariedades dos detentores do poder, o princípio da legalidade não foi nem será cultuado por nenhuma forma de ditadura, encontrando seu verdadeiro espaço somente nos Estados de Direito.[57]

Mesmo após a consagração do princípio, esses regimes totalitários não se constrangeram em excluí-lo do ordenamento jurídico para assentar o *jus puniendi* na periculosidade social de certas ações, na prevalência dos interesses do Estado sobre os direitos do indivíduo ou no são sentimento do povo.[58]

Excepcionalmente, a Itália nacionalista não suprimiu o princípio da legalidade nem sequer admitiu a aplicação analógica, mas abrigou di-

---

[54] NAUCKE, Wolfgang. La progressiva pérdida de contenido del principio de legalidad penal como consecuencia de um positivismo relativista y politizado. In.: *La insostenible situación del derecho penal.* Granada: Comares, 2000. p. 536-537. (Estudios de derecho penal, v. 15)

[55] Conforme MARTÍNEZ, Rosario de Vicente. *El principio de legalidad penal.* Valencia: Tirant lo Blanch, 2004. p. 22.

[56] Essa expressão é encontrada em PIRES, Ariosvaldo de Campos [colaboração e atualização de Sheila J. Selim de Sales]. *Compêndio de direito penal.* Parte geral. Rio de Janeiro: Forense, 2005. p. 76.

[57] Sobre a política criminal dos Estados teocráticos e totalitários, refratários ao princípio da legalidade, cf. as pertinentes observações de Cláudio Brandão (BRANDÃO, Cláudio. *Introdução ao direito penal*: análise do sistema penal à luz do princípio da legalidade. Rio de Janeiro: Forense, 2002. p.43-69).

[58] Conforme PIRES, Ariosvaldo de Campos [colaboração e atualização de Sheila J. Selim de Sales]. *Compêndio de direito penal.* Parte geral. Rio de Janeiro: Forense, 2005. p. 76.

versos traços autoritários na parte especial do Código Penal, como, por exemplo, "o grande número de tipos penais que tutelam a personalidade do Estado, com previsão da pena capital para muitos deles e a larga utilização de tipos penais modelados sob a forma de 'atentado', para tutelar os interesses do Estado fascista de então".[59]

Felizmente, o princípio recuperou seu prestígio e se fortaleceu como um dos principais alicerces do Estado Democrático de Direito, como se comprova por sua expressa previsão nos artigos 22 e 23 do Estatuto de Roma, o principal tratado internacional de Direito Penal da atualidade.[60]

1.3.1 União Soviética

O país que, inicialmente, rompeu com a tradição legalista do continente europeu foi a União Soviética, cuja ditadura do proletariado inaugurou a "consciência revolucionária" e, meses depois da implementação do regime comunista, em 30 de novembro de 1918, derrogou a legislação tzarista para começar um "período de total arbitrariedade".[61]

Como acentua Luiz Luisi, os juízes soviéticos orientavam-se exclusivamente pela "ideia do direito socialista" até que, em 12 de dezembro de 1919, foram timidamente limitados com a promulgação de um elenco de princípios destinados a servir de critérios em matéria penal, denominado "Princípios fundamentais do Direito Penal da R.S.F.S.R.".[62]

---

[59] SELIM DE SALES, Sheila Jorge. *Escritos de direito penal.* 2 ed. Belo Horizonte: Del Rey, 2005. p. 49-50. As seguidas ofensas ao princípio da legalidade foram destacadas no profundo estudo realizado pela autora sobre o significado ideológico da parte especial do Código Penal nos países socialistas não democráticos.

[60] Artigo 22. *Nullum Crimen Sine Leqe.* 1. Nenhuma pessoa será considerada criminalmente responsável, nos termos do presente Estatuto, a menos que a sua conduta constitua, no momento em que tiver lugar, um crime da competência do Tribunal. 2. A previsão de um crime será estabelecida de forma precisa e não será permitido o recurso à analogia. Em caso de ambigüidade, será interpretada a favor da pessoa objeto de inquérito, acusada ou condenada. 3. O disposto no presente artigo em nada afetará a tipificação de uma conduta como crime nos termos do direito internacional, independentemente do presente Estatuto.
Artigo 23. Nulla Poena Sine Lege. Qualquer pessoa condenada pelo Tribunal só poderá ser punida em conformidade com as disposições do presente Estatuto.

[61] LUISI, Luiz. Um direito penal do inimigo: o direito penal soviético. In.: STREK, Lenio Luiz (Org.). *Direito penal em tempos de crise.* Porto Alegre: Livraria do Advogado, 2007, p. 115.

[62] LUISI, Luiz. Um direito penal do inimigo: o direito penal soviético. In.: STREK, Lenio Luiz (Org.). *Direito penal em tempos de crise.* Porto Alegre: Livraria do Advogado, 2007. p. 115.

Os referidos princípios, prossegue o professor gaúcho, "continham unicamente normas da parte geral" e nenhuma menção aos delitos em espécie e suas respectivas sanções.[63]

Sheila Jorge Selim de Sales observa que o denominado "socialismo penal" ou "direito penal socialista" tinha como uma de suas funções a "defesa e a consolidação da ordem socialista instituída contra o 'capitalismo', as atitudes 'contra-revolucionárias' e os 'inimigos da classe proletária'",[64] constituindo-se basicamente num veículo de luta contra os opositores do Comunismo.

Através do referido sistema, o direito se subordina à política de matiz socialista, e a concepção formal de crime, como previsão legislativa, é substituída por uma concepção material, passando a ser entendida como ação socialmente perigosa.[65]

Esse período de gritante arbítrio só encolheu com a edição do primeiro Código Penal soviético, que entrou em vigor no dia 1º de junho de 1922, sem, contudo, resgatar o princípio da legalidade.

Com efeito, o art. 6º do referido estatuto estabelecia que "a lei penal se aplica a toda ação ou omissão contra a sociedade soviética ou tendente a abolir a ordem jurídica instituída pelo poder operário no período de passagem à sociedade comunista".[66]

---

63 LUISI, Luiz. Um direito penal do inimigo: o direito penal soviético. In.: STREK, Lenio Luiz (Org.). *Direito penal em tempos de crise.* Porto Alegre: Livraria do Advogado, 2007. p. 115. O autor explica ainda que eram enumerados cerca de 15 tipos diferentes de sanções, entre elas as privativas de liberdade, trabalhos forçados, declaração de ser inimigo da revolução, entre outros.

64 SELIM DE SALES, Sheila Jorge. *Escritos de direito penal.* 2 ed. Belo Horizonte: Del Rey, 2005. p. 59. A professora da UFMG esclarece que o novo regime político passa a considerar "burguesa" a legalidade concretizada no Direito Penal liberal, que defendia a propriedade privada e os interesses capitalistas da classe privilegiada, passando o "sistema penal a ser concebido como instrumento de defesa da nova ordem instaurada pela revolução do proletariado" (SELIM DE SALES, Sheila Jorge. *Escritos de direito penal.* 2 ed. Belo Horizonte: Del Rey, 2005. p. 63).

65 SELIM DE SALES, Sheila Jorge. *Escritos de direito penal.* 2 ed. Belo Horizonte: Del Rey, 2005. p. p. 60.

66 SELIM DE SALES, Sheila Jorge. *Escritos de direito penal.* 2 ed. Belo Horizonte: Del Rey, 2005. p. 65.

Diante dessa fórmula ampla, permitia-se a punição de fatos não tipificados como crimes que, a critério do julgador, mostrassem-se perigosos para o alcance dos fins revolucionários.

Em novembro de 1926, foi editado novo código, que passou a vigorar no dia 1° de janeiro de 1927, sofrendo inúmeras alterações até sua revogação, em 1961.[67]

Esse código manteve a definição substancial de crime, mas só permitiu a criação de tipos penais pelo intérprete através da analogia.

Observa Luiz Luisi, no entanto, que a nova ordem normativa representou um avanço relativamente ao período anterior, porque a aplicação analógica tinha por base disposições da parte especial do código, ao passo que a lei revogada nem sequer exercia esse papel exemplificativo para o juiz, que era, portanto, "guiado quase exclusivamente pela consciência jurídica socialista e pelo interesse revolucionário".[68]

Assim, consoante o art. 16, a pena criminal poderia ser aplicada em duas hipóteses: "se o fato fosse previsto em lei como crime e nas situações fáticas não expressamente previstas, mas que se mostrassem 'perigosas' para a ditadura do proletariado e se assemelhassem àquelas criminalizadas na parte especial, mediante aplicação analógica".[69]

Não satisfeitos com a larga aplicação da lei penal por analogia, admitida expressamente nos Códigos de 1922 e 1926, os revolucionários mais radicais quiseram tornar o sistema penal ainda mais arbitrário e voltado para os interesses da classe operária.

---

67 LUISI, Luiz. Um direito penal do inimigo: o direito penal soviético. In.: STREK, Lenio Luiz (Org.). *Direito penal em tempos de crise.* Porto Alegre: Livraria do Advogado, 2007. p. 117.

68 LUISI, Luiz. Um direito penal do inimigo: o direito penal soviético. In.: STREK, Lenio Luiz (Org.). *Direito penal em tempos de crise.* Porto Alegre: Livraria do Advogado, 2007. p. 117. No mesmo sentido, Sheila J. Selim de Sales acentua que, com a utilização da analogia ao lado da definição substancial do crime, a parte especial do código penal, que, antes, não era levada em consideração, passou a desenvolver uma função exemplificativa, "enquanto ponto de referência para que se proceda à aplicação analógica, ou analogia *legis*" (SELIM DE SALES. Sheila Jorge. *Escritos de direito penal.* 2 ed. Belo Horizonte: Del Rey, 2005. p. 74).

69 SELIM DE SALES, Sheila Jorge. *Escritos de direito penal.* 2 ed. Belo Horizonte: Del Rey, 2005. p. 73. Vale transcrever a redação do art. 16: "quando algum ato socialmente perigoso não esteja expressamente previsto no presente código, o fundamento e a extensão de sua responsabilidade se determinarão em conformidade com os artigos deste, relativos aos delitos de índole analógica."

Observa Luiz Luisi que, pouco tempo depois da entrada em vigor do Código de 1926, o promotor Krylenko, tendo como companheiro o jusfilósofo Paschukanes, "promoveu uma campanha visando a acabar com os restos da jurisprudência capitalista e a construir um direito penal rigorosamente obediente ao pensamento marxista".[70]

O Projeto Krylenko pode ser considerado o ápice do modelo penal socialista, pois propunha um código penal desprovido de parte especial e, portanto, sem definição dos crimes nem a prévia cominação legal. O projeto, apesar de jamais ter entrado em vigor, tem relevância histórica, por delinear as bases do Direito Penal soviético daquela época, marcado pela incerteza do direito, pela absoluta discricionariedade do "juiz proletário" e, nitidamente, voltado para alcançar as finalidades políticas da revolução.[71]

O emprego da analogia não resistiu ao fim da Era Stalinista e, em 1956, foi desautorizado após o *XX Congresso do Partido Comunista*, vindo a ser expressamente proibido no Código Penal de 1960.[72]

A mudança, todavia, ocorreu nos moldes da "legalidade socialista", que passou a definir o crime como "toda ação ou omissão socialmente perigosa, prevista na lei penal".[73]

Em outras palavras, poderá haver exclusão do crime mesmo que um fato concreto, ainda que tipificado em lei, não se mostre perigoso para o Estado socialista.

Desse modo, assinala Sheila J. Selim de Sales, o juiz criminal permaneceu com enorme âmbito de discricionariedade, permitindo que convicções ideológicas influenciassem na decisão, pois só ele "poderá dizer,

---

70 LUISI, Luiz. Um direito penal do inimigo: o direito penal soviético. In.: STREK. Lenio Luiz (Org.). *Direito penal em tempos de crise.* Porto Alegre: Livraria do Advogado, 2007. p. 118.

71 Para aprofundar o estudo sobre o Projeto Krylenko: SELIM DE SALES, Sheila Jorge. *Escritos de direito penal.* 2 ed. Belo Horizonte: Del Rey, 2005; LUISI, Luiz. Um direito penal do inimigo: o direito penal soviético. In.: STREK. Lenio Luiz (Org.). *Direito penal em tempos de crise.* Porto Alegre: Livraria do Advogado, 2007. p. 111-132. A propósito, diante das disposições exemplificativas de 65 delitos particularmente perigosos e 81 menos perigosos em seções separadas dos princípios gerais, o autor admite que, sem muito rigor técnico, há no projeto Krylenko uma parte especial contendo "exemplos" de crimes.

72 Conforme SELIM DE SALES, Sheila Jorge. *Escritos de direito penal.* 2 ed. Belo Horizonte: Del Rey, 2005. p. 74.

73 RAMACCI, Fabrizio. *Corso di diritto penale.* 2 ed. Torino: Giappichelli, 2001. p. 94.

diante do caso concreto, se o fato típico praticado pelo agente é ou não *socialmente perigoso*, mesmo configurando-se todos os elementos da descrição legal".[74]

Apesar da vivência do apogeu socialista, que consolidou a União Soviética e confirmou a onipotência do partido do proletariado, os índices de criminalidade mantiveram-se em permanente expansão, contrariando a ideia de que a coletivização dos meios de produção bastaria para eliminar paulatinamente as condutas desviadas.

Em vista dos excessos praticados pelos revolucionários e da profética "sociedade dos iguais", o Direito Penal socialista, também conhecido como "socialismo real", não tolerava os "diferentes", revelando-se, no dizer de Mantovani, "entre as maiores tragédias e fraudes da história humana".[75]

1.3.2 Nacional socialismo alemão

A quebra da legalidade também alcançou expressão no âmbito do nacional socialismo alemão.

Já em 1935, o legislador opôs ao comando liberal *nullum crimen nulla poena sine lege* o princípio autoritário *nullum crimen sine poena*, inscrevendo, no §2 do StGB, a seguinte fórmula: "será punido quem comete um ato que a lei declara como punível ou que merece pena de acordo com a ideia fundamental da lei penal e com o são sentimento do povo".[76]

Rescindiu-se, desse modo, um antes desenvolvido espólio de legalidade que vinha expressamente reconhecido na legislação alemã desde o

---

[74] SELIM DE SALES, Sheila Jorge. *Escritos de direito penal*. 2 ed. Belo Horizonte: Del Rey, 2005. p. 75.

[75] MANTOVANI, Ferrando. *Diritto penale*. 3 ed. Milano: Cedam, 1992. p. 20.

[76] Conforme HASSEMER, Winfried. Introdução aos fundamentos do direito penal. Tradução da 2ª edição alemã por Pablo Rodrigo Alflen da Silva. Porto Alegre: SAFE, 2005. p.332. A redação original assegurava que "uma ação só pode ser sancionada com pena se esta pena estiver legalmente determinada antes da ação ser cometida" (ROXIN, Claus. Derecho penal parte general. Trad. por Diego-Manuel Luzón Peña, Miguel Diaz y Garcia Conlledó e Javier de Vicente Remesal. Madrid: Civitas, 1997. p. 142).

Code penal de 1810 e, por meio do StGB prussiano de 1851, chegou ao RStGB de 1871.[77]

A propósito, o princípio da legalidade também já havia sido alçado à categoria constitucional ao ser inserido no art. 116 da Constituição de 1919, a denominada *Constituição do Reino de Weimar* (WRV).[78]

A nova redação do §2 do Código Penal alemão admitiu expressamente o emprego da analogia, o que representou o abandono das conquistas impostas desde a Ilustração.[79]

Dessa maneira, os dirigentes do nacional-socialismo decidiam, mediante suas próprias concepções, as condutas que deveriam ser castigadas, impondo-se arbitrariamente em detrimento daqueles que ousavam desafiá-los.

Com efeito, o regime nazista estabeleceu uma série de leis especiais que, a par de conviver com o Código Penal de 1871, desfigurou elementares princípios de garantia do Direito Penal, em especial o princípio da legalidade.

Conforme observado por Nereu Giacomolli e Pablo Alflen da Silva:

> [...] no período pós-guerra as maiores barbáries recaíram nas fontes do direito penal, pois, de um lado, afirmou-se o princípio da analogia *in malam partem* e, de outro lado, abriram-se, decisivamente, as fontes extralegais como, por exemplo, a ideia de *são sentimento do povo*, assim como interpretava o Führer (e instituída no direito penal alemão por Edmund Mezger, em sua obra Deutsches Strafrecht).[80]

---

77 Conforme HASSEMER, Winfried. *Introdução aos fundamentos do direito penal.* Tradução da 2ª edição alemã por Pablo Rodrigo Alflen da Silva. Porto Alegre: SAFE, 2005. p.332.

78 HASSEMER, Winfried. *Introdução aos fundamentos do direito penal.* Tradução da 2ª edição alemã por Pablo Rodrigo Alflen da Silva. Porto Alegre: SAFE, 2005. p.332.

79 ROXIN, Claus. Derecho penal parte general. Trad. por Diego-Manuel Luzón Peña, Miguel Diaz y Garcia Conlledó e Javier de Vicente Remesal. Madrid: Civitas, 1997. p. 143.

80 GIACOMOLLI, Nereu José; SILVA, Pablo Rodrigo da. Panorama do princípio da legalidade no direito penal alemão vigente. São Paulo: Revista Direito GV, n. 12, jul.-dez. 2010. p. 569. Welzel, por sua parte, anotou que as leis nacional-socialistas foram redigidas de modo tão amplo e indeterminado, sobretudo a partir de 1942, que deram lugar ao direcionamento político da administração da justiça por parte do Ministério da Justiça (WELZEL, Hans. Derecho penal alemán. Trad. Juan bustos Ramírez y Sergio Yáñez Pérez. 4 ed. Santiago: Editorial Jurídica de Chile, 1993. p. 14). A isso deve somar-se as execuções de detratores do regime, legalizadas posteriormente por meio de uma lei de 3 de julho de 1934, com efeito retroativo à execução (GANDULFO, Eduardo. Qué queda del Principio de Nullum Crimen Nulla Poena sine Lege? Un enfoque desde la argumentación jurídica. Política Cri-

O momento opressor por que passou o Direito Penal alemão foi bem representado por Mantovani, ao lembrar que "o crime não era mais concebido como ofensa típica de um bem juridicamente protegido, mas como um ato de infidelidade da vontade individual contra a vontade do Chefe", ao passo que a pena era "drasticamente expressa como ameaça particularmente severa, cumprindo acima de tudo o escopo de prevenção geral".[81]

Após o fracasso nazista na Segunda Guerra Mundial, o §2 do Código Penal alemão, ainda com sua redação nacional-socialista, foi imediatamente declarado inaplicável pelos aliados, derrogado expressamente e substituído por uma nova versão do princípio da legalidade.[82]

Hoje, não por acaso, o princípio da legalidade está previsto no §1 do StGB e no artigo 103 da Lei Fundamental (GG), ao passo que o "são sentimento do povo", entre os penalistas, tornou-se uma expressão ignominiosa, pois foi "a alavanca com a qual se afastou o princípio da legalidade do Direito Penal".[83]

1.4 O princípio da legalidade no Direito Penal brasileiro

1.4.1 O princípio da legalidade nas Constituições brasileiras

Desde a promulgação da Constituição imperial de 1824, o Brasil conheceu nada menos que sete textos constitucionais, o que fragilizou de certo modo não apenas estudos mais consistentes sobre seus enunciados, mas também a realização material das garantias e dos direitos reconhecidos.[84]

---

minal, v. 4, n. 8, 2009, p. 296 (292-382). Disponível em: <http://www.politicacriminal.cl/Vol_04/n_08/Vol4N8A2.pdf>. Acesso em: 11.02.2012.

81 MANTOVANI, Ferrando. *Diritto penale*. 3 ed. Milano: Cedam, 1992. p. 21.

82 Conforme ROXIN, Claus. *Derecho penal parte general*. Trad. por Diego-Manuel Luzón Peña, Miguel Diaz y Garcia Conlledó e Javier de Vicente Remesal. Madrid: Civitas, 1997. p. 143. Para uma melhor incursão de matiz histórico-evolutivo acerca do Código Penal alemão, confira GIACOMOLLI, Nereu José; SILVA, Pablo Rodrigo da. *Panorama do princípio da legalidade no direito penal alemão vigente*. São Paulo: Revista Direito GV, n. 12, jul.-dez. 2010. p. 565-582.

83 HASSEMER, Winfried. *Introdução aos fundamentos do direito penal*. Tradução da 2ª edição alemã por Pablo Rodrigo Alflen da Silva. Porto Alegre: SAFE, 2005. p.332.

84 Nesse sentido, LOPES, Maurício Antonio Ribeiro. *Princípio da legalidade penal:* projeções contemporâneas. São Paulo: RT, 1994. p. 175. Sobre a bibliografia básica a respeito das

Isso não impediu que o princípio da legalidade fosse expressamente admitido em cada um deles, mesmo naqueles produzidos em períodos ditatoriais, como em 1937, com o Estado Novo, e em 1967, com o regime militar.[85]

Logo, não existe dúvida acerca da origem constitucional do princípio da legalidade penal no ordenamento jurídico pátrio, o que tornam ainda mais relevantes as discussões a respeito de sua efetiva aplicabilidade.

1.4.1.1 Constituição imperial de 1824

No dia 4 de março de 1823, já proclamada a independência do Brasil, o Imperador D. Pedro I instalou solenemente a Assembleia Nacional Legislativa Constituinte, que, contudo, viria a ser dissolvida em 12 de novembro daquele mesmo ano, abrindo caminho para que a Constituição viesse a ser outorgada[86] por meio da Carta de Lei datada de 25 de março de 1824.

A única Constituição do período imperial foi fortemente influenciada pelo texto constitucional francês de 1814 e pelo português de 1822, motivo por que entre seus preceitos de garantia já se encontrava expressamente previsto o princípio da legalidade.

Com efeito, enquanto o item III do art. 179 fixava o princípio da irretroatividade da lei, o item XI estabelecia que "ninguém será sentenciado senão pela autoridade competente, por virtude de lei anterior, e na forma por ela prescrita".

Constituições brasileiras, BONAVIDES, Paulo. *Curso de direito constitucional.* 25 ed. São Paulo: Malheiros Editores, 2010. p. 57-62.

85 Cf. OLIVEIRA, Luciano. A lei é o que o Senhor Major quiser! Algumas achegas sociológicas ao princípio da legalidade no Brasil. In.: BRANDÃO, Cláudio et. al. (Coord.). *Princípio da legalidade*: da dogmática jurídica à teoria do direito. Rio de Janeiro: Forense, 2009. p. 121-132.

86 Os constitucionalistas distinguem três modalidades básicas de Constituição pelo aspecto histórico: a outorgada, a pactuada e a popular. Segundo Paulo Bonavides, do ponto de vista jurídico, "a Constituição outorgada é ato unilateral de uma vontade política soberana – a do outorgante, mas do ponto de vista político, representa quase sempre uma inelutável concessão feita por aquela vontade ao poder popular ascendente, sendo pois o produto de duas forças antagônicas que se medem em termos políticos de conservação ou tomada do poder: o princípio monárquico do absolutismo e o princípio democrático do consentimento" (BONAVIDES, Paulo. *Curso de direito constitucional.* 25 ed. São Paulo: Malheiros Editores, 2010. p. 89).

Como se percebe, os dispositivos contemplavam não apenas a reserva legal, mas também a anterioridade e irretroatividade da lei penal, revelando o espírito das ideias iluministas que provinham do estrangeiro e que aqui se encontravam presentes, "inclusive no espírito do Imperador".[87]

A Carta de 1824 determinou também urgência na elaboração do Código Penal, que só foi promulgado em 1830 sob a denominação Código Criminal do Império.

1.4.1.2 Constituição de 1891

A primeira Constituição republicana, de 1891, também dedicou expressa previsão ao princípio da legalidade, mantendo praticamente a mesma redação anterior: "ninguém será sentenciado, senão pela autoridade competente, em virtude de lei anterior e na forma por ela regulada" (art. 72, §15).

O texto constitucional foi consideravelmente modificado pela reforma de 1926, que, contudo, também não promoveu alterações acerca da legalidade.

1.4.1.3 Constituição de 1934

A Constituição de 1934, que pôs fim à ditadura do Governo Provisório, estabelecida após a Revolução de 1930, teve duração efêmera, "sendo um breve parêntese constitucional entre dois períodos ditatoriais instaurados na década de 1930".[88]

Em seus três anos e poucos meses de vigência, contemplou o princípio da legalidade em seu art. 113, inciso 26, que dispunha: "ninguém será processado nem sentenciado, senão pela autoridade competente, em virtude de lei anterior ao fato, e na forma por ela prescrita".

A disposição subsequente abrigava a proibição da retroatividade gravosa nos seguintes termos: "a lei penal só retroagirá quando beneficiar o réu".

---

[87] Cf. PIERANGELI, José Henrique. *Códigos penais do Brasil*: evolução histórica. 2 ed. São Paulo: RT, 2001. p. 66.

[88] Cf. BONAVIDES, Paulo. *Curso de direito constitucional*. 25 ed. São Paulo: Malheiros Editores, 2010. p. 59.

1.4.1.4 Constituição de 1937

A Constituição de 1937, "repetindo a do Império, não foi votada nem aprovada, mas outorgada".[89]

Além disso, seu texto tem sido bastante criticado em razão dos preceitos autoritários e de "instruções estranhas à índole e à tradição jurídica do País".[90]

As medidas políticas adotadas em seguida à Constituição para consolidar a ditadura não pouparam o Direito Penal positivo, que recebeu significativo aporte de novas leis incriminadoras, inclusive por meio de decreto-lei.

A propósito, Carlos Henrique Haddad lembra que os textos emanados dos decretos-lei, "normas irmãs" das medidas provisórias, foram admitidos em nosso ordenamento sem as controvérsias que hoje giram em torno destas, como faz prova boa parte do arcabouço legislativo penal, como a Lei das Contravenções Penais, que remanesceu do Decreto-Lei nº. 3.688/41, a Parte Especial do Código Penal, oriunda do Decreto-Lei nº. 2.848/40 e o Código de Processo Penal, cuja vigência brotou do Decreto-Lei nº. 3.689/41.[91]

Por seu turno, o princípio da legalidade, embora expressamente previsto no art. 122, inciso 13, foi fortemente mitigado pelo artigo subsequente, "que servia de obstáculo à pretensão do reconhecimento de qualquer direito ou garantia individual".[92]

---

89 LOPES, Maurício Antonio Ribeiro. *Princípio da legalidade penal:* projeções contemporâneas. São Paulo: RT, 1994. p. 179.

90 BONAVIDES, Paulo. *Curso de direito constitucional.* 25 ed. São Paulo: Malheiros Editores, 2010. p. 60.

91 O autor acrescenta que as mesmas objeções constitucionais à edição de normas penais incriminadoras por meio das medidas provisórias se aplicam aos decretos-lei, pelo que todo o arcabouço legislativo acima citado deveria ser considerado incompatível com a Constituição de 1988. Porém, prevaleceu o entendimento segundo o qual, "sob o aspecto formal, desde que a norma tenha sido elaborada e aprovada em consonância com as disposições constitucionais da época, possui validade, salvo disposição em contrário, e é recepcionada pelas novas constituições" (HADDAD, Carlos Henrique Borlido. Normas penais brasileiras. In.: *Revista CEJ*, Brasília, Ano XII, n. 41, abr./jun. 2008, p. 21).

92 LOPES, Maurício Antonio Ribeiro. *Princípio da legalidade penal:* projeções contemporâneas. São Paulo: RT, 1994. p. 180.

Com efeito, a parte final do art. 123 da Constituição de 1927 determinava que o uso dos direitos e das garantias nela estabelecidos tinha por limite "o bem jurídico, as necessidades da defesa, do bem-estar, da paz e da ordem coletiva, bem como as exigências da segurança da Nação e do Estado".

Conforme percebido por Maurício Antonio Ribeiro Lopes, "a própria legalidade penal poderia ter limitada sua imposição como garantia ante um daqueles 'valores' elencados pelo texto excetuante da Constituição".[93]

1.4.1.5 Constituição de 1946

Após a superação do Estado Novo, iniciou-se outro ciclo constitucional, com a promulgação da Constituição de 1946, de feição muito mais democrática e voltada para as realizações de um verdadeiro Estado de Direito, tanto que foi considerada uma das mais avançadas de sua época no plano dos direitos e das garantias individuais.[94]

O princípio da legalidade foi recepcionado nos §§ 27 e 29 do art. 141 daquele texto constitucional. Enquanto o primeiro estabelecia que "ninguém será processado nem sentenciado senão pela autoridade competente e na forma de lei anterior", o segundo estatuía que "a lei penal regulará a individualização da pena e só retroagirá quando beneficiar o réu".

1.4.1.6 Constituição de 1967 e Emenda Constitucional n.º 1/1969

O golpe militar que se seguiu à crise política marcada pela renúncia inesperada de um Presidente da República eleito democraticamente com ampla maioria de votos determinou o rompimento com o Estado de Direito e a consequente promulgação da Constituição de 1967, substancialmente alterada pela Emenda Constitucional n.º 1/1969, de cunho nitidamente autoritário.

Curiosamente, observa Maurício Antonio Ribeiro Lopes que um dos poucos avanços institucionais identificados no texto constitucional

---

93 LOPES, Maurício Antonio Ribeiro. *Princípio da legalidade penal:* projeções contemporâneas. São Paulo: RT, 1994. p. 180.

94 Cf. LOPES, Maurício Antonio Ribeiro. *Princípio da legalidade penal:* projeções contemporâneas. São Paulo: RT, 1994. p. 180.

refere-se à legalidade penal. Diz o autor que "pela primeira vez numa Constituição brasileira figurava de forma inequívoca e clara o princípio da reserva legal, embora de forma impura, posto que agregado à garantia do contraditório".[95]

Rezava o art. 150, §16 da Constituição de 1967, reproduzido no art. 153, §16 da Emenda Constitucional nº. 1/1969, que "a instrução criminal será contraditória, observada a lei anterior quanto ao crime e à pena, salvo quando agravar a situação do réu".

1.4.1.7 A atual Constituição de 1988

Superado o longo período de terror institucional e extraordinário arbítrio, o país foi agitado pelos ideais da abertura política e redemocratização, criando um ambiente propício para a consagração dos direitos e das garantias individuais, entre eles, como não poderia deixar de ser, o princípio da legalidade.

O art. 5º, XXXIX, da Constituição Federal em vigor exige que a conduta criminosa e sua respectiva pena sejam previamente definidas em lei. Sua definição é por todos conhecida: "Não há crime sem lei anterior que o defina. Não há pena sem prévia cominação legal".

Ocorre que o mesmo diploma conferiu ao Poder Executivo a faculdade de adotar medidas provisórias com força de lei para regular situações excepcionais.

Tal recurso, que sucedeu o antigo decreto-lei, encontra previsão no art. 62 da Constituição Federal, que assim dispõe: "Em caso de relevância e urgência, o Presidente da República poderá adotar medidas provisórias, com força de lei, devendo submetê-las de imediato ao Congresso Nacional".

Através do confronto entre os referidos textos constitucionais percebe-se, de plano, a necessidade de se indagar sobre o alcance do vocábulo "lei" – denotador de uma "lei formal" aprovada pelo Poder Legislativo, de acordo com as etapas próprias da criação das leis ordinárias, ou

---

95 LOPES, Maurício Antonio Ribeiro. *Princípio da legalidade penal:* projeções contemporâneas. São Paulo: RT, 1994. p. 181.

autorizador de outras práticas legislativas, como as medidas provisórias, de iniciativa do Poder Executivo.

Em contundente crítica, Francisco de Assis Toledo enfatizou que o constituinte "não estabeleceu expressamente limites objetivos para a edição das medidas provisórias, exigindo apenas 'relevância e urgência', requisitos genéricos e pouco confiáveis",[96] o que gerou incômoda controvérsia sobre a possibilidade de sua utilização para a criação de tipos penais ou para a cominação de penas mais graves.

Nesse contexto, então, o Direito Penal brasileiro conheceu medidas provisórias incriminatórias, como as de número 153 e 156, ambas de 15 de março de 1990, editadas durante o Governo Collor. A primeira definia os crimes de abuso do poder econômico; a segunda instituía crimes contra a Fazenda Pública e cominava sanções a contribuintes, servidores fazendários e terceiros que os praticassem. Felizmente, referidas medidas vigoraram por curto espaço de tempo, sendo revogadas pela Lei n.º 8.035, de 27 de abril de 1990.

Outro exemplo interessante é o colacionado por Carlos Henrique Haddad, referente à Medida Provisória n.º 111/89, que dispunha sobre a prisão temporária e alterava a lei de abuso de autoridade (Lei n.º 4.898/65), criando tipo penal atinente ao prolongamento indevido da execução da prisão temporária. Segundo o autor, o Supremo Tribunal Federal, acionado para controlar a constitucionalidade da medida provisória, indeferiu medida liminar para suspendê-la (ADIn n.º 162-1-DF). Posteriormente, a Lei n.º 7.960/89 converteu a medida provisória em lei, o que prejudicou o julgamento do mérito pelo Supremo Tribunal Federal. Assim, pode-se afirmar, com o autor, que na legislação brasileira existe "tipo penal criado com base em medida provisória".[97]

96 TOLEDO, Francisco de Assis. *Princípios básicos de direito penal*. 5. ed. São Paulo: Saraiva, 1994. p. 24.

97 HADDAD, Carlos Henrique Borlido. Normas penais brasileiras. In.: *Revista CEJ*, Brasília, Ano XII, n. 41, abr./jun. 2008, p. 20.

Somente com o advento da Emenda Constitucional n.º 32, de 11 de setembro de 2001, a polêmica chegou ao fim, com a expressa proibição de medidas provisórias em matéria penal (art. 62, §1º, I, "b").[98]

A solução foi acertada, pois, na verdade, a criação de normas penais incriminadoras, agravadoras ou que, de algum modo, disciplinem ou limitem a liberdade do cidadão é de competência exclusiva do Poder Legislativo, dependendo sua validade da observância rigorosa de procedimento legislativo previsto na Constituição.[99]

Muito embora as medidas provisórias tenham força de lei por expressa previsão constitucional (art. 62), o Presidente da República não tem poderes para criar delitos e impor sanções penais ou qualquer outra restrição aos direitos fundamentais.[100]

Um dos principais argumentos utilizados para resolver o conflito entre o princípio da legalidade e as medidas provisórias refere-se exatamente à reserva de lei.[101]

Essa interpretação, acrescenta Luiz Flávio Gomes, "reflete o espírito do princípio da legalidade, ajusta-se às postulações do pensamento ilustrado, de onde ele derivou, e se afina, sobretudo, com a natureza democrática da nossa Constituição".[102]

Francisco de Assis Toledo também defendeu a exigência de lei formal em sentido estrito por duas ordens de consideração: primeiramente,

---

98 A dúvida, todavia, persiste em relação à possibilidade de se utilizarem as medidas provisórias para dispor sobre normas penais não incriminadoras ou que, de algum modo, beneficiem o réu. A propósito, antes da alteração introduzida pela EC n.º 32, o Supremo Tribunal Federal já havia decidido a favor da validade das medidas provisórias em benefício do réu, nada impedindo que tal entendimento seja mantido. A favor da aplicação dos efeitos benéficos das medidas provisórias em matéria penal, cf., por todos, GIACOMOLLI, Nereu José. Função garantista do princípio da legalidade. In.: Revista Ibero-Americana de Ciências Penais, Ano 1, Porto Alegre, maio/ago. 2000, p. 54.

99 GOMES, Luiz Flávio. Princípio da legalidade (ou da reserva legal) e os limites das "medidas provisórias" em direito penal. *In.*: *Responsabilidade penal da pessoa jurídica e medidas provisórias e direito penal.* São Paulo: RT, 1999. p. 216.

100 Sobre o tema, v. item 1.2.2.2, supra.

101 Nesse sentido, SILVA, José Afonso da. *Curso de direito constitucional positivo.* 5. ed. São Paulo: RT, 1989. p. 363.

102 GOMES, Luiz Flávio. Princípio da legalidade (ou da reserva legal) e os limites das "medidas provisórias" em direito penal. In.: *Responsabilidade penal da pessoa jurídica e medidas provisórias em direito penal.* São Paulo: RT, 1999. p. 238

porque a medida provisória se classifica como espécie do gênero "lei delegada", de eficácia condicionada à expressa aprovação do Congresso Nacional; em segundo lugar, porque a Constituição veda delegação em matéria de legislação sobre direitos individuais (art. 68, §1º).[103]

Por outro lado, por mais relevante que seja o bem jurídico que se deseja proteger, dificilmente a criação de normas penais incriminadoras apresentaria o requisito de urgência exigido para a edição das medidas provisórias, até porque elas se projetam exclusivamente para o futuro em face da proibição da retroatividade.

Além do mais, conforme anotado por Carlos Henrique Haddad, "para situações urgentes, há previsão de normas excepcionais, que se caracterizam pela ultra-atividade, mesmo após a revogação".[104]

Por fim, Alberto Silva Franco lembra ainda que a medida provisória não convertida em lei perde eficácia desde sua edição e, por isso, não poderia mesmo harmonizar-se com os princípios que regem o Direito Penal.[105]

Assim renovado, o princípio da legalidade reafirma sua primazia na tradição constitucional brasileira, tendo atravessado incólume períodos de retrocessos e avanços na construção de um verdadeiro Estado Democrático e Social de Direito.

Sua presença explícita em todos os diplomas constitucionais brasileiros o qualifica como uma "constante constitucional de núcleo rígido", indispensável à conservação dos valores democráticos do Estado, mais se aproximando de uma garantia constitucional do que de um direito individual, "já que não tutela, especificamente, um bem da vida, mas assegura ao particular a prerrogativa de repelir as injunções que lhe sejam impostas por outra via que não seja a lei".[106]

---

103 TOLEDO, Francisco de Assis. *Princípios básicos de direito penal.* 5. ed. São Paulo: Saraiva, 1994. p. 24.

104 HADDAD, Carlos Henrique Borlido. Normas penais brasileiras. In.: *Revista CEJ*, Brasília, Ano XII, n. 41, abr./jun. 2008, p. 20.

105 FRANCO, Alberto Silva. A medida provisória e o princípio da legalidade. In.: *Revista dos Tribunais.* São Paulo: RT, n. 648, out. 1989. p. 366-368. Com efeito, a simples exigência de ratificação pelo Congresso Nacional retira o caráter de *lex certa* da medida provisória.

106 LOPES, Maurício Antonio Ribeiro. *Direito penal, estado e constituição*: princípios constitucionais politicamente conformadores do direito penal. São Paulo: IBCCRIM, 1997. p. 57.

1.4.2 O princípio da legalidade na legislação infraconstitucional brasileira

O Direito Penal brasileiro tem por tradição a forma escrita, inclusive durante o período colonial, quando vigoravam entre nós as Ordenações portuguesas.

No pós-descobrimento, as regras eram ditadas pelas Ordenações Afonsinas, que foram substituídas em 1521 pelas Ordenações Manuelinas e, em seguida, pelas Compilações de Duarte Nunes de Leão, já no ano de 1569.

Em 1603, foi promulgada a codificação denominada Ordenações Filipinas, texto normativo marcado por ampla e generalizada criminalização, com predomínio da pena de morte e outras severas sanções corporais.

Em nenhuma das Ordenações aplicava-se o princípio da legalidade, competindo ao arbítrio do julgador a escolha da sanção aplicável. Essa rigorosa legislação, acentua Cezar Roberto Bitencourt, "regeu a vida brasileira por mais de dois séculos", sendo ratificada em 1643 por D. João IV e em 1823 por D. Pedro I.[107]

Vale perceber, com Juarez Tavares, o problema prático de aplicação da lei penal naquele tempo, devido à quase inexistência de exemplares das Ordenações e aos amplos privilégios concedidos aos titulares das Capitanias, que tinham um ilimitado poder de julgar segundo seus interesses.[108]

Todavia, desde o Império, o princípio da legalidade tem sido historicamente consagrado como garantia individual nos textos constitucionais e reproduzido na legislação penal de cada período, inclusive no primeiro Código Penal, promulgado em dezembro de 1830.[109]

1.4.2.1 Código Criminal do Império (1830)

Sob a ótica das ideias iluministas, já recepcionadas pela Constituição então vigente, o Código Criminal do Império foi sancionado no dia 16

[107] BITENCOURT, Cezar Roberto. Tratado de direito penal. 17 ed. São Paulo: Saraiva, 2012, v.1. p. 88.

[108] TAVARES, Juarez. Interpretación, principio de legalidad y jurisprudência. In: Anuario de derecho penal y ciencias penales. Madrid, v. 40, n. 3, set./dez. 1987, p. 753-769.

[109] Cf. LUISI, Luiz. *O tipo penal, a teoría finalista e a nova legislação penal.* Porto Alegre: SAFE, 1987. p. 123.

de dezembro de 1830, constituindo-se no primeiro código autônomo da América Latina.[110]

O projeto vitorioso de Bernardo Pereira de Vasconcelos, que conseguiu adaptar os anseios liberais do Iluminismo à sociedade escravocrata da época, obteve grande repercussão e prestígio, chegando, inclusive, a influenciar o Código Penal espanhol de 1848, que, por sua vez, "se tornou fonte de inspiração em quase toda a legislação do restante da América Latina".[111]

O Código Criminal do Império já destinava ao princípio da legalidade o emblemático artigo primeiro, assim redigido: "não haverá crime ou delicto (palavras synonimas neste Codigo) sem uma lei anterior que o qualifique".

1.4.2.2 Código Penal de 1890 e Consolidação das Leis Penais de 1932

O Código Penal de 1890 também consagrou o princípio da legalidade em seu primeiro artigo, o que viria a se tornar uma constante até os dias atuais.

Além disso, o enunciado legal do princípio ficou enriquecido com a referência à proibição da analogia, *in verbis*: "ninguém poderá ser punido por facto que não tenha sido anteriormente qualificado crime, e nem com penas que não estejam previamente estabelecidas. A interpretação extensiva, por analogia ou paridade, não é admissível para qualificar crime ou aplicar-lhes penas".

Apesar do inegável avanço em relação à codificação imperial, o Código republicano foi bastante criticado por não corresponder à ideologia positivista que chegava ao Brasil através da obra de Ferri e de toda a escola criminológica italiana.[112]

---

110 Cf. BITENCOURT, Cezar Roberto. *Tratado de direito penal.* 17 ed. São Paulo: Saraiva, 2012, v.1. p. 88.

111 ZAFFARONI, Eugenio Raúl; PIERANGELI, José Henrique. Manual de direito penal brasileiro: parte geral. 7. ed. São Paulo: RT, 2007. p. 191. Observam os autores, contudo, que o sentido liberal do Código foi neutralizado em boa parte através de leis processuais como a de 1835, que cuidava do julgamento dos escravos que tivessem atentado contra a vida e segurança de seu senhor ou de suas famílias, bem como a de 1841, que criou o inquérito policial.

112 ZAFFARONI, Eugenio Raúl; PIERANGELI, José Henrique. *Manual de Direito Penal brasilei-*

O número excessivo de leis extravagantes editadas no período de vigência desse Código levou o Desembargador Vicente Piragibe a reunir os textos legais em uma única redação a fim de facilitar sua atividade judicante.

O expediente se mostrou tão eficiente que se transformou em texto oficial através do Decreto 22.213, de 14 de dezembro de 1932, tornando-se conhecido como a "Consolidação das Leis Penais de 1932", que vigorou até o dia 31 de dezembro de 1941.

1.4.2.3 Código Penal de 1940 e reforma de 1984

Apesar de inúmeras tentativas de substituição do Código Penal de 1890, com destaque para os projetos de João Vieira de Araújo (1893), Galdino Siqueira (1913), Sá Pereira (1927, 1928 e 1935) e Alcântara Machado (1937), somente no transcorrer do Estado Novo esse último foi apreciado por uma Comissão Revisora e, após as correções consideradas oportunas, acabou sendo sancionado pelo Decreto-Lei n.º 2848, de 7 de dezembro de 1940, passando a vigorar desde 1º de janeiro de 1942 até os dias atuais, embora significativamente reformado.[113]

Mais uma vez, o princípio da legalidade figurou no art. 1º com a seguinte redação: "Não há crime sem lei anterior que o defina. Não há pena sem prévia cominação legal".

A disposição topográfica (art. 1º) e a definição do princípio da legalidade permaneceram inalteradas com a entrada em vigor da Lei n.º 7.209/1984, que instituiu uma nova Parte Geral, com clara influência finalista.[114]

Mais do que isso: a disposição legal foi praticamente reproduzida no art. 5º, XXXIX, da Constituição Federal de 1988, figurando no Título dos direitos e garantias fundamentais.

---

ro: parte geral. 7. ed. São Paulo: RT, 2007. p. 192. Os autores fazem um verdadeiro desagravo ao legislador da época ao sinalizarem a origem ideológica das críticas, visto que, obviamente, "as tendências elitistas e racistas não poderiam ver no Código de 1890 algo diferente do que a materialização do liberalismo que satanizavam".

113 BITENCOURT, Cezar Roberto. *Tratado de direito penal.* 17 ed. São Paulo: Saraiva, 2012, v.1. p. 89.

114 BITENCOURT, Cezar Roberto. *Tratado de direito penal.* 17 ed. São Paulo: Saraiva, 2012, v.1. p. 89.

A positivação constitucional e infraconstitucional do princípio da reserva legal é de extremo significado para um Estado Democrático e Social de Direito, pois constitui, quando menos, um inegável fator inibitório ao arbítrio.[115]

Todavia, apesar de sua consolidada presença no plano formal, deve-se perguntar, assim como fez Jorge de Figueiredo Dias, se seus fundamentos, conteúdo e efeitos se encontram definitivamente estabelecidos e esgotados ou se, diversamente, o princípio da legalidade continua a constituir ponto de partida de novos desenvolvimentos e enriquecimentos no caminho progressivo da humanização da História.[116]

O próprio professor da Faculdade de Direito da Universidade de Coimbra é quem responde:

> O princípio da legalidade, como conquista irrenunciável de civilização e de humanismo, deve preparar-se para subsistir; para subsistir, porém, não ao nível de uma espécie de direito natural clássico, rígido e imutável, mas de um direito natural em devir, que se vai enriquecendo e transformando com as aportações que servem uma mais perfeita definição, uma maior capacidade para exercer a sua precípua função no seio de uma sociedade cada vez mais complexa, mas que se quer simultaneamente cada vez mais virada para o Homem e para a humanização do Mundo e da História.[117]

1.4.2.4 Lei de Execução Penal

No exercício do direito de punir, o Estado encontra-se igualmente condicionado pelo princípio da legalidade, exaltado já na exposição de motivos da Lei de Execução Penal (Lei n.º 7.210/1984) como "o corpo e o espírito do Projeto, de forma a impedir que o excesso ou o desvio da

[115] LOPES, Maurício Antonio Ribeiro. *Direito penal, estado e constituição*: princípios constitucionais politicamente conformadores do direito penal. São Paulo: IBCCRIM, 1997. p. 57.

[116] DIAS, Jorge de Figueiredo. Legalidade e tipo em direito penal. In.: *Escritos em homenagem a Alberto Silva Franco*. São Paulo: RT, 2008. p. 214.

[117] DIAS, Jorge de Figueiredo. Legalidade e tipo em direito penal. *Escritos em homenagem a Alberto Silva Franco*. São Paulo: RT, 2008. p. 215.

execução comprometam a dignidade e a humanidade do Direito Penal" (item 19).

Com efeito, reza o art. 45 da Lei n.º 7.210/1984: "Não haverá falta nem sanção disciplinar sem expressa e anterior previsão legal ou regulamentar".

Cláudio Brandão também destaca o princípio da legalidade como fundamento da teoria da pena e principal instrumento de limitação do *jus puniendi* estatal:

> A pena se fundamenta no Princípio da Legalidade, o que é uma exigência do Estado Social e Democrático de Direito. Deste modo, ela está limitada pelo respeito à dignidade humana, não podendo subsistir no ordenamento penal penas cruéis ou corporais, porque seriam contrárias à teleologia do Princípio da Legalidade. Por sua própria natureza a pena é traduzida em um mal imposto pelo Estado a alguém, mas este mal não é ilimitado, porque o princípio nulla poena sine lege significa um comando limitador dirigido ao Estado, vedando a ele a inflição de penas que não respeitem a dignidade humana.[118]

Sendo assim, também no curso da execução penal tem inteira aplicação o princípio da legalidade.

2 PRINCIPAIS GARANTIAS DECORRENTES DO PRINCÍPIO DA LEGALIDADE

Conforme destacado até agora, a partir do Século XX os países do mundo ocidental passaram a entender o Estado Democrático de Direito como a forma de governo a ser alcançada, "apontando para um Direito de conteúdo não apenas ordenador (Estado Liberal) ou promovedor (Estado Social), mas, sim, potencialmente transformador".[119]

---

118 BRANDÃO, Cláudio. *Introdução ao direito penal.* Rio de Janeiro: Forense, 2002. p. 168.

119 STRECK, Lenio Luiz e FELDENS, Luciano. *Crime e constituição*: a legitimidade da função investigatória do Ministério Público. 3 ed., Rio de Janeiro: Forense, 2006, p. 4.

Além de seu significado essencial, entendido como a necessidade de uma reserva substancial e absoluta da lei, o princípio da legalidade estabelece múltiplas exigências materiais que se concretizam em quatro proibições: proibição de leis penais indeterminadas (*lex certa*); proibição de edição de leis retroativas que fundamentem ou agravem a punibilidade (*lex praevia*); proibição do agravamento da punibilidade pelos costumes (*lex scripta*) e proibição da analogia *in malam partem* (*lex stricta*).[120]

Tais exigências se dirigem tanto ao legislador como ao juiz penal. O primeiro deve formular as descrições típicas do modo mais claro e objetivo possível (*nullum crimen sine lege certa*), bem como estabelecer a irretroatividade da lei penal gravosa (*nullum crimen sine lege praevia*). Do segundo exige-se que suas decisões sejam fundamentadas somente na lei escrita, e não no direito consuetudinário (*nullum crimen sine lege scripta*), e que as interpretações não ampliem a lei escrita em prejuízo do acusado, proibindo-se a analogia (*nullum crimen sine lege stricta*).[121]

2.1 Proibição de leis indeterminadas (nullum crimen, nulla poena sine lege certa)

A primeira garantia proveniente do princípio da legalidade corresponde ao princípio da taxatividade, que desautoriza a formulação vaga e imprecisa da conduta proibida e sua respectiva sanção.

Com efeito, de nada adiantaria a exigência de prévia determinação legal do crime e da pena se o legislador pudesse empregar fórmulas gerais e indeterminadas na redação do tipo legal incriminador, o que resultaria, em última análise, no regresso ao arbítrio judicial.[122]

---

[120] Conforme TOLEDO, Francisco de Assis. *Princípios básicos de direito penal*. 5. ed. São Paulo: Saraiva, 1994. p. 22.

[121] HASSEMER, Winfried. *Introdução aos fundamentos do direito penal*. Tradução da 2ª edição alemã por Pablo Rodrigo Alflen da Silva. Porto Alegre: SAFE, 2005. p. 335.

[122] Exemplo eloquente de ofensa ao princípio da taxatividade no ordenamento positivo brasileiro é a definição das hipóteses que autorizam o regime disciplinar diferenciado no curso da execução penal, quando são utilizadas expressões como "subversão da ordem ou disciplina internas", "alto risco para a ordem e a segurança do estabelecimento penal ou da sociedade" e "fundadas suspeitas de envolvimento ou participação em organizações criminosas" (art. 52 e §§ da Lei n.º 7.210/1984). Andrei Schmidt cita vários outros exemplos de leis ofensivas ao princípio da taxatividade para concluir que o moderno Direito Penal brasileiro está estabe-

Luiz Flávio Gomes destaca que a "consequência mais importante derivada da constitucionalização do princípio da legalidade penal assenta-se na sua força vinculante, inclusive e especialmente em relação a todos os poderes públicos", fazendo com que nem mesmo o legislador possa delegar o "monopólio de definir crimes e estabelecer sanções".[123]

No mesmo sentido, Nilo Batista considera correto extrair-se do texto constitucional brasileiro (art. 5º, XXXIX) "um direito subjetivo público de conhecer o crime, correlacionando-o a um dever do Congresso Nacional de legislar em matéria criminal sem contornos semânticos difusos".[124]

Compartilham dessa mesma ideia Fiandaca e Musco, assinalando que o desrespeito ao princípio da taxatividade coloca em risco a própria eficácia do sistema penal, uma vez que a precisão do tipo incriminador representa uma condição indispensável para que a norma possa orientar de maneira eficaz o comportamento do cidadão. E arrematam: "uma norma penal persegue o fim de ser obedecida, mas obedecida não pode ser se o destinatário não tem a possibilidade de conhecer com suficiente clareza seu conteúdo".[125]

Hassemer, por sua vez, denomina o princípio da taxatividade como "mandato de certeza", considerando-o corolário de um sistema jurídico organizado sobre leis escritas.[126]

Para ele, a lei formulada de modo preciso é "a esperança natural de qualquer legislador de que com o seu pronunciamento conseguirá

---

lecido num modelo penal de "legalidade atenuada" (SCHMIDT, Andrei Zenkner. *O princípio da legalidade penal no Estado Democrático de Direito*. Porto Alegre: Livraria do Advogado, 2001. p. 248).

123 GOMES, Luiz Flávio. Princípio da legalidade (ou da reserva legal) e os limites das "medidas provisórias" em direito penal. In.: *Responsabilidade penal da pessoa jurídica e medidas provisórias e direito penal.* São Paulo: RT, 1999. p. 215. O autor lembra que, na formulação do tipo penal, eventuais e muitas vezes inevitáveis remissões a atos do Poder Executivo ou a valorações complementares do juiz não podem se afastar dos limites do estritamente indispensável.

124 BATISTA, Nilo. *Introdução crítica ao direito penal brasileiro*. 5 ed. Rio de Janeiro: Revan, 1999. p. 80.

125 FIANDACA, Giovanni e MUSCO, Enzo. Diritto penale: parte generale. 6 ed. Bologna: Zanichelli Editore, 2009, p. 77.

126 HASSEMER, Winfried. *Introdução aos fundamentos do direito penal.* Tradução da 2ª edição alemã por Pablo Rodrigo Alflen da Silva. Porto Alegre: SAFE, 2005. p. 335.

impor determinados efeitos dentro de uma comunidade jurídica", constituindo-se, portanto, num "interesse específico do legislador" que nem sequer lhe deveria ser determinado.[127]

De um modo geral, portanto, são comumente atribuídas ao princípio da taxatividade três funções principais: (1) impor a autolimitação do poder punitivo estatal; (2) satisfazer a exigência contida no princípio da separação de poderes de modo a impedir que o juiz, interpretando livremente a norma, invada a competência do legislador e (3) permitir que todos os cidadãos alcancem a exata compreensão da norma para que possam, desse modo, inibir eventual impulso criminoso através da prevenção geral negativa, tal como concebido por Feuerbach em sua já citada teoria da coação psicológica.

Todavia, entre as citadas funções do princípio da taxatividade e a realidade do ordenamento penal vigente existe um verdadeiro abismo a separá-los.

Isto se deve não apenas à natural dificuldade de se estabelecer objetivamente o nível de suficiente determinação do tipo incriminador, mas também de um excessivo comedimento dos tribunais superiores, os quais, apesar de reconhecerem o princípio, raramente realizam um efetivo controle sobre a modalidade de tipificação legislativa do ilícito.[128]

Desse modo, a ameaça mais séria ao mandato de certeza se relaciona com a capacidade do legislador de tornar as leis precisas.[129]

---

[127] HASSEMER, Winfried. Introdução aos fundamentos do direito penal. Tradução da 2ª edição alemã por Pablo Rodrigo Alflen da Silva. Porto Alegre: SAFE, 2005. p. 335. O autor, todavia, admite situações nas quais o legislador propositalmente não deseja a lex certa, reforçada pela "tendência à experimentação", própria do "moderno legislador", que se preocupa mais com os "efeitos empíricos de sua atuação" do que com os "valores irrenunciáveis da vida comunitária". Essa conversão para a compreensão e o controle das consequências não favorece a lex certa. Em outras situações, o legislador pode preferir a lei indeterminada quando seu conteúdo não corresponder à sua própria "vontade", delegando o desenvolvimento do texto normativo à jurisprudência. Por fim, existem situações em que se dever persistir no aperfeiçoamento devido à natural dificuldade para se alcançar a precisão requerida pelo tipo penal (HASSEMER, Winfried. Introdução aos fundamentos do direito penal. Tradução da 2ª edição alemã por Pablo Rodrigo Alflen da Silva. Porto Alegre: SAFE, 2005. p. 335-337).

[128] Nesse sentido, FIANDACA, Giovanni e MUSCO, Enzo. *Diritto penale: parte generale*. 6 ed. Bologna: Zanichelli Editore, 2009, p. 78.

[129] HASSEMER, Winfried. HASSEMER, Winfried. *Introdução aos fundamentos do direito penal.*

Nesse particular, deve-se admitir com humildade que o princípio da taxatividade jamais se realizará plenamente, posto que a exata compreensão da norma por todos os indivíduos exigiria um casuísmo exacerbado das figuras delitivas e a utilização exclusiva de elementos descritivos nas respectivas redações típicas.

Mesmo assim, por maior que fosse o esforço do legislador e por mais que se adicionassem artigos na parte especial do Código Penal, "não se alcançaria a rica variedade de fatos que a vida real oferece".[130]

Diante dessa realidade, na qual tampouco se pode renunciar à utilização de elementos normativos, que implicam um juízo de valor por parte do intérprete, a construção dos tipos penais deve ser ao menos "suficientemente concreta para que restem satisfeitas as exigências de segurança jurídica".[131]

Ao compartilhar esse conceito, Hassemer assinala que se deve buscar, na construção da norma penal, "um equilíbrio sutil entre precisão e flexibilidade", permitindo que ela se adapte a "casos futuros" e, ao mesmo tempo, torne-se impenetrável a "casos não imaginados".[132]

Adverte, todavia, no sentido de que, não raras vezes, o legislador depende da "lealdade da jurisprudência" para garantir a certeza dos tipos, uma vez que, com a decisão pela "flexibilização", o legislador amplia as margens de decisão e desenvolvimento das normas e corre o risco de ver a jurisprudência interpretá-las de maneira completamente diferente da que imaginou, ao passo que, com a decisão pela "precisão", corre o risco de originar decisões que certamente não desejava, como, por exemplo, considerar qualificado o furto de uma máquina fotográfica subtraída do interior de um automóvel e furto simples a subtração do próprio automóvel junto com a máquina fotográfica.[133]

Tradução da 2ª edição alemã por Pablo Rodrigo Alflen da Silva. Porto Alegre: SAFE, 2005. p. 337.

130 MIR, Jose Cerezo. *Curso de derecho penal espanol*: parte general, v. I, Madrid: Editorial Tecnos, 1990, p. 168.

131 MIR, Jose Cerezo. *Curso de derecho penal espanol*: parte general, v. I, Madrid: Editorial Tecnos, 1990, p. 168.

132 HASSEMER, Winfried. *Introdução aos fundamentos do direito penal.* Tradução da 2ª edição alemã por Pablo Rodrigo Alflen da Silva. Porto Alegre: SAFE, 2005. p. 338.

133 HASSEMER, Winfried. *Introdução aos fundamentos do direito penal.* Tradução da 2ª edição alemã

Vale acrescentar, por fim, que o princípio da taxatividade também se projeta sobre o direito processual penal, bastando observar, com Fiandaca e Musco, que sua inobservância afeta não apenas o princípio da obrigatoriedade da ação penal, tornando defeituoso o critério de verificação de tal obrigação, mas também o direito constitucional à ampla defesa, dada a dificuldade de se contrapor a uma imputação precisa na ausência de uma pontual descrição legal do fato proibido.[134]

2.1.1 Taxatividade e convencionalismo penal

Luigi Ferrajoli identifica a taxatividade como um dos instrumentos centrais do denominado "convencionalismo penal", considerado por ele o primeiro elemento da epistemologia garantista devido à exigência de determinação abstrata e precisa do fato punível, tal como proposto pelo "princípio da estrita legalidade".[135]

Duas condições são exigidas para tanto: "o caráter formal ou legal do critério de definição do desvio" e "o caráter empírico ou fático das hipóteses de desvio legalmente definidas".[136]

A primeira condição refere-se à delimitação do fato-crime exclusivamente pela lei penal, segundo a conhecida fórmula latina *nulla poena et nullum crimen sine lege.*

A segunda condição, por sua vez, estabelece que a construção típica do delito deve evitar alusões a "figuras subjetivas de status ou de autor e se ater a figuras empíricas e objetivas de comportamento, segundo a outra máxima latina *nulla poena sine crimine et sine culpa*".[137]

---

por Pablo Rodrigo Alflen da Silva. Porto Alegre: SAFE, 2005. p. 338. O autor se refere à técnica do exemplo-padrão, que favorece a interpretação analógica, como uma alternativa eficaz para assegurar uma relação ideal do legislador com a jurisprudência em benefício do mandato de certeza, pois evita a precisão excessiva do tipo ao mesmo tempo em que obriga o juiz a argumentar de modo diferenciado, identificando no caso concreto o caráter exemplar descrito na norma (*op. cit.*, p. 340-341).

134 FIANDACA, Giovanni e MUSCO, Enzo. *Diritto penale: parte generale.* 6 ed. Bologna: Zanichelli Editore, 2009, p. 78.

135 FERRAJOLI, Luigi. *Diritto e ragione. Teoria del garantismo penale.* Roma: Laterza, 2000. p. 6.

136 FERRAJOLI, Luigi. *Diritto e ragione. Teoria del garantismo penale.* Roma: Laterza, 2000. p. 6.

137 FERRAJOLI, Luigi. *Diritto e ragione. Teoria del garantismo penale.* Roma: Laterza, 2000. p. 6.

O autor aduz que a primeira condição equivale ao princípio da *reserva legal* em matéria penal e da consequente submissão do juiz à lei, ao passo que a segunda comporta, além disso, o caráter absoluto da reserva da lei penal, pelo que o juiz deve se submeter somente à lei dotada de referências empíricas e fáticas precisas.

A reserva legal é denominada "princípio de mera legalidade", dirigido aos juízes para aplicação da lei tal como formulada. A reserva absoluta de lei, denominada "princípio da estrita legalidade", tem por escopo orientar o legislador na construção taxativa e empiricamente precisa do tipo penal.

Nos dizeres de Luigi Ferrajoli, o princípio da legalidade estrita não admite "normas constitutivas", mas somente "normas regulamentares" do desvio punível:

> O princípio da legalidade estrita é proposto como uma técnica legislativa específica, dirigida a excluir, conquanto arbitrárias e discriminatórias, as convenções penais referidas não a fatos, mas diretamente a pessoas e, portanto, com caráter *constitutivo* e não *regulamentar* daquilo que é punível: como as normas que, em terríveis ordenamentos passados, perseguiam as bruxas, os hereges, os judeus, os subversivos e os inimigos do povo; como as que ainda existem em nosso ordenamento, que perseguem os *desocupados* e os *vagabundos*, os *propensos a delinqüir*, os *dedicados a tráficos ilícitos*, os *socialmente perigosos* e outros semelhantes.[138]

O convencionalismo penal representa, portanto, a garantia de que somente será considerada criminosa a conduta que estiver previamente definida como tal em preceitos exatamente identificados e associados à culpabilidade do agente.

2.1.2 Taxatividade e elementos normativos do tipo

Os elementos que compõem o tipo penal são divididos em dois grandes grupos: subjetivos e objetivos.

---

[138] FERRAJOLI, Luigi. *Direito e razão*: teoria do garantismo penal. Trad. Ana Paula Zomer, Fauzi Hassan Choukr, Juarez Tavares e Luiz Flávio Gomes. São Paulo: RT, 2002. p. 31.

Segundo Sheila Jorge Selim de Sales, a distinção entre tipo objetivo e tipo subjetivo é realizada "muito mais por razões de ordem prática e didática que por motivos de ordem rigorosamente científica, facilitando, indubitavelmente, o estudo e a exposição da matéria".[139]

Os elementos subjetivos do tipo, também conhecidos como parte subjetiva ou tipo subjetivo, podem ser conceituados como o conjunto de ingredientes subjetivos ou anímicos do tipo, sendo o dolo o critério normal de imputação subjetiva do fato ao agente.[140]

Além do dolo, alguns tipos podem conter elementos subjetivos especiais, "implícita ou explicitamente referidos à esfera psíquica do sujeito ativo".[141]

Os elementos subjetivos previstos nessas figuras delitivas são identificados através de um especial fim de agir, ou, como acentuado por José Cirilo de Vargas, "quando o agente realiza o tipo com certa e determinada intenção".[142]

Os elementos objetivos do tipo, identificados também pelas expressões "tipo objetivo", "vertente objetiva", "parte objetiva", referem-se a todas as circunstâncias da ação típica estranhas ao psiquismo do agente.

Na precisa lição de Assis Toledo, "esses elementos são objetivos porque são independentes do sujeito agente, possuem uma validade externa que não se restringe ao agente, mas que pode ser aferida, constatada, por outras pessoas".[143]

A doutrina costuma distingui-los em elementos descritivos e elementos normativos, muito embora entre eles não exista uma separação nítida e absoluta,[144] havendo ainda os que sustentam, com bastante propriedade,

---

139 SELIM DE SALES, Sheila Jorge. *Dos tipos plurissubjetivos*. Belo Horizonte: Del Rey, 1997. p. 26.

140 Daniela de Freitas Marques conceitua os elementos subjetivos do injusto como "elementos do campo psíquico-espiritual do agente, traduzidos em especiais tendências, intenções ou propósitos (fim especial de agir), que condicionam ou que fundamentam o juízo de ilicitude do comportamento" (MARQUES, Daniela de Freitas. Elementos subjetivos do injusto. Belo Horizonte: Del Rey, 2001. p 119).

141 SELIM DE SALES, Sheila Jorge. *Dos tipos plurissubjetivos*. Belo Horizonte: Del Rey, 1997. p. 31.

142 VARGAS, José Cirilo de. *Do tipo penal*. Belo Horizonte: Mandamentos, 2000, p. 38.

143 TOLEDO, Francisco de Assis. Princípios básicos de direito penal. 5 ed. São Paulo: Saraiva, 1994. p. 153.

144 Cf. TAVARES, Juarez. *Teoria do injusto penal*. 2 ed. Belo Horizonte: Del Rey, 2002. p. 230.

a hipótese formulada por Erik Wolf, para quem todas as características do tipo têm, em maior ou menor intensidade, caráter normativo. Nesse sentido, afirma Baumann que tanto a característica normativa contém certa descrição quanto a característica descritiva exige certa valoração.[145]

No mesmo sentido, Jescheck e Weigend consideram que não existe um contraste nítido entre ambos os grupos, pois "tanto os conceitos descritivos necessitam de interpretação em casos duvidosos como os elementos normativos possuem aspectos centrais empíricos".[146]

Zaffaroni e Nilo Batista advertem, contudo, que a renúncia à classificação da parte objetiva do tipo em elementos descritivos e normativos resultaria em perigosa confusão, "já que seriam então todos valorativos", abrindo-se um campo ilimitado para o "arbítrio legislativo" e, ao mesmo tempo, "desacreditando a interpretação redutora pela remissão incontrolada do intérprete a critérios axiológicos voluntaristas".[147]

Parte da doutrina não concorda com a divisão do tipo objetivo em elementos descritivos e elementos normativos, preferindo classificá-los como elementos descritivos ou objetivos (como sinônimos), normativos e subjetivos. Cf., por todos, VARGAS, José Cirilo de. *Introdução ao estudo dos crimes em espécie.* Belo Horizonte: Del Rey, 1993. p. 109-110.

145 BAUMANN, Jürgen. Derecho penal: conceptos fundamentales y sistema. Trad. Conrado A. Finzi. Buenos Aires: Depalma, 1981. p. 79. Filiando-se a tal posição, José Cirilo de Vargas acentua que "no fundo, todos os elementos do tipo têm caráter normativo, pois todos são conceitos jurídicos e, portanto, conceitos valorativos teleologicamente edificados" (VARGAS, José Cirilo de. Instituições de direito penal. Belo Horizonte: Del Rey, 1997, Tomo I. p. 111). Ainda nessa linha, a lição de Juarez Cirino dos Santos, para quem "os elementos constitutivos do tipo se entrecruzam, de modo que elementos objetivos podem ser descritivos (coisa), ou normativos (alheia); igualmente, elementos subjetivos também podem ser descritivos (o dolo) ou normativos (a intenção de apropriação, na expressão para si ou para outrem, do furto). Em alguns tipos legais as dimensões subjetiva e objetiva estão entrelaçadas: assim, o artifício, ardil ou fraude, no estelionato (art. 171), referem acontecimentos externos impensáveis sem a consciência interna do engano." (SANTOS, Juarez Cirino dos. A moderna teoria do fato punível. Rio de Janeiro: Freitas Bastos, 2000. p. 38-9). Andrei Schmidt eleva o tom da crítica ao afirmar que a divisão entre elementares objetivas e normativas "sujeita-se à percepção de que a única diferença entre elas é uma aproximação linguística consensual ou um afastamento linguístico destoante", acrescentando que, nesse sentido, "somente os 'dogmas' é que são capazes de convencer alguém da possibilidade de aplicação de uma norma mediante uma singela percepção sensorial" (SCHMIDT, Andrei Zenkner. O princípio da legalidade penal no Estado Democrático de Direito. Porto Alegre: Livraria do Advogado, 2001. p. 262).

146 JESCHECK, Hans Heinrich; WEIGEND, Thomas. Tratado de derecho penal: parte general. Trad. Miguel Olmedo Cardenete. 5 ed. Granada: Editorial Comares, 2002. p. 138-9.

147 ZAFFARONI, Eugenio Raúl; BATISTA, Nilo. *Direito penal brasileiro.* Rio de Janeiro: Revan, 2010, Vol. II, I. p. 132. A mesma opinião é compartilhada por Juarez Tavares, que considera

Juarez Tavares define os elementos descritivos como aqueles conceitos que, para sua configuração, "independem da atuação ou da influência da vontade do agente ou de juízos de valor [...] cuja apreensão de significado é acessível a todos", ao passo que os elementos normativos exigem, para sua compreensão, "um juízo de valor com base em circunstâncias ou indicações situadas geralmente fora da norma penal".[148]

Aos elementos descritivos corresponde a técnica de legiferação de normatização descritiva, ao passo que aos elementos normativos corresponde a técnica de legiferação sintética.

Na normatização descritiva, asseveram Ariosvaldo de Campos Pires e Sheila Jorge Selim de Sales, "descreve-se o fato incriminado utilizando

---

a diferenciação entre elementos descritivos e normativos dogmaticamente importante na medida em que for útil para delimitar o início da execução ou a consumação do delito, os elementos do dolo e seu alcance, bem como na identificação das espécies de erro de tipo e erro de proibição (TAVARES, Juarez. *Teoria do injusto penal.* 2. ed. Belo Horizonte: Del Rey, 2002. p. 232).

148 TAVARES, Juarez. Teoria do injusto penal. 2. ed. Belo Horizonte: Del Rey, 2002. p. 231. Para Assis Toledo, elementos descritivos são aqueles que "exprimem juízos de realidade, isto é, fenômenos ou coisas apreensíveis diretamente pelo intérprete (exemplo: 'matar', 'coisa', 'filho', 'mulher' etc.). Os segundos – os normativos – são os constituídos por termos ou expressões que só adquirem sentido quando completados por um juízo de valor, preexistente em outras normas jurídicas ou ético-sociais (exemplo: 'coisa alheia', 'propriedade', 'funcionário público', 'mulher honesta' etc.) ou emitido pelo próprio intérprete (exemplo: 'dignidade', 'decoro', 'reputação' etc.)." (TOLEDO, Francisco de Assis. Princípios básicos de Direito Penal. 5.ed. São Paulo: Saraiva, 1994. p. 154). As definições se sucedem: "elementos normativos do tipo são aqueles para cuja compreensão é insuficiente desenvolver uma atividade meramente cognitiva devendo-se realizar uma atividade valorativa. São circunstâncias que não se limitam a descrever o natural, mas implicam um juízo de valor." (BITENCOURT, Cezar Roberto. Tratado de direito penal. 17. ed. São Paulo: Saraiva, 2012, v. 1. p. 342); "aos elementos puramente descritivos se juntam, em certas construções típicas, elementos normativos, os quais não bastam simples emprego da capacidade cognoscitiva, mas cujo sentido tem de ser apreendido através de particular apreciação por parte do juiz." (BRUNO, Aníbal. Direito Penal: parte geral. 3.ed. Rio de Janeiro: Forense, 1967, Tomo II. p. 346); "elementos para cuja determinação se faz necessário recorrer a uma valoração ética ou jurídica." (ZAFFARONI, Eugenio Raúl; PIERANGELI, José Henrique. Manual de direito penal brasileiro: parte geral. 3. ed. São Paulo: RT, 2001. p. 411); "são aqueles criados e traduzidos por uma norma ou que, para sua efetiva compreensão, necessitam de uma valoração por parte do intérprete." (GRECO, Rogério. Curso de direito penal: parte geral. 10. ed. Niterói: Impetus, 2008, v. I. p. 171); "são aqueles que exigem um juízo de valor para o seu conhecimento. Dizem respeito a certo dado ou realidade de ordem jurídica ou não." (PRADO, Luiz Regis. Curso de direito penal brasileiro: parte geral. 8. ed. São Paulo: RT, 2008, v. I. p. 316).

vocábulos que indicam dados da realidade empírica",[149] ao passo que, na normatização sintética, são inseridos nos tipos penais elementos normativos, "que levam o intérprete a procurar dados externos à figura delituosa para realizar sua interpretação".[150]

A utilização de elementos normativos no tipo tem sido motivo de preocupação para a doutrina, pois pode acarretar prejuízo para a segurança jurídica, já que eles dependem de valoração. Por isso, na construção do tipo penal, deve-se preferir a técnica de legiferação de normatização descritiva, mais hábil a garantir a taxatividade dos tipos penais exigida pelo princípio da legalidade.

Após observar que a legislação moderna tem utilizado frequentemente a técnica de normatização sintética e fortalecido essa tendência para o futuro, Aníbal Bruno adverte para a redução da precisão e firmeza do tipo à medida que se aumenta o número de elementos normativos, "alargando-se a função do juiz na apreciação da conformidade típica do fato concreto, com prejuízo da segurança que o regime dos tipos visa a estabelecer".[151]

No mesmo sentido, Jair Leonardo Lopes afirma que "por constituir-se em fator de insegurança, a presença do elemento normativo no tipo penal deve sempre que possível ser evitada".[152]

---

149 PIRES, Ariosvaldo de; SELIM DE SALES, Sheila Jorge. *Crimes de trânsito*. Belo Horizonte: Del Rey, 1998. p. 39.

150 PIRES, Ariosvaldo de; SELIM DE SALES, Sheila Jorge. *Crimes de trânsito*. Belo Horizonte: Del Rey, 1998. p. 40. Esclarecem ainda os autores que tais elementos exigem uma autointegração para determinação de seu significado, que pode ser encontrada em outra norma jurídica (elementos normativos jurídicos) ou em elementos estranhos ao texto legal (elementos normativos extrajurídicos).

151 BRUNO, Aníbal. *Direito penal:* parte geral. 3. ed. Rio de Janeiro: Forense, 1967, Tomo II. p. 346.

152 LOPES, Jair Leonardo. Curso de direito penal: parte geral. 3.ed. São Paulo: RT, 1999. p.118. Tal opinião é compartilhada por Baumann, para quem, em matéria de Direito Penal, a exigência de segurança jurídica tem que ocupar o primeiro lugar (BAUMANN, Jürgen. Derecho penal: conceptos fundamentales y sistema. Trad. Conrado A. Finzi. Buenos Aires: Depalma, 1981. p. 80). Entretanto, Zaffaroni e Pierangeli observam que há elementos normativos perfeitamente delimitados, como o conceito de "funcionário público", previsto no art. 327 do Código Penal, enquanto existem elementos descritivos que requerem esforço considerável para sua determinação, como o conceito de "obstáculo à subtração da coisa" (art. 155, §4°, I, do CP) ou o de "lugar ermo" (art. 150, §1°, segunda hipótese, do CP). (ZAFFARONI, Eugenio Raúl; PIERANGELI, José Henrique. Manual de direito penal brasileiro: parte geral. 3. ed. São Paulo: RT, 2001. p. 475).

Ninguém duvida de que o ideal seria realizar a construção típica empregando-se exclusivamente elementos descritivos, possibilitando a exata compreensão das condutas proibidas ou impostas pela lei através da simples leitura de seu texto.

Nesse sentido, o homicídio é considerado por muitos como o "tipo ideal de crime", posto que descrito da maneira mais objetiva possível: "matar alguém". Note-se que suas elementares são nitidamente objetivas e podem ser facilmente apreendidas sem necessidade de se recorrer a nenhum recurso valorativo.

Todavia, como é impossível prever as infinitas possibilidades de motivação do agente e os variados modos de execução do delito, muitas vezes torna-se indispensável o recurso a elementos subjetivos e normativos na construção do tipo penal.

Tal assertiva não autoriza o uso indiscriminado dos elementos normativos por parte do legislador penal; antes, impõe a ele severa restrição, permitindo seu emprego somente nas hipóteses em que "a conduta proibida, em face do conhecimento que dela possui a comunidade, por força da experiência de vida ou da constante e reiterada observação, se mostre como substancialmente clara".[153]

Apesar do conselho dos doutrinadores, observa-se exatamente o oposto na legislação penal brasileira, ou seja, "uma inflação de normatizações elaboradas com a técnica sintética de legiferação".[154]

Em abono aos elementos normativos, Luciano Santos Lopes observa duas vantagens em sua utilização pelo legislador: evita o emprego de minúcias que poderiam resultar num tipo demasiadamente casuístico, bem como possibilita a atualização do conteúdo valorativo de suas regras.[155]

---

153 TAVARES, Juarez. *Teoria do injusto penal.* 2. ed. Belo Horizonte: Del Rey, 2002. p. 230. No mesmo sentido, Córdoba Roda estabelece dois requisitos para a utilização de elementos normativos no tipo penal: em primeiro lugar, que a necessidade de seu emprego decorra da natureza do bem jurídico protegido e, em segundo lugar, que a norma penal seja minimamente definida (CÓRDOBA RODA, Juan. Consideraciones sobre el principio de legalidad. In.: *Homenaje al Profesor Dr. Gonzalo Rodríguez Mourullo.* Navarra: Aranzadi, 2005. p. 241.

154 LOPES, Luciano Santos. *Os elementos normativos do tipo penal e o princípio constitucional da legalidade.* Porto Alegre: SAFE, 2006, p. 130.

155 LOPES, Luciano Santos. *Os elementos normativos do tipo penal e o princípio constitucional da legalidade.* Porto Alegre: SAFE, 2006, p. 130-131.

Apesar disso, reconhece na atividade interpretativa dos elementos normativos "um risco para o princípio da legalidade", na medida em que "o subjetivismo do magistrado permite ilações valorativas que podem reduzir a eficácia da função garantista do tipo penal".

Desse modo, apoiando-se na teoria da máxima taxatividade interpretativa, cunhada por Zaffaroni, conclui no sentido de que um preceito penal composto por elementos normativos somente não ofenderá a exigência da taxatividade se se puder deduzir de sua redação típica um claro fim de proteção do bem jurídico (necessidade da intervenção punitiva) e, ainda, um limite seguro contra eventual e arbitrária interpretação extensiva. Ao contrário, sempre que não puder ser reduzido a um núcleo determinável, deve ser considerado ofensivo aos direitos fundamentais constitucionais (garantias individuais) e, consequentemente, sem validade.[156]

2.1.3 Taxatividade e normas penais em branco

As normas penais em branco não descrevem totalmente o conteúdo da proibição e, por isso, necessitam de distintos preceitos jurídicos, oriundos de leis, decretos, portarias, resoluções e outros, para sua complementação.

O primeiro aspecto a ser discutido diz respeito à hierarquia das normas à que as leis penais em branco remetem. Um setor da doutrina considera "leis penais em branco" somente aquelas cujo complemento deriva de outras instâncias legiferantes ou de outras autoridades.[157] Diverso setor doutrinário estende o conceito de norma penal em branco às remissões previstas em leis de outros ramos do ordenamento jurídico (não penais).[158]

Nessa última hipótese, considerando-se a origem das normas complementares, fala-se em "normas penais em branco em sentido estri-

---

[156] LOPES, Luciano Santos. *Os elementos normativos do tipo penal e o princípio constitucional da legalidade*. Porto Alegre: SAFE, 2006, p. 141.

[157] ASÚA, Jimenez de. Tratado de derecho penal. 2 ed. Buenos Aires: Editorial Losada, 1950, Tomo II. p. 353.

[158] Nesse sentido, MARTÍNEZ, Rosario de Vicente. *El principio de legalidad penal*. Valencia: Tirant lo Blanch, 2004. p. 52; CHAVES, Alberto Alpízar. Función de taxatividad del tipo penal (mandato de certeza 'lex certa'). In.: *Revista de la Asociación de Ciencias Penales de Costa Rica*, n. 24, 2006, p. 38.

to" e "normas penais em branco em sentido lato". As primeiras são complementadas por meio de "fonte formal heteróloga", ou seja, diversa daquela que a editou, ao passo que as segundas são regulamentadas mediante "fonte formal homóloga", provenientes da mesma instância legislativa.[159]

As normas penais em branco em sentido lato (homogêneas) convivem harmoniosamente com o princípio da legalidade, uma vez que seus complementos são fornecidos pela mesma fonte legislativa.

Contudo, à igual conclusão não se pode chegar quanto às normas penais em branco em sentido estrito (heterogêneas), cujos complementos são emanados de outros poderes. Nesses casos, afirmam Zaffaroni e Pierangeli, corre-se o risco de se caracterizar uma "delegação de atribuição legislativa em matéria penal – que compete ao Congresso da Nação – e que estaria vedada pela Constituição Federal".[160]

No ordenamento jurídico brasileiro, podem ser citadas como exemplos de normas penais em branco as relacionadas aos delitos de tráfico ilícito de entorpecentes (Lei n.º 11.343/06, art. 33) e de omissão de notificação de doença (CP, art. 269). Em relação às primeiras, a lista de substâncias entorpecentes, psicotrópicas, precursoras e outras sob controle especial é elaborada pela Agência Nacional de Vigilância Sanitária (ANVISA), ao passo que à Secretaria de Vigilância em Saúde compete editar portaria definindo quais são as doenças de notificação compulsória.

Essa técnica legislativa, todavia, somente se justifica em relação aos tipos penais que protegem bens jurídicos sensíveis à evolução social e econômica.

Dado que a norma penal, por sua peculiar natureza, não deve ser submetida a contínuas reformas, o legislador delega a outras esferas competentes em razão da matéria a determinação do âmbito concreto

---

159 ALFLEN DA SILVA, Pablo Rodrigo. *Leis penais em branco e o direito penal do risco*. Rio de Janeiro: Lumen Juris, 2004. p. 67-68.

160 ZAFFARONI, Eugenio Raúl; PIERANGELI, José Henrique. Manual de direito penal brasileiro: parte geral. 7. ed. São Paulo: RT, 2007. p. 388. Boa parte da doutrina também considera as normas penais em branco em sentido estrito ofensivas ao princípio da legalidade e, portanto, sem validade, uma vez que seu conteúdo pode ser modificado sem as formalidades próprias do procedimento legislativo. Nesse sentido, por todos, GRECO, Rogério. Curso de direito penal: parte geral. 10. ed. Niterói: Impetus, 2008, v. I. p. 24.

de sua incidência, remetendo a normativas extrapenais de complemento a tarefa de integrar e precisar a conduta proibida.[161]

Comentando decisões proferidas pela Corte Constitucional argentina, Guillermo Yacobucci assevera:

> Em matérias que apresentam contornos ou aspectos peculiares, distintos e variáveis que impeçam ao legislador prever antecipadamente a concreta manifestação que tenderiam os fatos [...] uma vez estabelecida a política legislativa, não resulta desarrazoado o reconhecimento de amplas faculdades regulamentares ao órgão executivo (Sentença, 199/483; 246/345; 300/392, 304/1898 e 315/942). A justificação destes raciocínios é de ordem político-criminal e possui aceitação constitucional desde que o órgão que incrimine, em suma, seja o legislativo. Por isso, considera o Tribunal que, no caso de questões cambiárias, econômicas, financeiras etc., que são "por essência movediças e proteicas, torna-se indispensável dispor de um instrumento ágil que possa descrever com rapidez condutas publicamente danosas e, por sua vez, descriminalizar outras que tenham deixado de sê-lo" (Sentença, 300/392).[162]

Os problemas decorrentes da lei penal em branco heterogênea em sua relação com o princípio da taxatividade concentram-se em dois pontos: a indeterminação da conduta proibida e a esquiva da reserva de lei, que contrasta com a exclusiva competência do legislador em matéria penal.

Nesse sentido, deve ser declarada a inconstitucionalidade de leis que, na prática, delegam ao órgão Executivo o poder de legislar em matéria penal, extrapolando o caráter simplesmente regulamentar do complemento.

Não obstante isso, doutrina e jurisprudência têm considerado válidos os tipos penais em branco desde que traduzam o denominado "núcleo essencial da conduta" com um elevado grau de taxatividade.[163]

Significa dizer que o legislador penal deve, ao menos, possibilitar o fundamento da jurisprudência independentemente do complemento da

---

161 MARTÍNEZ, Rosario de Vicente. *El principio de legalidad penal.* Valencia: Tirant lo Blanch, 2004. p. 52.

162 YACOBUCCI, Guillermo Jorge e GOMES, Luiz Flávio. *As grandes transformações do direito penal tradicional.* São Paulo: RT, 2005, p. 106.

163 Nesse sentido, cf. MATEU, Juan Carlos Carbonell. *Derecho penal:* concepto e princípios constitucionales. Madri: Tirant lo Blanch, 1999. p. 124.

norma penal em branco, cujo conteúdo, proveniente de outra fonte, não deve abranger a parte fundamental da construção típica.

Nos dizeres de Guillermo Yacobucci:

> O princípio da legalidade veda nesse aspecto que a regulamentação determine o essencial da matéria proibida, isto é, que defina o ilícito em si mesmo. A norma regulamentar ou integradora só tem por função especificar os pormenores ou detalhes, assinalar condições, circunstâncias etc.[164]

Afinal, consoante percebido por Rosario Martinez, "quando à descrição típica se agrega uma remissão a normas sublegislativas, não se está ampliando, mas restringindo o âmbito do proibido".[165]

Outro mecanismo de enfrentamento dos problemas de indeterminação das normas penais em branco é o denominado "sistema de cláusulas de remissão inversa".[166]

O sistema consiste em referências que, inseridas nas correspondentes normas complementares e submetidas à mesma exigência de publicidade da lei penal,[167] advertem sobre as consequências criminais de seu descumprimento, reforçando a vinculação entre o tipo penal em branco e seu preceito complementador.

Mesmo com tais cautelas, não se pode negar que os atos administrativos que complementam as normas penais em branco passam a integrá-las, abrindo a possibilidade de o Executivo legislar indiretamente em matéria penal, o que impõe a exigência de requisitos rígidos para sua admissão.[168]

---

164 YACOBUCCI, Guillermo Jorge e GOMES, Luiz Flávio. *As grandes transformações do direito penal tradicional.* São Paulo: RT, 2005, p. 107.

165 MARTÍNEZ, Rosario de Vicente. El principio de legalidad penal. Valencia: Tirant lo Blanch, 2004. p. 53.

166 MARTÍNEZ, Rosario de Vicente. *El principio de legalidad penal.* Valencia: Tirant lo Blanch, 2004. p. 54.

167 Alberto Chaves acrescenta que, a fim de tornar-se conhecida, a norma complementar se submete à mesma exigência de publicidade da lei penal (CHAVES, Alberto Alpízar. Función de taxatividad del tipo penal (mandato de certeza 'lex certa'). In.: *Revista de la Asociación de Ciencias Penales de Costa Rica*, n. 24, 2006, p. 39).

168 Conforme VÁSQUEZ, Manuel A. Abanto. El principio de 'certeza' en las leyes penales en blanco. In.: *Revista Peruana de Ciencias Penales*, n. 9, 1999, p. 15. No mesmo sentido, Nilo

Por tal motivo, esse recurso técnico só deve ser utilizado em situações estritamente imprescindíveis, ou seja, quando for impossível ao legislador alcançar seu objetivo por outros meios. Tanto é assim que o Decreto n.º 4.176/2002, que estabelece normas e diretrizes para a elaboração, a redação, a alteração, a consolidação e o encaminhamento ao Presidente da República de projetos de atos normativos de competência dos órgãos do Poder Executivo Federal, prescreve, no parágrafo único do art. 11, que "a formulação de normas penais em branco deverá ser evitada".

Desse modo, a lei penal deve descrever todos os elementos objetivos e subjetivos que integram a conduta típica, salvo, justamente, aquele que não se pode precisar tecnicamente sem o auxílio da norma complementar,[169] a qual, de todo modo, "deve procurar manter a coerência interna do sistema normativo e prezar pela observância de princípios elementares do Direito Penal, tal como a irretroatividade da lei penal prejudicial ao acusado".[170]

2.2 Princípio da irretroatividade gravosa (*nullum crimen, nulla poena sine lege praevia*)

A segunda exigência imposta pelo princípio da legalidade ao legislador penal refere-se à proibição de promulgar leis para alcançar fatos passados.

Batista afirma que "a constitucionalidade das normas penais em branco de complementação heteróloga seria discutível à luz da reserva absoluta da lei". E acrescenta: "em todo caso, o complemento administrativo que passa a integrar uma norma penal está sujeito a todas as exigências que derivam do princípio da legalidade: o contrário significa violação do próprio princípio" (BATISTA, Nilo. *Introdução crítica ao direito penal brasileiro.* 5 ed. Rio de Janeiro: Revan, 1999. p. 73-74). Guillermo Yacobucci lembra que a doutrina do Tribunal Constitucional Espanhol estabelece os seguintes requisitos constitucionais para a validade da norma penal em branco: (a) reenvio normativo expresso; (b) justificação em virtude do bem jurídico ao qual se refere; (c) que a lei contenha a sanção penal; (d) que a lei contenha o núcleo essencial da proibição; (e) que se encontra satisfeito o princípio de certeza que possibilita o conhecimento e a motivação normativa (YACOBUCCI, Guillermo Jorge e GOMES, Luiz Flávio. *As grandes transformações do direito penal tradicional.* São Paulo: RT, 2005, p. 108).

169 Conforme CHAVES, Alberto Alpízar. Función de taxatividad del tipo penal (mandato de certeza 'lex certa'). In.: *Revista de la Asociación de Ciencias Penales de Costa Rica*, n. 24, 2006, p. 39.

170 HADDAD, Carlos Henrique Borlido. Normas penais brasileiras. In.: Revista CEJ, Brasília, Ano XII, n. 41, abr./jun. 2008, p. 23.

Como bem afirmado por Roxin, a proibição da retroatividade da lei penal gravosa tem permanente atualidade política em decorrência da natural tentação do legislador em introduzir ou agravar penas como resposta a crimes de especial gravidade.

Com efeito, buscando amenizar eventuais críticas ou indesejados sentimentos de insegurança, o Poder Legislativo, não raras vezes, dispõe-se a elaborar "leis penais *ad hoc*", feitas na medida para o caso concreto e, em sua maioria, com conteúdos deturpados pelas emoções do momento. Impedir a produção de tais leis, prossegue o autor, "é uma exigência irrenunciável do Estado de Direito".[171]

A garantia da *lex praevia* encontra expressa previsão no inciso XL do art. 5º da Constituição da República[172] e no art. 2º do Código Penal brasileiro,[173] significando que o agente só pode responder criminalmente nos termos da lei vigente no momento do fato.

Também de maneira expressa, o legislador brasileiro considera praticado o crime no momento da ação ou omissão, ainda que outro seja o momento do resultado (art. 4º, CP).[174]

O núcleo da proibição da retroatividade, destaca Hassemer, "é muito mais a 'proteção da confiança' de todos de que os limites da liberdade estão marcados de modo vinculante e possíveis de serem lidos em qualquer momento nas leis".[175]

---

171 ROXIN, Claus. Derecho penal parte general. Trad. por Diego-Manuel Luzón Peña, Miguel Diaz y Garcia Conlledó e Javier de Vicente Remesal. Madrid: Civitas, 1997. p. 161. Como assinala Hassemer, "uma lei que procura ter validade para um caso que é mais antigo do que ela mesma, é um fantasma do Estado de polícia" (HASSEMER, Winfried. Introdução aos fundamentos do direito penal. Tradução da 2ª edição alemã por Pablo Rodrigo Alflen da Silva. Porto Alegre: SAFE, 2005. p. 341).

172 Art. 5º, XL, CF: "a lei penal não retroagirá, salvo para beneficiar o réu".

173 Art. 2º, CP: "Ninguém pode ser punido por fato que lei posterior deixa de considerar crime, cessando em virtude dela a execução e os efeitos penais da sentença condenatória".

174 Vale lembrar que, nos crimes permanentes, cuja execução se prolonga no tempo, aplica-se a lei em vigor na data do último ato de execução.

175 HASSEMER, Winfried. *Introdução aos fundamentos do direito penal.* Tradução da 2ª edição alemã por Pablo Rodrigo Alflen da Silva. Porto Alegre: SAFE, 2005. p. 341. Essa confiança, segue afirmando, "é o substrato social que mantém de pé o Direito Penal de um Estado de Direito" (HASSEMER, Winfried. *Introdução aos fundamentos do direito penal.* Tradução da 2ª edição alemã por Pablo Rodrigo Alflen da Silva. Porto Alegre: SAFE, 2005. p. 342).

Da mesma forma, ao proibir a alegação de desconhecimento da lei para afastar a responsabilidade penal do agente, o legislador admitiu a presunção absoluta de que todos têm ciência dela no instante mesmo de sua publicação. Essa regra perderia todo o sentido se fosse permitida a elaboração de novas proibições com força retroativa.

A exceção ao princípio da irretroatividade da lei penal gravosa encontra-se em seu oposto, ou seja, no princípio da retroatividade da lei mais benéfica ao réu, seja por descriminalizar uma conduta, seja por reduzir a margem punitiva ou por, de qualquer modo, favorecer a defesa.

A retroatividade da lei penal mais favorável ao réu está contemplada no parágrafo único do art. 2º do Código Penal,[176] e sua dimensão de garantia constitucional decorre da interpretação lógica do dispositivo que determina a irretroatividade da lei penal gravosa.[177]

Para a doutrina majoritária, ressalta Rosario Martínez, o fundamento da retroatividade favorável reside em razões político-criminais vinculadas ao princípio da proibição do excesso, uma vez que a pena se torna excessiva a partir do momento em que a conduta passa a ser socialmente tolerada e deixa de ser formalmente descrita como crime no ordenamento jurídico penal.[178] Igualmente, a manutenção de uma pena que o ordenamento jurídico já considera desnecessária ou excessiva só pode ser justificada através das teorias absolutas – que atribuíam ao Direito Penal função meramente retributiva –, há muito superadas.

Por esse fundamento, torna-se desnecessário o período de vacância em relação à lei benigna posterior, cuja vigência deve ser imediata.[179]

---

176 "A lei posterior, que de qualquer modo favorecer o agente, aplica-se aos fatos anteriores, ainda que decididos por sentença condenatória transitada em julgado".

177 Nesse sentido, a lição de Luigi Ferrajoli, para quem "per gli stessi motivi per i quali la legge propriamente penale, cioè safavorevole al reo, dev'essere irretroativa – l'ingiustificabilità degli aggravamenti legalmente non predeterminati o non piú ritenuti necessari – la legge penale più favorevole al reo dev'essere infatti, rispetto a quella più sfavorevole, ultrattiva, se più vecchia, e retroattiva, se più nuova" (FERRAJOLI, Luigi. *Diritto e ragione.* Teoria del garantismo penale. Roma: Laterza, 2000. p. 377-378).

178 MARTÍNEZ, Rosario de Vicente. *El principio de legalidad penal.* Valencia: Tirant lo Blanch, 2004. p. 65.

179 A comissão instituída pelo Instituto de Ciências Penais - ICP para propor sugestões à Comissão do Senado Federal encarregada de elaborar anteprojeto de um novo Código Penal, propôs a inserção de outro parágrafo no art. 2º do Código Penal, com a seguinte redação: "a lei posterior que de qualquer maneira beneficiar o réu terá eficácia desde a data da publi-

Discute-se se é possível a combinação de leis para atender aos princípios da ultra-atividade e da retroatividade *in mellius*, possibilitando ao julgador extrair da nova lei apenas os dispositivos que atendam aos interesses da defesa, desprezando aqueles que a prejudiquem.

Conforme demonstrado por Zaffaroni e Nilo Batista, considerável número de doutrinadores brasileiros opunha-se à articulação de preceitos de duas leis distintas para aplicação conjunta, sob o argumento tradicional de que se estaria, dessa forma, aplicando uma lei inexistente.[180]

Contudo, prosseguem os autores, "a fórmula irrestrita mediante a qual a lei dispõe acerca da retroatividade da *lex mitior* fora dos casos de *abolitio criminis* ('de qualquer modo' – art. 2º, par. ún. CP), bem como a natureza imperativa da cláusula constitucional (art. 5º, inc. XL CR) gradativamente sensibilizaram a doutrina e a jurisprudência nacionais".[181]

Desse modo, cristalizou-se o entendimento a favor do aproveitamento dos componentes mais benéficos dos textos legais concorrentes no tempo, ressalvada apenas as hipóteses em que a conjugação de leis provocar o desvirtuamento do caráter unitário da legislação.

O princípio da irretroatividade da lei penal ainda enfrenta questionamentos quando se reclama a extensão de sua aplicabilidade ao direito processual, à jurisprudência, às medidas de segurança e às leis temporárias ou excepcionais.

---

cação". Da mesma forma, sugeriu a inserção no último artigo do Código Penal da seguinte regra de transição: "as disposições deste Código que de qualquer maneira beneficiar o agente terão aplicação desde a data da publicação". O principal fundamento para a proposição reside na constatação de que o período de *vacatio legis* somente se justifica em relação aos dispositivos mais gravosos, pois, apenas estes têm a possibilidade de acarretar prejuízos à liberdade e exigem, dessa forma, que se assegure a todos a oportunidade de adaptarem-se aos novos comandos (Instituto de Ciências Penais. *Relatório final sobre a reforma do Código Penal.* Belo Horizonte: 2012).

180 ZAFFARONI, Eugenio Raúl; BATISTA, Nilo. *Direito penal brasileiro.* Rio de Janeiro: Revan, 2010, v. II, I. p. 214. Em reforço ao argumento contrário à conjugação de leis, Heleno Fragoso lembrava ainda que o art. 2º, § 2º, do Código Penal de 1969 continha vedação expressa a respeito (FRAGOSO, Heleno Cláudio [atualização de Fernando Fragoso]. *Lições de direito penal*: parte geral. 17 ed. Rio de Janeiro: Forense, 2006. p. 126).

181 ZAFFARONI, Eugenio Raúl; BATISTA, Nilo. *Direito penal brasileiro.* Rio de Janeiro: Revan, 2010, v. II, I. p. 214.

2.2.1 *Princípio da irretroatividade e direito processual*

Como regra geral, o processo penal rege-se pelas leis vigentes na data da realização de cada ato processual, independentemente do dia em que o delito tiver sido praticado, pois suas normas têm conteúdo processual, e não incriminador.

É o que se depreende do art. 2º do Código de Processo Penal, que resguarda a validade dos atos até então realizados.[182]

Acontece, todavia, que, não raras vezes, ocorrem transferências entre o Direito Penal material e o Direito Processual Penal, como, por exemplo, na recente promulgação da Lei n.º 12.403/2011, que reestruturou o Código de Processo Penal na parte em que trata da prisão, das medidas cautelares e da liberdade provisória, de efeitos materiais decisivos.

A nova lei inovou em prejuízo do réu ao dar nova redação ao art. 283 da lei processual penal e, com isso, admitir o cabimento da prisão temporária no curso do processo, ampliando a hipótese de aplicação da medida que, até então, só era permitida na fase do inquérito policial, nos termos do art. 1º, inciso I, da Lei n.º 7.960/1989.[183]

Nesses casos excepcionais, a doutrina tem ampliado a proibição da retroatividade aos pressupostos processuais de cuja observância depende o julgamento do mérito.[184]

---

182 Art. 2º, CPP: "A lei processual penal aplicar-se-á desde logo, sem prejuízo da validade dos atos realizados sob a vigência da lei anterior".

183 Art. 283, CPP: "Ninguém poderá ser preso senão em flagrante delito ou por ordem escrita e fundamentada da autoridade judiciária competente, em decorrência de sentença condenatória transitada em julgado ou, no curso da investigação ou do processo, em virtude de prisão temporária ou prisão preventiva".
Art. 1º da Lei n.º 7.960/1989: "Caberá prisão temporária: I - quando imprescindível para as investigações do inquérito policial [...]".

184 Nesse sentido, ROXIN, Claus. *Derecho penal parte general.* Trad. por Diego-Manuel Luzón Peña, Miguel Diaz y Garcia Conlledó e Javier de Vicente Remesal. Madrid: Civitas, 1997. p. 165; WELZEL, Hans. *Derecho penal alemán.* Trad. Juan bustos Ramírez y Sergio Yáñez Pérez. 4 ed. Santiago: Editorial Jurídica de Chile, 1993. p. 29; HASSEMER, Winfried. *Introdução aos fundamentos do direito penal.* Tradução da 2ª edição alemã por Pablo Rodrigo Alflen da Silva. Porto Alegre: SAFE, 2005. p. 345; JAKOBS, Günther. *Tratado de direito penal*: teoria do injusto penal e culpabilidade. Trad. por Gercélia Batista de Oliveira Mendes e Geraldo de Carvaho. Belo Horizonte: Del Rey, 2009. p. 143. Na doutrina penal brasileira, SCHMIDT, Andrei Zenkner. *O princípio da legalidade penal no Estado Democrático de Direito.* Porto Alegre: Livraria do Advogado, 2001. p. 209-214; QUEIROZ, Paulo; VIEIRA, Antônio. Retroativi-

Portanto, quando a nova lei processual prejudicar a defesa do acusado, só será aplicada nos processos que tiverem por objeto infrações penais praticadas após sua entrada em vigor.

E assim deve ser, acentuam Paulo Queiroz e Antônio Vieira, "inclusive por força da crescente utilização do direito processual penal como instrumento de uma política criminal eficientista, que, a pretexto de maximizar o controle da criminalidade, vem de minimizar garantias".[185]

Exatamente pela utilização do processo como instrumento de uma política criminal voltada para o rigor punitivo é que se deve estender às normas processuais a irretroatividade da lei penal mais severa.[186] Nesse mesmo sentido, Felipe Martins Pinto, rememorando Hassemer, afirma que, "na esfera penal, tanto no direito material quanto no processo, a legalidade não é uma característica, 'senão a sua missão e objetivo'".[187]

Por outro lado, a novel legislação também foi generosa com os interesses da defesa ao estabelecer a prisão domiciliar e outras nove medidas cautelares diversas da prisão preventiva, entre elas a fiança sob nova roupagem – medidas essas que deveriam representar significativa redução das hipóteses de prisão no curso do processo.[188]

---

dade da lei processual penal e garantismo. Disponível em: <http://pauloqueiroz.net/retroatividade-da lei processual-penal-e-garantismo/>. Acesso em: 29.02.2012; ZAFFARONI, Eugenio Raúl; BATISTA, Nilo. *Direito penal brasileiro*, Rio de Janeiro: Revan, 2010, v. II, I. p. 219-220.

185 QUEIROZ, Paulo; VIEIRA, Antônio. *Retroatividade da lei processual penal e garantismo*. Disponível em: <http://pauloqueiroz.net/retroatividade-da-lei-processual-penal-e-garantismo/>. Acesso em: 29.02.2012.

186 QUEIROZ, Paulo; VIEIRA, Antônio. *Retroatividade da lei processual penal e garantismo*. Disponível em: <http://pauloqueiroz.net/retroatividade-da-lei-processual-penal-e-garantismo/>. Acesso em: 29.02.2012. No mesmo sentido, a lição de Lycurgo de Castro Santos, para quem "todos os preceitos que agravam a situação do réu são normas materialmente penais e por isso estão submetidas à limitação de irretroatividade" (SANTOS, Lycurgo de Castro. O princípio da legalidade no moderno direito penal. In.: *Revista Brasileira de Ciências Criminais*, ano 4, n. 15, São Paulo: RT, jul.-set./1996. p. 195).

187 PINTO, Felipe Martins. *Introdução crítica ao processo penal.* Belo Horizonte: Del Rey, 2012, p. 141.

188 Além da prisão domiciliar, regulamentada nos arts. 317 e 318 do Código de Processo Penal, a nova lei estabeleceu, no art. 319, as seguintes medidas cautelares diversas da prisão preventiva: (I) comparecimento periódico em juízo; (II) proibição de acesso ou frequência a determinados lugares; (III) proibição de manter contato com pessoa determinada; (IV) proibição de ausentar-se da comarca; (V) recolhimento domiciliar no período noturno e nos dias de

Nesse sentido, vale perceber que o princípio da presunção de não culpabilidade foi tomado como diretriz principal a ser perseguida doravante. Tanto é assim que a medida extrema somente será adotada se as demais se mostrarem inadequadas ou insuficientes (art. 282, § 6º, CPP).[189]

Além do mais, a prisão em flagrante fica sem efeito caso não seja motivadamente convertida em prisão preventiva (art. 310, CPP).[190]

Naturalmente, a norma processual retroagirá nessas hipóteses em que se apresentar mais benéfica aos interesses da defesa do que a norma vigente ao tempo da realização da conduta.[191]

A retroatividade da norma processual mais benéfica implica não apenas sua imediata aplicação, mas também a renovação dos atos processuais que não puderem ser convalidados.

Afinal, o princípio da legalidade, materialmente compreendido, impede a emissão de juízo condenatório e a consequente aplicação de sanção penal sem a observância de um processo público, presidido por magistrado e conduzido com a observância de todas as garantias ao processado.[192]

---

folga; (VI) suspensão do exercício de função pública ou de atividade de natureza econômica ou financeira; (VII) internação provisória; (VIII) fiança, nas infrações que a admitem e (IX) monitoração eletrônica.

189 Art. 282, § 6º, CPP: "A prisão preventiva será determinada quando não for cabível a sua substituição por outra medida cautelar".

190 Art. 310. "Ao receber o auto de prisão em flagrante, o juiz deverá fundamentadamente: (I) relaxar a prisão ilegal; ou (II) converter a prisão em flagrante em preventiva, quando presentes os requisitos constantes do art. 312 deste Código, e se revelarem inadequadas ou insuficientes as medidas cautelares diversas da prisão; ou (III) conceder liberdade provisória, com ou sem fiança.
Parágrafo único. Se o juiz verificar, pelo auto de prisão em flagrante, que o agente praticou o fato nas condições constantes dos incisos I a III do caput do art. 23 do Decreto-Lei nº 2.848, de 7 de dezembro de 1940 - Código Penal, poderá, fundamentadamente, conceder ao acusado liberdade provisória, mediante termo de comparecimento a todos os atos processuais, sob pena de revogação".

191 Cf, por todos, CÓRDOBA RODA, Juan. Consideraciones sobre el principio de legalidad. In.: *Homenaje al Profesor Dr. Gonzalo Rodríguez Mourullo*. Navarra: Aranzadi, 2005. p. 237-248-249.

192 GIACOMOLLI, Nereu José. Função garantista do princípio da legalidade. In.: *Revista Ibero -Americana de Ciências Penais*, Ano 1, Porto Alegre, maio/. 2000, p. 51.

As normas meramente procedimentais, que não ampliam nem restringem as garantias individuais, serão aplicadas tão logo entrem em vigor, respeitados os atos validamente praticados (CPP, art. 2°).[193]

Por fim, quando a nova lei favorecer o acusado e, ao mesmo tempo, prejudicá-lo em outros aspectos – como aconteceu com as alterações determinadas pela já citada Lei n.° 12.403/2011 –, cabe o mesmo disciplinamento destinado à irretroatividade da lei penal, admitindo-se a combinação de leis desde que sejam compatíveis, de modo a assegurar a irretroatividade das normas mais severas e autorizar a retroatividade das mais favoráveis.

Ocorrendo o desvirtuamento de algum dos preceitos operados, pela eventual subtração de dispositivos condicionantes de sua eficácia, afasta-se a conjugação de leis e escolhe-se a norma aplicável ao caso levando-se em conta o "significado político-criminal prevalecente da reforma para os interesses concretos do acusado".[194]

2.2.2 Princípio da irretroatividade e mudanças jurisprudenciais in malam partem

Em 9 de fevereiro de 2012, o Supremo Tribunal Federal discutiu a validade da Lei n.° 11.340/2006, popularmente conhecida como Lei Maria da Penha, por ocasião do julgamento da Ação Declaratória de Constitucionalidade (ADC) 19, ajuizada pela Presidência da República com objetivo de proporcionar uma interpretação judicial uniforme dos dispositivos nela contidos, e da Ação Direta de Inconstitucionalidade (ADI) 4424, ajuizada pela Procuradoria-Geral da República quanto aos artigos 12, inciso I, 16 e 41 da norma.

Além de confirmar a constitucionalidade da lei, o voto condutor da decisão colegiada, proferido pelo Ministro Luiz Fux, considerou legítimo o disposto no art. 41 da Lei n.° 11.340/06, afastando, por conseguinte, todas as disposições da Lei n.° 9.099/95 em relação aos crimes praticados contra a mulher no âmbito doméstico e familiar.

---

193 Art. 2° do CPP: "A lei processual penal aplicar-se-á desde logo, sem prejuízo da validade dos atos realizados sob a vigência da lei anterior".

194 QUEIROZ, Paulo; VIEIRA, Antônio. Retroatividade da lei processual penal e garantismo. Disponível em: <http://pauloqueiroz.net/retroatividade-da-lei-processual-penal-e-garantismo/>. Acesso em: 29.02.2012.

Desse modo, ao suposto agente não serão conferidos os institutos da suspensão condicional do processo, da transação penal e da composição civil dos danos.

Além disso, o Supremo Tribunal Federal também decidiu que os delitos de lesão corporal leve e culposa domésticos contra a mulher não dependem de representação da ofendida, processando-se mediante ação penal pública incondicionada.[195]

No que atine à competência prevista no art. 33, a Lei Maria da Penha também não mereceu reparos, decidindo a Corte que uma adequada proteção da mulher demanda completa análise do caso, tanto sob a perspectiva cível quanto criminal, motivo pelo qual se torna-se essencial que o mesmo juízo tenha competências cíveis e penais, sem que se possa nisso vislumbrar ofensa à competência dos Estados para dispor sobre a organização judiciária local (art. 125, § 1°, c/c art. 96, II, "d", CF).

A decisão do Supremo Tribunal Federal é mais um exemplo que revela a importância da interpretação judicial no Direito Penal e a insuficiência da lei para atribuir taxatividade ao tipo penal, tal como preconizado por Mariângela Gomes em seu estudo sobre as súmulas vinculantes em matéria penal.[196]

A mesma autora considera inatingível a certeza absoluta do direito por meio exclusivo da lei, reforçando a interpretação judicial como instrumento indispensável para tanto, respeitado o "âmbito dentro do qual ao juiz é permitido criar".[197]

---

195 O Superior Tribunal de Justiça, no julgamento de Recurso Especial sob o rito da Lei dos Recursos Repetitivos, de evidente efeito vinculante, havia decidido de maneira oposta, considerando indispensável a representação da ofendida nos crimes de lesão corporal leve cometido no âmbito doméstico e familiar (STJ, REsp n° 1.097.042- DF (2008/0227970-6), Rel. Min. Napoleão Nunes Maia Filho, DJe 21.05.2010). Essa decisão, contudo, foi posteriormente revista diante do entendimento assumido pelo Supremo Tribunal Federal, no sentido da desnecessidade de representação da vítima nos crimes de lesão corporal praticados contra a mulher no âmbito familiar, por se tratar de ação penal pública incondicionada (STJ, AgRg no REsp 130.877/CE, Rel. Min. Marco Aurélio Bellizze, DJe 03.09.2012).

196 GOMES, Mariângela Gama de Magalhães. Notas sobre as súmulas vinculantes em matéria penal. In.: *Revista Brasileira de Ciências Criminais,* Ano 18, n. 84, maio-jun. 2010, p. 77-110.

197 GOMES, Mariângela Gama de Magalhães. Notas sobre as súmulas vinculantes em matéria penal. In.: *Revista Brasileira de Ciências Criminais,* Ano 18, n. 84, maio-jun. 2010, p.81.

Sendo assim, apesar de não figurar no elenco das fontes do ordenamento jurídico penal, nem por isso a jurisprudência deixa de complementá-lo quando, de modo reiterado, uniformiza critérios de interpretação e aplicação da lei.[198]

Conquanto a validade e a eficácia das decisões judiciais sejam, em regra, circunscritas às partes, as proferidas pelos tribunais de cúpula projetam-se para os demais segmentos do Direito e, até mesmo, para toda a sociedade.[199]

Com efeito, os tribunais estaduais introduzem bases interpretativas que serão posteriormente unificadas pelos tribunais superiores, cujas decisões, embora não vincule as demais instâncias, tendem a ser aceitas porque, é lícito deduzir, representam a palavra final sobre a matéria discutida.

O entendimento jurisprudencial pacificado tem, portanto, um grande valor para o conhecimento do direito positivo, constituindo-se em verdadeira e própria criação do Direito.[200]

Na hipótese aqui analisada, a decisão do Supremo Tribunal Federal tornou muito mais severa a resposta para os crimes associados à violência doméstica, além de decidir pela natureza pública da ação penal, em franco prejuízo aos interesses do réu.

A questão agora é saber se a posição jurisprudencial adotada pelo Supremo Tribunal Federal poderá retroagir para disciplinar os fatos cometidos em data anterior ao julgamento.

É vivo o debate na doutrina a respeito da proibição de retroatividade da jurisprudência vinculante que estende o alcance do tipo penal ou, de qualquer modo, prejudica a defesa.

Considerando que a atividade jurisprudencial não inova a legislação, mas, tão somente, interpreta as leis vigentes, desenvolveu-se inicialmente a ideia de que sua imediata aplicação não ofenderia o princípio da legalidade.

---

198 MIR, Cerezo. *Curso de derecho penal español*: parte general, v. I, 3. ed, Madrid: Tecnos, 1990, p. 160.

199 ALVIM, Arruda. *A alta função jurisdicional do Superior Tribunal de Justiça no âmbito do recurso especial e a relevância das questões*. *In*: STJ 10 anos: obra comemorativa. Brasília: STJ, 1999, p. 38.

200 MIR, Cerezo. *Curso de derecho penal español*: parte general, v. I, 3. ed, Madrid: Tecnos, 1990, p. 160.

Por essa corrente, a recente decisão do Supremo Tribunal Federal que reconheceu a desnecessidade da representação da vítima nos casos de violência doméstica tem imediata aplicação, alcançando todos os processos em andamento, inclusive aqueles referentes a fatos praticados anteriormente à decisão vinculante.

Ao negar a proibição de retroatividade da jurisprudência, Roxin argumenta que a nova interpretação não pode ser considerada uma punição ou agravação retroativa, mas tão somente a realização de uma vontade da lei que já existia e só agora foi corretamente reconhecida.[201]

Por outro lado, prossegue o autor, o argumento da confiança do cidadão nas decisões judiciais, que fundamenta a opinião contrária, não pode ser compartilhado porque equipara legislação e jurisprudência, contrariando a ideia básica do princípio da legalidade, que remete à separação dos poderes e "limita o trabalho do juiz a formatar o marco da regulação legal, que é o único pelo qual se deve orientar o cidadão".[202]

Ademais, o cidadão não tem o dever de conhecer a jurisprudência – tarefa, aliás, de difícil concretização para a maioria dos cidadãos – tampouco deve confiar nela, mas somente no teor literal do texto legal.[203]

Por fim, anota que, nos casos em que o sujeito confia de modo não reprovável nos limites definidos pelos tribunais, não é lícito castigá-lo diante de eventual modificação da jurisprudência que amplie ou torne mais censurável determina conduta típica. De todo modo, não se torna necessário estender a proibição da retroatividade a essas hipóteses de mudanças da jurisprudência porque, nesses casos, estará caracterizado o erro de proibição invencível, que conduz naturalmente à absolvição do acusado.[204]

---

201 ROXIN, Claus. *Derecho penal parte general.* Trad. por Diego-Manuel Luzón Peña, Miguel Diaz y Garcia Conlledó e Javier de Vicente Remesal. Madrid: Civitas, 1997. p. 165-166.

202 ROXIN, Claus. *Derecho penal parte general.* Trad. por Diego-Manuel Luzón Peña, Miguel Diaz y Garcia Conlledó e Javier de Vicente Remesal. Madrid: Civitas, 1997. p. 166.

203 ROXIN, Claus. *Derecho penal parte general.* Trad. por Diego-Manuel Luzón Peña, Miguel Diaz y Garcia Conlledó e Javier de Vicente Remesal. Madrid: Civitas, 1997. p. 166. O autor acrescenta ainda que as modificações da jurisprudência devem se manter dentro do âmbito do sentido literal possível da lei e, por isso, tendem a ser menos gravosas que as modificações do próprio texto legislativo.

204 ROXIN, Claus. *Derecho penal parte general.* Trad. por Diego-Manuel Luzón Peña, Miguel Diaz y Garcia Conlledó e Javier de Vicente Remesal. Madrid: Civitas, 1997. p. 166. Hassemer

Fazendo coro a essa linha de pensamento, Jakobs argumenta que, apesar da eventual igualdade de efeitos entre a jurisprudência dos tribunais superiores e a lei, a primeira não é afetada pela proibição da retroatividade, "pois a igualdade de efeitos não corresponde a uma igualdade de funções". E complementa:

> [...] a jurisprudência tem por função fundamentar suas decisões na lei. As vinculações existentes, isto é, a vinculação legal e a obrigação de fundamentar ficam diluídas quando se lhes acresce a proibição da retroatividade [...] em outras palavras, um judiciário que fosse vinculado como um legislativo julgaria como se promulgasse leis.[205]

Após perceber que a jurisprudência vive de uma contínua recriação da lei, uma vez que seu trabalho se desenvolve entre a limitada margem de liberdade semântica concedida pelo texto legal e a frenética mudança social que acaba refletindo na linguagem, Hassemer admite, excepcionalmente, a proibição da retroatividade da jurisprudência somente para atender ao princípio da confiança nos casos em que a jurisprudência constrói rigorosamente as diretrizes gerais de uma lei e esses contornos são transmitidos com precisão aos afetados, como ocorre, com frequência, nos crimes contra a ordem fiscal (o que se pode deduzir?), nos crimes de imprensa (onde estão os limites entre os direitos de personalidade do acusado e o direito à informação?) e nos crimes de trânsito (a partir de qual quantidade de percentual de concentração de álcool no sangue o motorista perde a capacidade para dirigir?).[206]

A questão cresce de relevância no Direito brasileiro diante da adoção do sistema de súmulas em nossos tribunais, especialmente o Supremo

---

também concede ao acusado um erro de proibição inevitável quando os juristas ainda não sabem o que está correto no caso concreto e respondem de modo diferente a questões jurídicas relevantes nas mais diversas instâncias. Para ele, "a ampliação fática da proibição da retroatividade à jurisprudência causaria imediatamente a sua estagnação" (HASSEMER, Winfried. *Introdução aos fundamentos do direito penal.* Tradução da 2ª edição alemã por Pablo Rodrigo Alflen da Silva. Porto Alegre: SAFE, 2005. p. 346).

205 JAKOBS, Günther. *Tratado de direito penal*: teoria do injusto penal e culpabilidade. Trad. por Gercélia Batista de Oliveira Mendes e Geraldo de Carvaho. Belo Horizonte: Del Rey, 2009. p. 158-159.

206 HASSEMER, Winfried. *Introdução aos fundamentos do direito penal.* Trad. da 2ª edição alemã por Pablo Rodrigo Alflen da Silva. Porto Alegre: SAFE, 2005, p. 346-347.

Tribunal Federal, pioneiro nessa atividade. As súmulas são editadas a partir da reiteração de decisões sobre determinados fatos ou da pacificação sobre o alcance e sentido de certos textos legais, conferindo verdadeira força de lei às decisões jurisprudenciais. Basta verificar que a violação das súmulas editadas pelo Supremo Tribunal Federal é equiparada à ofensa constitucional ou a uma questão de relevância federal para o efeito de autorizar a admissibilidade do recurso extraordinário contra as decisões dos tribunais inferiores, nos termos do art. 325 de seu regimento interno.[207]

A fim de fomentar a uniformização da jurisprudência e, principalmente, desafogar as secretarias do número excessivo de feitos, paulatinamente se criaram outros institutos para vincular as decisões judiciais ao entendimento prévio dos tribunais superiores.

Com efeito, por meio da Emenda Constitucional n.º 45/2004, foi introduzido na Constituição Federal o art. 103-A, que prevê a possibilidade de o Supremo Tribunal Federal aprovar súmulas que, a partir de sua publicação na imprensa oficial, gozem de efeito vinculante em relação aos demais órgãos do Poder Judiciário e da Administração Pública direta e indireta, nas esferas federal, estadual e municipal, bem como proceder a sua revisão e cancelamento, na forma estabelecida pela Lei n.º 11.417/2006.

Além das denominadas súmulas vinculantes, outros instrumentos procuraram conferir força de lei às decisões jurisprudenciais, como a repercussão geral e a lei dos recursos repetitivos.

Consoante a Lei n.º 11.418/2006, que inseriu, no Código de Processo Civil, os artigos 543-A e 543-B, o Supremo Tribunal Federal, em decisão irrecorrível, não conhecerá do recurso extraordinário quando a questão constitucional nele versada não oferecer repercussão geral.

Considera-se existente a repercussão geral sempre que o recurso impugnar decisão contrária a súmula ou jurisprudência dominante no Tribunal ou versar sobre questões relevantes do ponto de vista econômico, político, social ou jurídico, que ultrapassem os interesses subjetivos da causa.

---

[207] Cf. TAVARES, Juarez. Interpretación, principio de legalidad y jurisprudência. In.: *Anuario de derecho penal y ciencias penales*. Madrid, v. 40, n. 3, set./dez. 1987, p. 765.

Em relação ao Superior Tribunal de Justiça, a Lei n.º 11.672/08 definiu novo rito para o julgamento dos recursos repetitivos, criando um filtro recursal com a mesma natureza da súmula vinculante adotada no Supremo Tribunal Federal.

Por este dispositivo, eventuais recursos especiais fundados na mesma controvérsia permitem que o Presidente do Tribunal de origem ou o Ministro sorteado como relator do recurso no Superior Tribunal de Justiça escolha o processo paradigma que deverá ser analisado e determina o sobrestamento de todos os demais que versem sobre o mesmo dissídio.

Na Terceira Seção, responsável pelos casos relacionados ao direito penal, três julgamentos se destacam entre aqueles que tramitaram sob a égide da lei dos recursos repetitivos: (1) o que segue a jurisprudência do Supremo Tribunal Federal e afasta a tipicidade material dos crimes tributários cujos débitos não ultrapassem o limite de R$10.000,00 (dez mil reais), a teor do disposto no art. 20, da Lei nº 10.522/02[208]; (2) o que considera de ação penal pública condicionada à representação os crimes de lesão corporal leve, cometidos em detrimento da mulher no âmbito doméstico e familiar[209] e (3) o que classifica como crime formal a cor-

---

208 RECURSO ESPECIAL REPETITIVO REPRESENTATIVO DA CONTROVÉRSIA. ART. 105, III, A E **C** DA CF/88. PENAL. ART. 334, § 1º, ALÍNEAS C E D, DO CÓDIGO PENAL. DESCAMINHO. TIPICIDADE. APLICAÇÃO DO PRINCÍPIO DA INSIGNIFICÂNCIA. I - Segundo jurisprudência firmada no âmbito do Pretório Excelso - 1ª e 2ª Turmas - incide o princípio da insignificância aos débitos tributários que não ultrapassem o limite de R$ 10.000,00 (dez mil reais), a teor do disposto no art. 20 da Lei nº 10.522/02. II - Muito embora esta não seja a orientação majoritária desta Corte (vide EREsp 966077/GO, 3ª Seção, Rel. Min. Laurita Vaz, DJe de 20/08/2009), mas em prol da otimização do sistema, e buscando evitar uma sucessiva interposição de recursos ao c. Supremo Tribunal Federal, em sintonia com os objetivos da Lei nº 11.672/08, é de ser seguido, na matéria, o escólio jurisprudencial da Suprema Corte. Recurso especial desprovido (STJ, REsp nº 1.112.748 – TO (2009/0056632-6), Rel. Min. Felix Fischer, DJe 13.10.2009).

209 RECURSO ESPECIAL REPETITIVO REPRESENTATIVO DA CONTROVÉRSIA. PROCESSO PENAL. LEI MARIA DA PENHA. CRIME DE LESÃO CORPORAL LEVE. AÇÃO PENAL PÚBLICA CONDICIONADA À REPRESENTAÇÃO DA VÍTIMA. IRRESIGNAÇÃO IMPROVIDA. 1. A ação penal nos crimes de lesão corporal leve cometidos em detrimento da mulher, no âmbito doméstico e familiar, é pública condicionada à representação da vítima. 2. O disposto no art. 41 da Lei 11.340/2006, que veda a aplicação da Lei 9.099/95, restringe-se à exclusão do procedimento sumaríssimo e das medidas despenalizadoras. 3. Nos termos do art. 16 da Lei Maria da Penha, a retratação da ofendida somente poderá ser realizada perante o magistrado, o qual terá condições de aferir a real espontaneidade da manifestação apresentada. 4. Recurso especial improvido (STJ, REsp nº

rupção de menores, tipificada no art. 144-B, do Estatuto da Criança e do Adolescente, e, portanto, considera desnecessária a prova da efetiva corrupção para a configuração do delito, bastando que o maior imputável pratique um crime em concurso com o adolescente.[210]

Outro instrumento que pode contribuir para aliviar o número de feitos no Superior Tribunal de Justiça é a repercussão geral adotada no Supremo Tribunal Federal.

O Ministro Humberto Gomes de Barros lamentou que a Lei nº. 11.418/2006 não tivesse se estendido ao recurso especial.[211] Todavia, o Pleno do Superior Tribunal de Justiça aprovou o envio de Proposta de Emenda à Constituição que insere a relevância da questão federal a ser decidida como requisito para admissão do recurso especial. O mecanismo é semelhante ao da repercussão geral e pretende evitar que o Recurso Especial seja utilizado como mero instrumento de revisão de causa em terceira instância.[212]

1.097.042- DF (2008/0227970-6), Rel. Min. Napoleão Nunes Maia Filho, DJe 21.05.2010).

210 RECURSO ESPECIAL REPRESENTATIVO DA CONTROVÉRSIA. PENAL. CORRUPÇÃO DE MENORES. PROVA DA EFETIVA CORRUPÇÃO DO INIMPUTÁVEL. DESNECESSIDADE. DELITO FORMAL. PRESCRIÇÃO DA PRETENSÃO PUNITIVA DECLARADA DE OFÍCIO, NOS TERMOS DO ARTIGO 61 DO CPP. 1. Para a configuração do crime de corrupção de menores, atual artigo 244-B do Estatuto da Criança e do Adolescente, não se faz necessária a prova da efetiva corrupção do menor, uma vez que se trata de delito formal, cujo bem jurídico tutelado pela norma visa, sobretudo, a impedir que o maior imputável induza ou facilite a inserção ou a manutenção do menor na esfera criminal. 2. Recurso especial provido para firmar o entendimento no sentido de que, para a configuração do crime de corrupção de menores (art. 244-B do ECA), não se faz necessária a prova da efetiva corrupção do menor, uma vez que se trata de delito formal; e, com fundamento no artigo 61 do CPP, declarar extinta a punibilidade dos recorridos Peter Lima Mendes e Fleurismar Alves da Silva, tão somente no que concerne à pena aplicada ao crime de corrupção de menores (STJ, REsp nº 1.112.326 - DF (2009/0018958-2), Rel. Min. Marco Aurélio Bellizze, DJe 08.02.2012).

211 BARROS, Humberto Gomes de. Superior Tribunal de Justiça *versus* segurança jurídica: a crise dos 20 anos. *Revista do advogado*. São Paulo: AASP, nº. 103, p. 57-61, mai-2009.

212 Conforme notícia divulgada no site do Superior Tribunal de Justiça, no dia 14 de março de 2012, o presidente daquele Sodalício, ministro Ari Pargendler, entregou ao ministro da Justiça, José Eduardo Cardozo, a proposta de emenda constitucional (PEC) que institui a repercussão geral no STJ (Disponível em http://www.stj.jus.br/portal_stj/publicacao/. Acesso em: 24.04.2012).

A proposta de emenda constitucional transforma o parágrafo único do artigo 105 em parágrafo 2° e introduz o parágrafo 1° com a seguinte redação:

> No recurso especial o recorrente deverá demonstrar a relevância das questões de direito federal infraconstitucional discutidas no caso, nos termos da lei, a fim de que o Tribunal examine a admissão do recurso, somente podendo recusá-lo pela manifestação de dois terços dos membros do órgão competente para o julgamento.

Da mesma forma, o instituto da reclamação, que de simples construção pretoriana, passando por norma regimental, encontra atualmente expressa previsão constitucional nos artigos 102, I, alínea 'l', e 105, I, alínea 'f', da Carta Magna, entre os feitos de competência originária do Supremo Tribunal Federal e do Superior Tribunal de Justiça.

O principal papel atribuído à referida ferramenta legal é a preservação da competência jurisdicional do Supremo Tribunal Federal e dos Tribunais Superiores, bem como zelar pela autoridade de suas decisões.[213]

As inovações destinadas a fomentar a atividade uniformizadora da legislação constitucional e infraconstitucional no Direito brasileiro praticamente determinaram a proibição da retroatividade da jurisprudência prejudicial à defesa.

Afinal, conforme destacado por Mariângela Gomes, "é importante eliminar a possibilidade de alguém ser responsabilizado criminalmente de um modo que não podia prever no momento em que atuou, em razão de um entendimento sedimentado em sentido diverso do que lhe foi aplicado".[214]

No mesmo sentido, Juarez Tavares afirma categoricamente que "a jurisprudência vinculante, sendo sucedânea da lei e forma de criação do direito, não pode ter efeito retroativo em prejuízo do réu".[215]

---

213 Para maior aprofundamento sobre a reclamação constitucional, pode-se conferir: COELHO DOS ANJOS, João Miguel. Reclamação constitucional. *In*: *Processo nos tribunais superiores*. Coord.: FÉRES, Marcelo Andrade e CARVALHO, Paulo Gustavo M. São Paulo: RT, 2006, p. 35-67.

214 GOMES, Mariângela Gama de Magalhães. Notas sobre as súmulas vinculantes em matéria penal. In.: *Revista Brasileira de Ciências Criminais*. São Paulo: RT, maio-jun./2010, Ano 18, n. 84, p. 107.

215 TAVARES, Juarez. Interpretación, principio de legalidad y jurisprudência. In.: *Anuario de*

Em favor desse entendimento, o autor sustenta que a imparcialidade do juiz é um dos corolários do princípio da legalidade e não se circunscreve especificamente à área processual, mas se desenvolve como consequência do princípio da igualdade, hoje consagrado nas Constituições. Isso significa que a liberdade somente é assegurada quando a decisão é igualitária, não apenas no sentido de ser igual para todos, mas sim no de que, no momento da decisão, "não se alterem as opiniões acerca do fato que já estavam em vigor no instante em que foi cometido".[216]

Vale transcrever na íntegra sua conclusão sobre o tema:

> Especificamente, no que afeta a proibição de retroatividade, não é importante fundamentalmente a diferença entre interpretação e criação do direito. Podemos afirmar que, como princípio de garantia, a regra é sempre a proibição de retroatividade, sendo mais explícita na criação do direito que em sua mera interpretação. Para determinar se existe ou não submissão à regra geral, o decisivo não é a forma, senão o grau de intensidade vinculante de interpretação judicial, isto é, a medida em que essa interpretação se converte em uma norma para todos. A vinculação da jurisprudência como decisão de aceitação geral, integradora da proteção à confiança, se faz através de sua reiteração. É essa reiteração que a faz conhecida, a que gera confiança, a que estabiliza a imparcialidade. Sua variação, portanto, influi na vida comum e representa uma alteração da própria realidade jurídica, com repercussões no lícito e no ilícito, podendo dar lugar à caracterização mais evidente do erro de proibição. Mais vinculante todavia é a jurisprudência reunida em súmulas do Supremo Tribunal quando tem força de norma constitucional. Em tais hipóteses, se pode afirmar que a alteração jurisprudencial só se aplicará a fatos cometidos depois de sua edição, se é em prejuízo do réu.[217]

---

derecho penal y ciencias penales. Madrid, v. 40, n. 3, set./dez. 1987, p. 767.

216 TAVARES, Juarez. Interpretación, principio de legalidad y jurisprudência. In.: *Anuario de derecho penal y ciencias penales*. Madrid, v. 40, n. 3, set./dez. 1987, p. 767.

217 TAVARES, Juarez. Interpretación, principio de legalidad y jurisprudencia. In.: *Anuario de derecho penal y ciencias penales*. Madrid, v. 40, n. 3, set./dez. 1987, p. 768. No tocante à relevante questão do controle de constitucionalidade, a par das diversas técnicas existentes, como a interpretação conforme, a inconstitucionalidade sem pronúncia de nulidade etc., ocorreu no Brasil um avanço operacional a partir da Lei 9.868/1999, que, acompanhando a legislação alemã e portuguesa, estabeleceu a possibilidade de o Supremo Tribunal Federal temperar os efeitos da decisão através da denominada "modulação dos efeitos temporais" (BARROSO,

Zaffaroni e Nilo Batista também consideram inadmissível que se apene quem não poderia conhecer a proibição, pois tal equivaleria a "pretender que os cidadãos devessem abster-se não apenas daquilo que a jurisprudência considera legalmente proibido, mas também daquilo possível de vir a ser julgado proibido (ou seja, do 'proibível') em virtude de possíveis e inovadores critérios interpretativos".[218]

A clara opção do legislador brasileiro pela busca da uniformização dos julgamentos a partir da valorização do precedente jurisprudencial, a par de reforçar os valores decorrentes do princípio da legalidade, exige que o intérprete esteja atento para não ferir as garantias do princípio da legalidade expressas na proibição de aplicação retroativa de entendimento desfavorável ao acusado.[219]

De todo o exposto resulta evidente que a proibição da retroatividade vale somente *in malam partem*, ou seja, apenas enquanto a força retroativa da jurisprudência prejudicar o acusado.

Luis Roberto. *O controle de constitucionalidade no direito brasileiro*. São Paulo: Saraiva, 2011, p. 232-233). Ao analisar a modulação de efeitos na decisão de inconstitucionalidade, Georges Aboud vislumbra hipóteses em que ela é obrigatória diante da necessidade de se proteger interesse social e garantir os direitos do cidadão, e, ao contrário, é vedada porque precisa, necessariamente, ter efeitos retroativos a fim de garantir os mesmos direitos. Como exemplo dessa última hipótese, cita a decisão de inconstitucionalidade que repercute favoravelmente na esfera penal dos cidadãos, hipótese em que o Supremo Tribunal Federal não poderá limitar os efeitos da decisão (ABBOUD, Georges. *Jurisdição constitucional e direitos fundamentais*. São Paulo: RT, 2012, p. 296).

218 ZAFFARONI, Eugenio Raúl; BATISTA, Nilo. *Direito penal brasileiro*. Rio de Janeiro: Revan, 2010, v. II, I. p. 224.

219 A favor da irretroatividade da jurisprudência gravosa, na doutrina nacional, GRECO, Rogério. *Curso de direito penal:* parte geral. 10 ed. Niterói: Impetus, 2008, v. I. p. 121-122; SCHMIDT, Andrei Zenkner. *O princípio da legalidade penal no Estado Democrático de Direito*. Porto Alegre: Livraria do Advogado, 2001. p. 234-235; QUEIROZ, Paulo. *Direito penal*: parte geral. 3 ed. São Paulo: Saraiva, 2006. p. 113: acrescenta o autor que, pela mesma razão, as alterações jurisprudenciais que favorecerem o réu devem retroagir, inclusive para admitir a revisão criminal. Especificamente sobre a ADI 4424, André Luiz Nicolitt considera que a decisão do STF não poderá atingir fatos ocorridos antes de seu trânsito em julgado: "a norma tem presunção de constitucionalidade e as pessoas se pautam em consonância com esta e, ainda, tendo a seu lado jurisprudência consolidada no STJ, no sentido de que a lesão corporal exige representação. Assim, não podem ser surpreendidas com o resultado de uma decisão em controle abstrato, cuja natureza é legislativa negativa, com resultado prejudicial ao indivíduo na medida em que fortalece o direito de punir" (NICOLITT, André Luiz. Declaração de inconstitucionalidade sem pronúncia de nulidade em matéria penal: reflexão a partir da ADI 4.424 e da ADC 19 – STF e as novas controvérsias sobre a Lei Maria da Penha. *In*: *Boletim do IBCCRIM*, nº. 234, maio/2012, p. 08-09).

As interpretações judiciais favoráveis a ele (redução da pena, descriminalização e outras), ainda que perturbem o sentido da ordem ou causem um sentimento de favor ao réu, têm aplicação retroativa em homenagem à confiança geral na justiça penal como instituição de controle social, que deve sempre decidir ponderadamente, e não condenar de maneira ardilosa ou clandestina.

2.2.3 Princípio da irretroatividade e medidas de segurança

No Direito Penal alemão, a proibição da retroatividade alcança todos os pressupostos da punibilidade de direito material, a supressão ou restrição das causas de justificação, a pena e suas consequências acessórias, excepcionando, todavia, as medidas de segurança.

Com efeito, nos termos do § 2º, VI, do Código Penal alemão, permite-se a introdução de novas medidas de segurança ou um tratamento mais rigoroso para as já existentes se a lei não dispuser de outro modo.[220]

Referida disposição legal se apoia na reflexão de que as medidas de segurança não são uma resposta para o passado (retribuição do injusto), mas uma segurança para o futuro (defesa contra ataques futuros), devendo se vincular ao prognóstico.

Mesmo assim, a doutrina tedesca considera equivocada tal regulamentação sob o argumento de que o princípio da legalidade tem um alcance muito mais amplo do que a mera vinculação com o princípio da culpabilidade, devendo proteger o indivíduo em face de sanções que não foram previstas antes do cometimento do fato.[221]

Além disso, as medidas de segurança, principalmente as que prescrevem a internação, podem restringir a liberdade do sentenciado de modo mais rígido que as penas privativas de liberdade, bastando lembrar que seu termo final depende do quadro de cessação da periculosidade do agente.

Desse modo, ainda que o tratamento mais gravoso represente desejáveis progressos em favor dos inimputáveis, sua imposição por meio do processo penal deve permanecer limitada pelo princípio da legalidade,

---

220 ROXIN, Claus. *Derecho penal parte general.* Trad. por Diego-Manuel Luzón Peña, Miguel Diaz y Garcia Conlledó e Javier de Vicente Remesal. Madrid: Civitas, 1997. p. 163.

221 ROXIN, Claus. *Derecho penal parte general.* Trad. por Diego-Manuel Luzón Peña, Miguel Diaz y Garcia Conlledó e Javier de Vicente Remesal. Madrid: Civitas, 1997. p. 163.

pois, conforme anotado por Hassemer, "o que conta para o jurisdicionado – e sua confiança na justiça penal – não é a roupagem teórica com a qual se reveste a consequência jurídico-penal, mas é o peso real que ela leva consigo".[222]

No Direito Penal brasileiro, a formulação original do art. 75 do Código Penal de 1940 estabelecia que a lei aplicável à medida de segurança era a que estava em vigor ao tempo da sentença, prevalecendo, entretanto, se diversa, a lei vigente ao tempo da execução.

A correspondente Exposição de Motivos esclarecia que, muito embora fosse proibido ao juiz aplicar medidas de segurança não previstas expressamente em lei, estas não se confundiam com a pena e, por isso, encontravam-se imunes ao princípio da anterioridade da lei.

Devido a isso, Heleno Fragoso concluiu que as disposições que preveem as medidas de segurança devem ser taxativas e inextensíveis, mas, ao contrário do que ocorre em relação à pena, não se exige para elas a anterioridade da lei ao fato delituoso que é pressuposto de sua aplicação.[223]

Apesar de a matéria não ter sido regulamentada na nova Parte Geral do Código Penal brasileiro, parcela da doutrina persistiu na compreensão de que as medidas de segurança têm aplicação imediata devido a seu caráter terapêutico, independentemente de representarem maior aflitividade ao sentenciado.[224]

A incongruência é visível, pois, apesar do avanço da legislação brasileira, notadamente pela revogação do artigo que determinava expressamente a retroatividade das medidas de segurança, a doutrina nacional não acompanhou o desenvolvimento que a disciplina obteve na doutrina alemã.

Com efeito, considerando que a própria periculosidade do agente deixou de ser constatada a partir de fatos predeterminados para ser estabelecida através de uma valoração puramente discricionária do juiz,

---

[222] HASSEMER, Winfried. Introdução aos fundamentos do direito penal. Tradução da 2ª edição alemã por Pablo Rodrigo Alflen da Silva. Porto Alegre: SAFE, 2005. p. 343.

[223] FRAGOSO, Heleno Cláudio [atualização de Fernando Fragoso]. Lições de direito penal: parte geral. 17 ed. Rio de Janeiro: Forense, 2006. p. 128.

[224] Cf., por todos, TOLEDO, Francisco de Assis. Princípios básicos de direito penal. 5 ed. São Paulo: Saraiva, 1994. p. 41-42.

como prognose de comportamento futuro que revele a probabilidade de realização de novos delitos, não se pode atualmente renunciar ao princípio da anterioridade em relação às medidas de segurança.[225]

Ademais, o argumento segundo o qual a aplicação imediata da medida de segurança se justifica devido à sua natureza curativa não pode ser aceito sem cautela porque, do mesmo modo, acabaria por autorizar a aplicação retroativa e incondicionada da pena privativa de liberdade, dada sua função ressocializadora, apregoada pela Lei de Execução Penal.[226]

Sendo assim, diante do silêncio do legislador e do caráter punitivo das medidas de segurança, sua aplicação deve ser integralmente submetida ao princípio da legalidade, inclusive em relação à proibição da retroatividade.

2.2.4 Princípio da irretroatividade e leis excepcionais ou temporárias

Segundo o art. 3º do Código Penal, a lei excepcional ou temporária, embora decorrido o período de sua duração ou cessadas as circunstâncias que a determinaram, aplica-se ao fato praticado durante sua vigência.

Leis excepcionais são aquelas elaboradas para a proteção de determinados bens jurídicos que eventualmente se tornem mais expostos por ocasião de um período atípico vivenciado pela sociedade, cuja vigência se esgota com o simples retorno da normalidade.

Leis temporárias, por seu turno, são feitas para vigorar por um prazo de antemão conhecido, constando de seu próprio texto a data em que ocorrerá sua autorrevogação ou um determinado acontecimento que a tornará sem objeto.

O caráter incomum de tais leis, editadas em períodos de convulsão social ou de calamidade pública, costuma justificar a opção por sua ultra-atividade, pois, do contrário, perderiam paulatinamente a efetividade diante de sua iminente revogação.

---

225 FERRAJOLI, Luigi. *Diritto e ragione*. Teoria del garantismo penale. Roma: Laterza, 2000. p.815.

226 Cf. SCHMIDT, Andrei Zenkner. *O princípio da legalidade penal no Estado Democrático de Direito*. Porto Alegre: Livraria do Advogado, 2001. p. 219.

Assim, anota Francisco de Assis Toledo, "ainda quando mais severa, a lei temporária, por sua natureza, será sempre aplicável aos fatos cometidos durante sua vigência".[227]

A lição de Frederico Marques também é lembrada para explicar por que a ultra-atividade da lei temporária ou excepcional não é limitada pelos princípios constitucionais do direito intertemporal brasileiro. Segundo o autor, trata-se de uma "descrição legal de figuras típicas onde o *tempus delicti* condiciona a punibilidade ou maior punibilidade de uma conduta". Sendo assim, a lei posterior que eventualmente revogar ou modificar um fato punido mais severamente pela lei temporária "não retroagirá porque as situações tipificadas são diversas".[228]

Heleno Fragoso acrescenta que, no caso de suceder à lei temporária ou excepcional outra lei que tenha o mesmo caráter, poderá haver, ou não, retroatividade. Em suas palavras: "se se trata de leis determinadas pela alteração de condições político-sociais, deve negar-se a retroatividade da nova lei", ao passo que, se a inovação legislativa for determinada pela necessidade de regular de modo mais racional e equitativo a mesma matéria, "permanecendo substancialmente inalteradas as circunstâncias excepcionais que sugeriram a legislação precedente", impõe-se a retroatividade da lei mais favorável.[229]

Apesar do tradicional entendimento doutrinário, uma parcela de penalistas brasileiros abriu divergência ao negar a validade constitucional da lei temporária ou excepcional, seguindo a orientação de Nilo Batista e Zaffaroni, para quem não se pode excepcionar matéria que o constituinte erigiu a garantia individual, competindo ao legislador, perante situações calamitosas que requeiram drástica tutela penal de bens jurí-

---

[227] TOLEDO, Francisco de Assis. Princípios básicos de direito penal. 5 ed. São Paulo: Saraiva, 1994. p. 44

[228] MARQUES, José Frederico. Tratado de direito penal, v. 1, Campinas: Bookseller, 1997, 1 ed. atualizada, p. 270. No mesmo sentido, BITENCOURT, Cezar Roberto. Tratado de direito penal, v.1, 16 ed., São Paulo: Saraiva, 2011 e PRADO, Luiz Regis. Curso de direito penal brasileiro, v.1, 8 ed., São Paulo: RT, 2008, p. 185.

[229] FRAGOSO, Heleno Cláudio [atualização de Fernando Fragoso]. Lições de direito penal: parte geral. 17 ed., Rio de Janeiro: Forense, 2006, p. 126-127.

dicos, "prover para que os procedimentos constitucionalmente devidos possam exaurir-se durante a vigência da lei".[230]

2.3 Proibição dos costumes como fonte do Direito Penal (*Nullum crimen, nulla poena sine lege scripta*)

O direito consuetudinário, define Mantovani, "consiste na repetição geral, constante e uniforme de um comportamento para adimplir uma obrigação ou exercer um poder jurídico".[231]

Trata-se de uma norma não escrita que absorve o objeto de um determinado comportamento espontâneo, de caráter moral ou apenas social.

Seu nascimento é de difícil determinação, pois se verifica no instante em que a repetição do comportamento, por sua constância, uniformidade e *opinio juris*, alcança a intensidade necessária e suficiente para transformá-lo em norma jurídica. Tal norma apresenta duplo fator de incerteza, referente a seu substrato e ao momento em que entrou em vigor.[232]

Exatamente por isso, foi largamente utilizada como fonte jurídica no período imediatamente anterior ao Movimento Ilustrado, funcionando como justificativa eficaz para as maiores atrocidades realizadas pelos governantes em prol da manutenção do poder.[233]

Não por acaso, um dos corolários do princípio da legalidade, endereçado somente ao juiz,[234] refere-se à necessidade de uma lei escrita para a incriminação de condutas e para a imposição ou agravação da pena,

230 ZAFFARONI, Eugenio Raúl e BATISTA, Nilo. *Direito penal brasileiro*, v. II, I, Rio de Janeiro: Revan, 2010, p. 217. Acompanham este entendimento, entre outros, GRECO, Rogério. *Curso de direito penal:* parte geral, v. I, 10 ed., Niterói: Impetus, 2008, p. 116 e SCHMIDT, Andrei Zenkner. *O princípio da legalidade penal no Estado Democrático de Direito.* Porto Alegre: Livraria do Advogado, 2001, p. 231.

231 MANTOVANI, Ferrando. *Diritto penale.* 3 ed. Milano: Cedam, 1992. p. 81.

232 MANTOVANI, Ferrando. *Diritto penale.* 3 ed. Milano: Cedam, 1992. p. 81.

233 Conforme asseverado por Juarez Tavares, "a exclusão do costume como fonte de norma penal incriminadora foi, antes de tudo, um ato político adotado pela revolução burguesa para opor-se ao regime feudal" (TAVARES, Juarez. Interpretación, principio de legalidad y jurisprudência. In.: *Anuario de derecho penal y ciencias penales*, Madrid, v. 40, n. 3, set./dez. 1987, p. 764).

234 Nesse sentido, HASSEMER, Winfried. *Introdução aos fundamentos do direito penal.* Tradução da 2ª edição alemã por Pablo Rodrigo Alflen da Silva. Porto Alegre: SAFE, 2005. p. 348.

ficando excluído o uso do direito consuetudinário (*nullum crimen nulla poena sine lege scripta*).

Juarez Tavares recorda que essa postura só se tornou possível devido a, pelo menos, duas circunstâncias: a criação do Estado, impessoal e representativo da vontade geral, e a incerteza quanto à identificação de uma norma consuetudinária.[235]

No âmbito do Direito Penal não é fácil definir corretamente o que vem a ser o Direito Costumeiro, melhor identificado em outros ramos, como o Trabalhista e o Comercial, em que a infringência a determinados costumes ou modos de atuação é considerada verdadeira violação do Direito, muito embora não prevista em lei.[236]

Considerando a reserva absoluta de lei para a definição de crimes e a cominação de penas, esse modelo efetivamente não poderia mesmo conviver com o Direito Penal.

Inclusive nas hipóteses em que a descriminalização de determinada conduta é imposta politicamente através de uma argumentação baseada nos costumes, como ocorrido, por exemplo, com o revogado crime de adultério, não se há falar em direito consuetudinário no campo do Direito Penal, mas tão somente na consequência da discussão pública acerca da política criminal adotada pelo Estado.[237]

Com efeito, quando uma conduta típica passa a ser tolerada pela sociedade, forma-se um argumento político-criminal que reclama tratamento mais liberal para o caso, fundado na constatação de que cada vez mais pessoas consideram aquela norma injusta e político-criminalmente errônea.[238]

Do mesmo modo, comportamentos lesivos a bens jurídicos valiosos que não recebam a correspondente resposta estatal podem fomentar no seio social a busca por um Direito Penal mais efetivo, seja por meio da

235 TAVARES, Juarez. Interpretación, principio de legalidad y jurisprudência. In.: *Anuario de derecho penal y ciencias penales*, Madrid, v. 40, n. 3, set./dez. 1987, p. 764.

236 HASSEMER, Winfried. *Introdução aos fundamentos do direito penal*. Tradução da 2ª edição alemã por Pablo Rodrigo Alflen da Silva. Porto Alegre: SAFE, 2005. p. 348.

237 HASSEMER, Winfried. *Introdução aos fundamentos do direito penal*. Tradução da 2ª edição alemã por Pablo Rodrigo Alflen da Silva. Porto Alegre: SAFE, 2005. p. 349.

238 HASSEMER, Winfried. *Introdução aos fundamentos do direito penal*. Tradução da 2ª edição alemã por Pablo Rodrigo Alflen da Silva. Porto Alegre: SAFE, 2005. p. 349.

tipificação de condutas até então desconhecidas, seja através do aumento do rigor punitivo de outras já existentes.

Essas propostas político-criminais, todavia, não servem para fundamentar uma sentença condenatória contra a lei escrita, podendo-se afirmar que o Direito Penal se realiza exclusivamente através do direito positivo.

Por fim, também se deve rechaçar a ideia de que os pressupostos gerais da punibilidade possam conter certo grau de direito consuetudinário quando não regulados expressamente em lei, como as teorias que estudam a relação de causalidade, as que procuram distinguir meros atos preparatórios da tentativa punível, as que definem o dolo eventual e a culpa consciente, as que tratam do erro ou as que regulam o consentimento do ofendido, os delitos omissivos e a autoria mediata.[239]

Diante das dificuldades para a codificação dos institutos acima destacados, o legislador concedeu à jurisprudência a possibilidade de delimitá-los, valendo-se, para tanto, das regras de interpretação, e não do caráter normativo vinculante do direito consuetudinário.[240]

2.4 Proibição da analogia (*nullum crimen, nulla poena sine lege stricta*)

A busca pela certeza absoluta do mandamento legal, que inspirou os iluministas a proclamarem o juiz como a "boca da lei", não ilude os operadores do Direito de hoje, conformados com as necessidades de interpretação inerente a toda norma, mesmo aquelas construídas com preceitos amplamente descritivos.[241]

---

[239] ROXIN, Claus. *Derecho penal parte general.* Trad. por Diego-Manuel Luzón Peña, Miguel Diaz y Garcia Conlledó e Javier de Vicente Remesal. Madrid: Civitas, 1997. p. 159.

[240] ROXIN, Claus. *Derecho penal parte general.* Trad. por Diego-Manuel Luzón Peña, Miguel Diaz y Garcia Conlledó e Javier de Vicente Remesal. Madrid: Civitas, 1997. p. 160.

[241] Nesse sentido, Claus Roxin lembra que o próprio conceito de "homem" não se encontra perfeitamente prefigurado, surgindo dúvidas sobre o exato momento em que deixa de ser considerado um feto, bem como o instante em que se transforma em cadáver, se com o fim das funções cerebrais ou dos batimentos cardíacos (ROXIN, Claus. *Derecho penal parte general.* Trad. por Diego-Manuel Luzón Peña, Miguel Diaz y Garcia Conlledó e Javier de Vicente Remesal. Madrid: Civitas, 1997. p. 148).

Com efeito, o processo de criação da lei penal encerra elevado grau de objetividade e imparcialidade, mas ainda insuficiente para garantir o cidadão, devido às exigências interpretativas do texto normativo.

A interpretação torna-se, pois, um importante instrumento para se afastar as contradições e os defeitos que a lei penal compreende, permitindo a identificação de seus objetos vagos e imprecisos, além de eliminar eventual viés autoritário, deixando-a, enfim, compreensível ao cidadão e limitada em seu alcance.[242]

Essa constatação importa no reconhecimento da atividade criadora do juiz no momento de decidir, inclusive nos ordenamentos dotados da mais exigente legalidade. Como destaca Mariângela Gomes, "o verdadeiro problema diz respeito ao grau de criatividade e aos modos, limites e aceitabilidade da criação do direito por obra do Poder Judiciário".[243]

Compartilhando do mesmo entendimento, Marques Dip atribui ao direito jurisprudencial – doutrina e juízes – o papel de compreender e estabilizar o significado normativo da lei penal.[244]

Ocorre que a finalidade do juiz vai além do deslinde da causa, procurando fazer com que a decisão/interpretação do caso concreto possa ser considerada em outros julgamentos similares. Por isso se diz que o direito se revela somente por meio da atividade judicial, quando a lei escrita se insere efetivamente no contexto social em que é aplicada.[245]

Nesse sentido, Ricardo Andreucci considera que o Direito nasce da mediação entre as leis e a concretização dos fatos, determinando a necessidade de "superação da concepção estática das normas".[246]

Muito embora seja inegável que a jurisprudência cada vez mais acentua sua parcela na função de criar o direito, a lei penal jamais poderá ser

242 TAVARES, Juarez. Interpretación, principio de legalidad y jurisprudência. In.: *Anuario de derecho penal y ciencias penales,* Madrid, v. 40, n. 3, set./dez. 1987, p. 757.

243 GOMES, Mariângela Gama de Magalhães. Notas sobre as súmulas vinculantes em matéria penal. In.: *Revista Brasileira de Ciências Criminais*. São Paulo: RT, maio-jun./2010, Ano 18, n. 84. p. 80.

244 DIP, Ricardo Henry Marques. Princípio da legalidade penal: realidade e mito. In.: PENTEADO Jaques de Camargo (Coord.). *Justiça Penal.* São Paulo: RT, 2000, v. 7. p. 59.

245 GOMES, Mariângela Gama de Magalhães. Notas sobre as súmulas vinculantes em matéria penal. In.: *Revista Brasileira de Ciências Criminais.* São Paulo: RT, maio-jun./2010, Ano 18, n. 84. p. 81.

246 ANDREUCCI, Ricardo Antunes. *Direito penal e criação judicial.* São Paulo: RT, 1988. p. 63.

por ela substituída na tradição do Direito escrito e dos princípios estruturadores do Estado Democrático de Direito.

O papel da lei reside justamente na função de delimitar o âmbito dentro do qual ao juiz é permitido criar, de maneira que a decisão seja "subsumível" a seu texto.[247]

Seguindo a mesma linha de raciocínio, Claus Roxin afirma que uma aplicação do Direito à margem do marco de regulação legal (*praeter legem*), ou seja, uma interpretação não coberta pelo sentido literal possível do preceito penal, constitui inadmissível analogia fundamentadora da pena.[248]

A vinculação de interpretação ao limite do teor literal da norma deriva do fundamento jurídico-político do princípio da legalidade, bastando lembrar que o pretendido efeito preventivo da lei penal somente poderá ser alcançado se a conduta proibida puder ser compreendida pelo cidadão a partir de uma simples leitura do texto normativo.

Disso decorre a proibição de se utilizar a analogia para suprir eventuais lacunas da lei penal, que, não raras vezes, deixa de tipificar fatos lesivos a bens jurídicos importantes cuja proteção tenha escapado da previsão do legislador.

Raciocinar por analogia, assevera Carlos Maximiliano, equivale a "passar, por inferência, de um assunto a outro de espécie diversa". Segundo ele, a analogia "se baseia na presunção de que duas coisas que têm entre si um certo número de pontos de semelhança possam conseqüentemente assemelhar-se quanto a um outro mais".[249]

Na esfera jurídica, a analogia "consiste em aplicar a uma hipótese não prevista em lei a disposição relativa a um caso semelhante".[250]

---

[247] GOMES, Mariângela Gama de Magalhães. Notas sobre as súmulas vinculantes em matéria penal. In.: Revista Brasileira de Ciências Criminais. São Paulo: RT, maio-jun./2010, Ano 18, n. 84. p. 81.

[248] ROXIN, Claus. *Derecho penal parte general.* Trad. por Diego-Manuel Luzón Peña, Miguel Diaz y Garcia Conlledó e Javier de Vicente Remesal. Madrid: Civitas, 1997. p. 149.

[249] MAXIMILIANO, Carlos. *Hermenêutica e aplicação do direito.* 11 ed. Rio de Janeiro: Forense, 1990, p. 206.

[250] MAXIMILIANO, Carlos. *Hermenêutica e aplicação do direito.* 11 ed. Rio de Janeiro: Forense, 1990, p. 208.

Especificamente no campo do Direito Penal, o princípio da legalidade limita o uso da analogia somente em favor do réu, exigindo do legislador uma descrição clara e precisa do fato punível.

Apesar disso, conforme esclarecido por Francesco Palazzo, o significado linguístico de uma expressão normativa não é de todo unívoca, de sorte que a recondução de um fato às exigências semânticas do tipo implica sempre uma operação valorativa com a qual os dois fatores, núcleo central do significado linguístico e fato real, venham postos em relação para se estabelecer uma semelhança entre eles, "nem mais nem menos como acontece no procedimento analógico".[251]

Do mesmo modo, Juarez Tavares admite ser praticamente impossível estabelecer uma diferença segura entre interpretação e analogia, pois, no fundo, "todo processo de interpretação é um procedimento analógico e negar este fato não ajuda em nada a limitar o poder estatal".[252]

Situada a questão em termos de proteção da liberdade individual, considera que ela somente será alcançada "através da limitação exercida dentro do próprio procedimento analógico e de sua subordinação ao sentido de proteção dado pela norma".[253]

Dito autor demonstra que a analogia no âmbito jurídico é mais complexa que na Matemática, seara em que os elementos da relação são sempre quantitativos, de modo que, formulados três pressupostos da proposição, o quarto elemento é inferido automaticamente. Assim, por exemplo, se X é antecedente de Y e Y antecedente de Z, está claro que X também é antecedente de Z. Essa forma de analogia, válida somente para as denominadas relações transitivas, "é perfeitamente deduzível e não apresenta problema para, uma vez identificada, proibir-se ou permitir-se sua extensão".[254]

---

251 PALAZZO, Francesco. *Introduzione ai princìpi del diritto penale.* Torino: G. Giappichelli Editore, 1999. p. 281.

252 TAVARES, Juarez. Interpretación, principio de legalidad y jurisprudência. In.: Anuario de derecho penal y ciencias penales, Madrid, v. 40, n. 3, set./dez. 1987, p. 758.

253 TAVARES, Juarez. Interpretación, principio de legalidad y jurisprudência. In.: *Anuario de derecho penal y ciencias penales,* Madrid, v. 40, n. 3, set./dez. 1987, p. 759.

254 TAVARES, Juarez. Interpretación, principio de legalidad y jurisprudência. In.: *Anuario de derecho penal y ciencias penales,* Madrid, v. 40, n. 3, set./dez. 1987, p. 759.

Porém, prossegue o professor da Faculdade de Direito da Universidade do Estado do Rio de Janeiro, "a forma de analogia empregada no Direito corresponde a que Aristóteles chamava de 'procedimento de semelhança', de onde ressalta como aspecto fundamental a probabilidade".[255] Aqui não se têm mais os três elementos quantitativos, relacionados entre si de forma a possibilitar a dedução obrigatória de um quarto elemento. O raciocínio é outro: oferecidos três elementos de uma proposição, o quarto elemento não vem dado com eles, constituindo a relação apenas uma regra, uma experiência ou um sinal para encontrá-lo. O desconhecimento de um elemento implica, pois, "estabelecer que provavelmente, verificadas as condições dadas, um elemento surge como aqueles que já são conhecidos e foram anteriormente delimitados".[256]

A inserção da categoria qualitativa na determinação da analogia "confunde o intérprete que pensa estar desdobrando a norma jurídica, como um desenvolvimento natural e implícito, quando está criando algo antes inexistente".[257]

O risco surge quando a interpretação judicial estende o sentido e a abrangência do texto normativo, indo além da perspectiva de garantia individual e de contenção do poder punitivo.

Citando como exemplo a súmula que admitia a arma de brinquedo para majorar a pena do roubo, Juarez Tavares adverte que a luta em favor de um direito escrito e certo não se encerra em simples enunciados do princípio da legalidade, devendo-se, por isso mesmo, impor restrições à interpretação judicial.[258]

Nesse contexto, ganha relevância a definição de Guillermo Yacobucci:

---

[255] TAVARES, Juarez. Interpretación, principio de legalidad y jurisprudência. In.: *Anuario de derecho penal y ciencias penales,* Madrid, v. 40, n. 3, set./dez. 1987, p. 759.

[256] TAVARES, Juarez. Interpretación, principio de legalidad y jurisprudência. In.: *Anuario de derecho penal y ciencias penales,* Madrid, v. 40, n. 3, set./dez. 1987, p. 759.

[257] TAVARES, Juarez. Interpretación, principio de legalidad y jurisprudência. In.: *Anuario de derecho penal y ciencias penales,* Madrid, v. 40, n. 3, set./dez. 1987, p. 759.

[258] TAVARES, Juarez. Interpretación, principio de legalidad y jurisprudência. In.: *Anuario de derecho penal y ciencias penales,* Madrid, v. 40, n. 3, set./dez. 1987, p. 764-765.

> A interpretação não supõe então analogia *in malam partem* quando se respeita o campo semântico máximo que habilita o enunciado normativo, que, certamente, deve ser desenvolvido sob os critérios relacionados com a *ratio decidendi* e regulados pelos princípios materiais de ordem social (isto é, em nosso entender, bem comum político e dignidade humana). Dessa forma, unem-se o campo semântico com o campo valorativo, o qual sempre é dependente dos princípios de categoria constitucional.[259]

O principal limite à interpretação judicial deve fixar-se no bem jurídico protegido pela norma, que deve ser precisamente identificado. Cabe advertir, porém, que isto não é o bastante: a tutela de um determinado bem jurídico, por mais precioso que seja, não autoriza o julgador a extrapolar o conteúdo da norma e sua expressão mais clara, sendo válida somente quando realizada nos termos que dispõe a lei.[260]

Por outro lado, embora o Direito Penal se esforce em busca da clara determinação dos bens jurídicos protegidos, tal tarefa tem se mostrado cada vez mais difícil diante dos seus novos campos de atuação, não sendo fácil discernir qual bem jurídico está sendo tutelado.[261]

---

259 YACOBUCCI, Guillermo Jorge e GOMES, Luiz Flávio. *As grandes transformações do direito penal tradicional.* São Paulo: RT, 2005, p. 115.

260 TAVARES, Juarez. Interpretación, principio de legalidad y jurisprudência. In.: *Anuario de derecho penal y ciencias penales,* Madrid, v. 40, n. 3, set./dez. 1987, p. 766.

261 Nesse sentido, YACOBUCCI, Guillermo Jorge e GOMES, Luiz Flávio. *As grandes transformações do direito penal tradicional.* São Paulo: RT, 2005, p. 112.

Segunda parte

Jurisprudência e controle da legalidade

Em um período mais recente se percebem, na legislação penal e na teoria do Direito Penal, tendências que consideram de mínima relevância o princípio da legalidade e a vinculação do juiz à lei. Os campos da "moderna" Política Criminal (terrorismo e criminalidade organizada; ambiente; economia; drogas; processamento de dados) são ocupados por *bens jurídicos universais* descritos de modo vago. Na teoria do Direito Penal procura-se fazer do Direito a espada contra os "grandes transtornos" na moderna "sociedade do risco". A orientação pelas consequências, a funcionalidade do sistema, a flexibilidade e a capacidade de adaptação às crescentes e variáveis experiências de ameaça são os modelos fundamentais desta espécie de *"modernização" do Direito Penal.* Deve-se ter em vista que a vinculação do Direito Penal aos princípios e a vinculação do juiz criminal à lei constituem garantias diante dos instrumentos rigorosos do Direito Penal, com as quais contam, em especial medida, as sociedades complexas.

HASSEMER. *Introdução* ... p. 364.

1 A CRISE DO DIREITO PENAL E SEUS REFLEXOS ENTRE OS PRINCÍPIOS POLÍTICO-CRIMINAIS DE GARANTIA

A partir do segundo pós-guerra, esclarece Guilherme Yacobucci, "o direito penal sofreu mudanças muito significativas, sobretudo nos fundamentos que o justificam como expressão do poder político, como estrutura normativa do Estado e como ciência jurídica".[262]

Devido a isso, fala-se em "crise do Direito Penal" para se referir a esse fenômeno, que não apenas coloca em dúvida o poder punitivo do Estado, como também se afasta dos "critérios tradicionais com os quais a dogmática penal costumava explicar a estrutura do injusto penal e da culpabilidade".[263]

No prólogo da edição espanhola da obra coletiva do Instituto de Ciências Criminais de Frankfurt, intitulada *La insostenible situación del derecho penal*, Silva Sánchez assim esclareceu a respeito do que se convencionou denominar "crise do Direito Penal":

> Hace algunos años califiqué a la crisis como un "estado connatural al Derecho penal". En efecto, me parecía – y me sigue pareciendo – que es inevitable que le complejo institucional a través del que se canalizan las pretensiones punitivas de la sociedad no alcance nunca una cómoda estabilidad, sino que se mantenga en una permanente y vigilante provisionalidad. Ahora bien, dentro del estado estructural de crisis, es cierto que aparecen coyunturas algo más "críticas". La coyuntura en la que se mueve el Derecho penal en los últimos diez años es una de las más graves, pues compromete los rasgos definitorios de su propia identidad. En efecto, la crisis que se plantea en la análisis el ejercicio del "jus puniendi" para resolver sobre su posible limitación: lo que ha constituido la idea rectora de la comprensión del Derecho penal ilustrado por parte de los penalistas. Por el contrario, se trata precisamente de una crisis derivada de la tensión

[262] YACOBUCCI, Guillermo Jorge e GOMES, Luiz Flávio. *As grandes transformações do direito penal tradicional.* São Paulo: RT, 2005, p. 27.

[263] YACOBUCCI, Guillermo Jorge e GOMES, Luiz Flávio. *As grandes transformações do direito penal tradicional.* São Paulo: RT, 2005, p. 27.

> expansiva a que se está sometiendo al Derecho penal para que éste se encuentre supuestamente en condiciones de afrontar con éxito y de forma expeditiva la misión de lucha contra una criminalidad cuyo incremento en cantidad u dañosidad se afirma.[264]

Se entre os anos sessenta e setenta o abolicionismo penal conheceu seu apogeu, a realidade dos dias atuais pende para o oposto, ou seja, assiste-se hoje a uma expansão do direito penal insuflada, entre outras variáveis, por uma demanda social de maior segurança.

Vale perceber, inclusive, que as mesmas correntes que outrora criticavam o direito penal, como, por exemplo, os ambientalistas, hoje reclamam sua utilização para a proteção de seus interesses, especialmente das ações dos poderosos identificados com a corrupção política, a delinquência econômica e demais "crimes do colarinho branco".

Daí o clima de aparente contradição que instiga os incautos: por um lado, se proclama a crise do Direito Penal e, por outro, a sociedade civil e o poder político buscam cada vez mais sua utilização para o enfrentamento dos conflitos e problemas da atualidade, transformando-o num "meio de resposta normativa cada vez mais intenso e habitual".[265]

Ocorre que, na verdade, a contradição é meramente aparente, pois os motivos de um fenômeno e outro se encontram em boa medida relacionados entre si.

Quando se fala em "crise do Direito Penal", deve-se relacioná-la aos princípios de legitimação que, historicamente, permitiram sua edificação, ocorrida entre a segunda metade do século XVIII e a primeira do século XIX. Inspirado no ideal iluminista, o Direito Penal surgiu com o propósito de proteger os direitos fundamentais da pessoa contra o poder punitivo estatal, então dominado pela arbitrariedade, violência e despotismo que caracterizavam o antigo regime.

---

264 SILVA SÁNCHEZ, Jesús-Maria. Prólogo a la edición española. *In*: *La insostenible situación del derecho penal*. Granada: Comares, 2000. (Estudios de derecho penal, v. 15), p. XI-XV.

265 Cf. YACOBUCCI, Guillermo Jorge e GOMES, Luiz Flávio. *As grandes transformações do direito penal tradicional*. São Paulo: RT, 2005, p. 28. Sergio Moccia também analisa criticamente os novos alcances do direito penal, *in* MOCCIA, Sergio. *La perenne emergenza*. Napoli: Edizioni Scientifiche Italiane, 1977.

Tais pressupostos fundamentais, que legitimaram o aqui denominado "Direito Penal tradicional"[266], é que sofrem os efeitos da crise.

Neste trabalho não se pretende explicar toda a transformação no modo de entender e legitimar o Direito Penal, mas somente destacar a desintegração experimentada pelos princípios penais de garantia, em especial, a que atinge o princípio da legalidade.

Vale, portanto, analisar a influência da política criminal no ordenamento positivo, bem como confrontar a estrutura básica de legitimação do Direito Penal tradicional com as rupturas anunciadas pelo Direito Penal da atualidade.

1.1 Das relações entre política criminal e sistema de Direito Penal

O direito penal se distingue dos demais ramos do ordenamento jurídico, basicamente, por três características: em primeiro lugar, pelo rigoroso formalismo que inspira todo o sistema, justificado pela grave maneira como incide sobre a liberdade individual; a segunda característica é representada por uma particular atenção dedicada à responsabilidade subjetiva, o que implica, como regra geral, na exigência de uma conduta dolosa ou, excepcionalmente, culposa para a conformação do fato típico; a terceira peculiaridade é a previsão da sanção criminal, especialmente, a pena privativa de liberdade, utilizada pelo Estado como sua principal forma de intervenção para regular e controlar os fatos socialmente danosos.[267]

Sendo assim, ao se permitir que a sanção penal recaia sobre direitos fundamentais do indivíduo, cresce de importância a função a ela atribuída, especialmente pela necessidade de se preservar a harmonia com o feixe de garantias asseguradas pela ordem constitucional vigente.

[266] Utiliza-se a expressão "direito penal tradicional", identificado com os fundamentos e princípios derivados do Iluminismo, para evitar alusão ao termo "clássico", que poderia se confundir com a "escola penal clássica".

[267] MOCCIA, Sergio. *Il diritto penale tra essere e valore: funzione della pena e sistemática teologica.* Roma: Edizioni Scientifiche Italiane, 1992, p. 324.

Nessa perspectiva, vale ressaltar que o direito penal nasce de uma particular exigência de natureza político-criminal: estabelecer uma pacífica coexistência entre os cidadãos.[268]

Isso implica, acima de tudo, em uma atenta análise da matriz ideológica que serve de pano de fundo ao ordenamento jurídico, de modo a definir o exato papel exercido pela política criminal na construção do Direito Penal.

A ideologia, mais precisamente, pode ser definida como um modelo através do qual são reguladas as relações sociopolíticas. Para tanto, necessita de regras concretas, as quais só podem ser enunciadas e elaboradas sob o plano normativo do direito.[269]

Portanto, pode-se afirmar, com Sergio Moccia, que o direito não nasce e se desenvolve num espaço abstrato e isolado, mas se origina das relações ideológico-existenciais, sobre a base de dados da realidade empírica, vale dizer, sobre a estrutura dos fenômenos da realidade em que os cidadãos vivem. Nesse contexto, é necessário verificar a incidência da ideologia nos diversos setores do direito, como ocorre, indubitavelmente, no âmbito do direito constitucional, a quem cumpre individuar e regular os fundamentos da existência sociopolítica da comunidade. Nos demais setores jurídicos, tal influência não ocorre de modo unívoco, mas se manifesta decisivamente no âmbito do direito penal, uma vez que a ideologia sociopolítica influencia diretamente as escolhas fundamentais da política criminal, estabelecendo, por exemplo, quais valores ideológicos serão alçados à categoria de bens jurídicos tutelados pelo ordenamento jurídico através dos específicos tipos penais.[270]

A particular relação que une ideologia e ordenamento jurídico confirma a validade do pressuposto metodológico que, partindo da importância das relações entre política criminal e sistema de direito penal, assinala uma significativa transformação na dogmática jurídico-penal.

268 MOCCIA, Sergio. *Il diritto penale tra essere e valore: funzione della pena e sistemática teologica*. Roma: Edizioni Scientifiche Italiane, 1992, p. 324.

269 MOCCIA, Sergio. *Il diritto penale tra essere e valore: funzione della pena e sistemática teologica*. Roma: Edizioni Scientifiche Italiane, 1992, p. 324.

270 MOCCIA, Sergio. *Il diritto penale tra essere e valore: funzione della pena e sistemática teologica*. Roma: Edizioni Scientifiche Italiane, 1992, p. 324.

Essa corrente doutrinária, iniciada através do importante estudo de Claus Roxin, intitulado "Política criminal e sistema jurídico-penal", rompe com o tradicional limite que separa política criminal e sistema jurídico-penal, atribuindo àquela um perfil ideológico tendente a realizar uma concreta e real unidade entre submissão ao direito e adequação a fins político-criminais, "da mesma forma que Estado de Direito e Estado Social não são opostos inconciliáveis, mas compõem uma unidade dialética".[271]

Nesta ótica, a integração entre a política criminal e a dogmática jurídico-penal deve realizar-se na construção da teoria geral do delito; portanto, as três categorias do crime (tipicidade, ilicitude e culpabilidade) devem ser consideradas e desenvolvidas do ponto de vista de suas funções político-criminais.[272]

Desse modo, compete ao fato típico satisfazer as exigências de determinação e taxatividade, garantindo o princípio da legalidade; a antijuridicidade é, ao invés, o lugar de resolução dos conflitos sociais, surgidos da colisão de interesses individuais; a culpabilidade, por fim, representa o pressuposto (necessário, mas não suficiente) e o limite para o exercício da pretensão punitiva, fundada em termos de prevenção (geral e especial).[273]

Resumindo, as funções político-criminais dos três elementos do crime são: a tutela da liberdade (fato típico); as soluções dos conflitos sociais (antijuridicidade) e a explicação das finalidades de prevenção (culpabilidade).

Segundo as diretivas enunciadas por Roxin, estabelece-se, assim, um estreito vínculo entre as normas jurídico-penais e as exigências de natureza político-criminal (isto é, as exigências que os cidadãos consideram necessárias para uma respeitosa convivência).[274]

---

271 ROXIN, Claus. *Política criminal e sistema jurídico-penal.* Trad. por Luís Greco. Rio de Janeiro: Renovar, 2000, p. 20.

272 Cf. ROXIN, Claus. *Política criminal e sistema jurídico-penal.* Trad. por Luís Greco. Rio de Janeiro: Renovar, 2000, p. 29.

273 ROXIN, Claus. *Política criminal e sistema jurídico-penal.* Trad. por Luís Greco. Rio de Janeiro: Renovar, 2000, p. 30-31.

274 ROXIN, Claus. *Política criminal e sistema jurídico-penal.* Trad. por Luís Greco. Rio de Janeiro: Renovar, 2000, p. 31.

1.2 Estrutura básica do Direito Penal tradicional

Cumpre registrar, de plano, que a noção de Direito Penal "tradicional" não se encaixa em uma única escola, mas pode ser extraída das características que constituem o modelo liberal ou garantista, de origem ilustrada, cujo núcleo axiológico foi sedimentado na primeira metade do século XX.

Trata-se de um modelo publicista de Direito Penal voltado para a proteção dos direitos individuais e, portanto, alheio a critérios teológicos, ordens políticas autoritárias ou tradições monárquicas, com o objetivo de assegurar, mediante a vinculação do poder do Estado à lei abstrata, a liberdade do cidadão frente às intromissões da autoridade.[275]

Exatamente por isso o Direito Penal surge formalizado, vinculado à legalidade e à jurisdicionariedade, tendo por escopo a proteção dos bens jurídicos mais importantes.

Essa finalidade constitui-se no valor central de justificação do sistema penal, representando importante limite ao legislador na medida em que proíbe a criação de tipos penais desvinculados da tutela de um bem jurídico determinado, certo e verificável.[276]

A essencial vinculação do poder/dever de punir do Estado às formalidades da lei e à proteção de bens jurídicos revelou-se através do princípio da legalidade, que, no direito penal, representa a regra fundamental da legitimação da autoridade sancionadora.[277]

Desse modo, conforme visto na primeira parte deste trabalho, a lei penal deve descrever a conduta proibida e cominar as respectivas sanções penais, observadas as exigências da forma escrita ("lege scripta"), a descrição clara e objetiva da conduta proibida ("lege certa"), a irretroatividade da lei gravosa ("lege praevia") e a proibição da analogia ("lege stricta").

---

275 ROXIN, Claus. *Derecho penal parte general.* Trad. por Diego-Manuel Luzón Peña, Miguel Diaz y Garcia Conlledó e Javier de Vicente Remesal. Madrid: Civitas, 1997, p. 144-145.

276 YACOBUCCI, Guillermo Jorge e GOMES, Luiz Flávio. *As grandes transformações do direito penal tradicional.* São Paulo: RT, 2005, p. 33.

277 YACOBUCCI, Guillermo Jorge e GOMES, Luiz Flávio. *As grandes transformações do direito penal tradicional.* São Paulo: RT, 2005, p. 34.

Assim entendido como um Direito Público, fortemente formalizado por meio da legalidade e voltado para a proteção de bens jurídicos essenciais, o Direito Penal persegue fins preventivos por intermédio da ameaça de pena.[278]

A prevenção negativa, geral e especial, é complementada com o seu aspecto "positivo", destinado a estabilizar a fidelidade da população ao direito e a construir em cada um a predisposição de se comportar conforme as normas.[279]

A pena ou a medida de segurança devem recompor a ordem normativa e não satisfazer os interesses da vítima, que deve buscar reparação pelos danos sofridos no âmbito civil.[280]

Por fim, o princípio da culpabilidade busca afastar a responsabilidade objetiva no âmbito penal, exigindo que o delito represente uma expressão pessoal do sujeito, manifestada pela presença do dolo (elemento subjetivo genérico) ou, excepcionalmente, da culpa.

1.2.1 Acerca das teorias do bem jurídico-penal

Como visto acima, o que se deseja é a construção de um conceito de bem jurídico capaz de regrar a atividade do legislador no momento da criação de novos tipos penais.

Em sua estrutura original, o princípio da legalidade orientava-se no sentido da proteção de direitos subjetivos – de ordem individual – e, a partir destes, voltava-se para a proteção dos direitos do Estado.

Como resumo desse ponto de vista, pode-se citar a seguinte passagem de Guillermo Yacobucci:

> El presupuesto fundamental de esta visión política era el contractualismo, que sostenía la convivencia política, los derechos y los deberes relacionados con ésta. Por eso, la defensa de los derechos subjetivos era lo que habilitaba la coerción del poder y al mismo tiempo le

---

278 YACOBUCCI, Guillermo Jorge e GOMES, Luiz Flávio. *As grandes transformações do direito penal tradicional.* São Paulo: RT, 2005, p. 34.

279 ROXIN, Claus. *Derecho penal parte general.* Trad. por Diego-Manuel Luzón Peña, Miguel Diaz y Garcia Conlledó e Javier de Vicente Remesal. Madrid: Civitas, 1997, p. 146.

280 YACOBUCCI, Guillermo Jorge e GOMES, Luiz Flávio. *As grandes transformações do direito penal tradicional.* São Paulo: RT, 2005, p. 35.

> otorgaba su propia legitimidad. Sin embargo, el nivel de abstracción contractual era de tal magnitud – con excepción de Locke – que, propiamente hablando, esos "derechos" se expresaban sólo a través de uno: "la libertad", entendida como autonomía o seguridad en el ejercicio de la voluntad individual.[281]

De fato, Feuerbach apoiava-se na teoria do contrato social para perceber no delito a ofensa a direitos subjetivos, vistos como objeto de proteção de todo preceito penal.[282]

A construção ilustrada da legalidade sofreu importante impacto com o abandono da noção de direito subjetivo e sua substituição pela ideia de bem jurídico.

Atribui-se a Birnbaum a criação do conceito de bem jurídico-penal em oposição à versão iluminista do crime como "violação de um direito subjetivo", cuja acepção não explica a punição de fatos lesivos de bens considerados de particular importância, como, por exemplo, a moralidade pública e o sentimento religioso, que não se enquadram no modelo de direito subjetivo.[283]

Partindo da mesma premissa jusnaturalista de cunho contratualístico, Birnbaum atribui ao bem jurídico função crítico-penalista de limite à liberdade do legislador, condicionando os fatos merecedores de pena àqueles efetivamente danosos para a coexistência social, isto é, materialmente ofensivos aos bens tutelados pelo Direito Penal.[284]

Paulatinamente, o centro da noção de bem jurídico passou a se relacionar com a pessoa que vive em sociedade, com seu desenvolvimento dentro desta e seu modo de comunicar-se com terceiros, num contexto geral de ordem e segurança garantido pelas normas.[285]

---

281 YACOBUCCI, Guillermo Jorge. El dilema de la legalidad en el derecho penal de los derechos humanos. In.: MELLIÁ, Cancio; DÍEZ, Gómez-Jara (Coord.). *Derecho penal del enemigo:* el discurso penal de la exclusión. Montevideo - Buenos Aires: Editorial B de f, 2006, v 2. p. 1077.

282 SELIM DE SALES, Sheila Jorge. *Escritos de direito penal.* 2 ed. Belo Horizonte: Del Rey, 2005, p. 115.

283 FIANDACA, Giovanni; MUSCO, Enzo. *Diritto penale:* parte generale. 6 ed. Bologna: Zanichelli Editore, 2009. p. 7.

284 MANTOVANI, Ferrando. *Diritto penale.* 3 ed. Milano: Cedam, 1992. p. 213.

285 YACOBUCCI, Guillermo Jorge e GOMES, Luiz Flávio. *As grandes transformações do direito penal tradicional.* São Paulo: RT, 2005, p. 79.

Isto permitiu a Binding reafirmar o caráter publicista do comportamento delitivo sem prejuízo da lesão suportada pela vítima. A partir de sua obra, "a categoria do bem jurídico passa a ser analisada em função do direito positivo (concepção juspositiva ou imanentista), em contraposição à concepção inicial (metapositivas, transcendentalistas ou jusnaturalistas)".[286]

Nessa extensão, o bem jurídico é concebido como um "estado valorado pelo legislador",[287] a quem compete identificar tudo o que resulta valioso para o normal desenvolvimento da sociedade.

Em seguida, a denominada teoria metodológica promoveu um verdadeiro esvaziamento do conceito de bem jurídico ao deixar de compreendê-lo como entidade preexistente à norma, ao mesmo tempo em que passou a considerá-lo como valoração realizada em cada elaboração típica, identificado com o escopo da lei penal.

Relembra Sheila Jorge Selim de Sales que a teoria metodológica "não cogita da necessidade do instrumento penal no momento em que se realiza a normatização do direito penal: o recurso à pena criminal se justifica pela simples motivação do legislador".[288]

Desse modo, a função político-criminal e de garantia do bem jurídico foi sendo encurtada até reduzi-lo a mero instrumento formal para a interpretação das normas, desaguando num "positivismo jurídico sem limites".[289]

Estava aberto o caminho para que posições ideológicas fossem alçadas à categoria de bem jurídico, doravante confundido por conceitos como "violação de um dever", "desvalor da atitude interior" e "traição de uma relação de fidelidade ao Estado".[290]

---

[286] SELIM DE SALES, Sheila Jorge. *Escritos de direito penal.* 2 ed. Belo Horizonte: Del Rey, 2005, p, 116.

[287] BITENCOURT, Cezar Roberto. Tratado de direito penal. 17 ed. São Paulo: Saraiva, 2012, v.1. p. 340.

[288] SELIM DE SALES, Sheila Jorge. *Escritos de direito penal.* 2 ed. Belo Horizonte: Del Rey, 2005, p. 118.

[289] SELIM DE SALES, Sheila Jorge. *Escritos de direito penal.* 2 ed. Belo Horizonte: Del Rey, 2005, p. 118.

[290] Cf., SELIM DE SALES, Sheila Jorge. *Escritos de direito penal.* 2 ed. Belo Horizonte: Del Rey, 2005, p. 119.

Exemplo concreto de desvirtuamento do conteúdo do bem jurídico, a "Escola de Kiel", formada por estudiosos alemães de ideologia nacional-socialista, elegeu o "são sentimento do povo" como "fator determinante da danosidade dos fatos puníveis".[291]

No mesmo diapasão, o Direito Penal socialista reformulou sistematicamente o conceito de bem jurídico a fim de estabelecer como potencialmente lesivas as condutas contrárias aos "interesses econômico-políticos do mundo do trabalho e da classe operária que o representa".[292]

Contudo, ao fim da Segunda Guerra Mundial, a consolidação do ideal de liberdade e democracia determinou uma renovação do pensamento crítico dos critérios de legitimação da intervenção punitiva no âmbito de um moderno Estado de Direito.[293]

Duas orientações procuraram recuperar a função de garantia do bem jurídico como conceito que dirige a criação da norma penal: a sociológico-personalista, para quem o bem jurídico emana de fontes metajurídicas; e a de ordem constitucional, que estabelece para ele uma fonte superior, ou seja, a própria Constituição.[294]

De acordo com a mensagem central da primeira corrente, o ponto de partida para o estabelecimento do bem jurídico são os interesses individuais, ficando fora do domínio do Direito Penal as condutas que se dirigem unicamente contra concepções morais, valores socialmente compartilhados ou interesses do Estado.

Nesse sentido, adverte Hassemer:

> [...] para tanto, a ideia de bem jurídico deveria ser definida com a maior precisão possível, a fim de que seu emprego realmente sirva para isolar condutas, como no caso do Direito penal sexual, que não pode abranger os bons costumes sexuais, e sim a auto-determinação sexual e a saúde e proteção da juventude.[295]

---

291 SELIM DE SALES, Sheila Jorge. *Escritos de direito penal.* 2 ed. Belo Horizonte: Del Rey, 2005, p. 119.

292 Cf., GREGORI, Giorgio. *Saggio sull'oggetto giuridico del reato.* Padova: CEDAM, 1978, p. 41.

293 FIANDACA, Giovanni e MUSCO, Enzo. *Diritto penale:* parte generale. 6 ed. Bologna: Zanichelli Editore, 2009. p. 11.

294 SELIM DE SALES, Sheila Jorge. *Escritos de direito penal.* 2 ed. Belo Horizonte: Del Rey, 2005, p. 121.

295 HASSEMER, Winfried. Direito penal: fundamentos, estrutura, política. Trad. por Adriana Beckman Meirelles et al. Porto Alegre: SAFE, 2008. p. 223.

Desse modo, as incriminações penais no Estado Democrático de Direito somente estarão legitimadas se direcionadas à proteção de bens jurídicos, pois, do contrário, criar-se-á um ambiente propício à escalada do arbítrio, enfraquecendo a posição das liberdades individuais frente ao poder punitivo estatal.

A segunda corrente orienta-se pela ideia dos valores inseridos na Constituição, dando origem à denominada "concepção constitucionalmente orientada do objeto da tutela penal", que resultou no estabelecimento de novos parâmetros para o Direito Penal, como se verá a seguir.

1.2.2 Princípio da legalidade e tutela de valores

Apesar de admitirem que o conceito de bem jurídico atua como limitador do Direito Penal, visto que vincula a sanção à prática de fatos que provoquem lesão real ou potencial a determinado bem jurídico, Jescheck e Weigend reconhecem sua insuficiência para justificar a pena, pois não responde às questões politico-criminais postas, como a preservação ambiental.[296]

Essa insuficiência fez com que o bem jurídico passasse a ser compreendido como valor com relevância constitucional, ou seja, a intervenção do poder punitivo se realiza para evitar comportamentos que venham a negar os valores constitucionalmente assegurados. Desse modo, "se proíbe matar porque o homicídio supõe a negação da vida, que é um valor juridicamente reconhecido".[297]

Vale destacar que a relevância constitucional não é atribuída somente ao bem que estiver expressamente previsto pela Constituição da República, mas a todos os valores dela emanados, ainda que de forma indireta, bem como àqueles que não guardem com ela nenhuma incompatibilidade.[298]

Estar-se-ia, assim, nos dizeres de Luís Greco, diante de um "conceito político-criminal de bem jurídico vinculante para o legislador, porque ele

---

[296] JESCHECK, Hans-Heinrich; WEIGEND, Thomas. *Tratado de Derecho Penal* – Parte General. Trad. Miguel Olmedo Cardenete. 5.ed. Granada: Editorial Comares, 2002. p. 276.

[297] MATEU, Juan Carlos Carbonell. *Derecho penal:* concepto y principios constitucionales. 3 ed. Valencia: Tirant lo Blanch, 1999. p. 33.

[298] MATEU, Juan Carlos Carbonell. *Derecho penal:* concepto y principios constitucionales. 3 ed. Valencia: Tirant lo Blanch, 1999. p. 37.

seria extraído diretamente da constituição, sendo portanto dotado de hierarquia constitucional".[299]

Ao que tudo indica, essa é a corrente preferida dos autores brasileiros que defendem o conceito político-criminal de bem jurídico.[300]

Nesse prisma, Maurício Antonio Ribeiro Lopes observa que, além de elencar os bens jurídicos, à Constituição compete graduar e selecionar criteriosamente com que intensidade penal eles deverão ser concretamente tutelados pelo legislador.

E complementa:

> Óbvio que não se espera que a Constituição comine as penas, mas que ofereça determinações de como estas devem – segundo um princípio geral de proporcionalidade e racionalidade – ser orientadas na composição de uma escala que represente o nível de dignidade constitucional de cada bem jurídico-penal.[301]

A problemática do conceito constitucional de bem jurídico reside no caráter aberto e impreciso das Constituições, que acolhe inúmeros valores - inclusive conflitantes entre si -, o que demonstra de plano sua incapacidade para limitar o poder do legislador, especialmente diante de uma Constituição analítica como a do Brasil.[302]

Pode-se afirmar que o bem jurídico, fundamentado nesta concepção constitucional, acabou desfigurado pelas exigências da moderna "sociedade do risco", pouco podendo fazer para conter o interesse político-criminal em uma criminalização ampla, cuja aptidão expansiva foi-se

---

299 GRECO, Luís. *Modernização do direito penal, bens jurídicos coletivos e crimes de perigo abstrato.* Rio de Janeiro: Lumen Juris, 2011, p. 82.

300 Nesse sentido, BATISTA, Nilo. *Introdução crítica ao direito penal brasileiro.* 5 ed. Rio de Janeiro: Revan, 1999, p. 96; GOMES, Luiz Flávio. *Norma e bem jurídico no direito penal.* São Paulo: RT, 2002, p. 86; PRADO, Luiz Régis. *Bem jurídico-penal e constituição.* São Paulo: RT, 1996, p. 67; STRECK, Lenio Luiz e FELDENS, Luciano. *Crime e constituição*: a legitimidade da função investigatória do Ministério Público, 3 ed., Rio de Janeiro: Forense, 2006, p. 21.

301 LOPES, Maurício Antonio Ribeiro. *Teoria constitucional do direito penal.* São Paulo: RT, 2000. p. 660.

302 Cf., GRECO, Luís. *Modernização do direito penal, bens jurídicos coletivos e crimes de perigo abstrato.* Rio de Janeiro: Lumen Juris, 2011, p. 82.

mostrando na medida em que se incorporavam os denominados bens jurídicos universais, representativos dos interesses de "caráter coletivo, intangíveis e com vitimização difusa".[303]

Considerando que a interpretação sobre a Constituição da República deve ter caráter dinâmico para acomodar as mudanças sociais, políticas e culturais que se vão produzindo, os valores coletivos nela positivados passaram à categoria de bens jurídicos penais a fim de fazer frente aos perigos decorrentes da atividade humana em assuntos relacionados aos direitos humanos, ao meio ambiente, à ordem econômica, ao sistema financeiro, etc.

A necessidade de proteção desses bens jurídicos coletivos, pertencentes a um número indeterminado de pessoas, decorre da ideia de que o Estado Democrático de Direito encontra-se necessariamente comprometido com os direitos fundamentais, o que demanda inexoravelmente a criação de novos tipos penais.[304]

O direito penal secundário[305], então, determinou o avanço da criminalização de condutas ofensivas a bens jurídicos supraindividuais e, portanto, de titularidade generalizada, contribuindo para o fenômeno da expansão do Direito Penal.

---

303 PIRES, Adriane Pinto Rodrigues da Fonseca. *O princípio constitucional da legalidade da intervenção penal e tipicidade penal*: algumas questões acerca do direito penal secundário. In: Revista de Estudos Criminais, Porto Alegre, v. 10, n. 41, abr./jun. 2011, p. 117.

304 PIRES, Adriane Pinto Rodrigues da Fonseca. *O princípio constitucional da legalidade da intervenção penal e tipicidade penal*: algumas questões acerca do direito penal secundário. *In*: Revista de Estudos Criminais, Porto Alegre, v. 10, n. 41, abr./jun. 2011, p. 119. Resgatando a função de garantia do bem jurídico, Regis Prado propõe o critério da "danosidade social" como "requisito necessário para assegurar a adequada relevância e dimensão social do interesse protegido". *In*: PRADO, Luiz Regis. *Bem jurídico-penal e constituição*. São Paulo: RT, 2. ed., 1997, p. 87.

305 Expressão utilizada, entre outros, por Jorge de Figueiredo Dias para designar "o conjunto de normas de natureza punitiva que constituem objeto da legislação extravagante e contêm, na sua generalidade, o sancionamento de caráter administrativo". Cf. DIAS, Jorge de Figueiredo. *Para uma dogmática do direito penal secundário*. *In*: Direito penal secundário: estudos sobre crimes econômicos, ambientais, informáticos e outras questões. Coord. por D'ÁVILA, Fábio Roberto e SOUZA, Paulo Vinicius Sporleder de. São Paulo: RT, 2006, p. 27. No mesmo sentido: PIRES, Adriane Pinto Rodrigues da Fonseca. *O princípio constitucional da legalidade da intervenção penal e tipicidade penal*: algumas questões acerca do direito penal secundário. In: Revista de Estudos Criminais, Porto Alegre, v. 10, n. 41, abr./jun. 2011, p. 117.

1.3 Estrutura básica do Direito Penal da atualidade

A função primordial do Estado Social e Democrático de Direito é garantir o maior grau de liberdade através da menor interferência possível.

Dessa forma, sendo o Direito Penal o instrumento de mais grave ingerência à disposição do Estado, supõe-se que sua atividade seja restringida ao máximo, como forma de propiciar uma alta liberdade ao cidadão.

No dizer de Carbonell Mateu, "o ideal seria assegurar as liberdades sem restringir nenhuma"; porém, como hoje isso é impraticável, deve-se contentar com "as mínimas intervenções possíveis para conseguir tutelar o máximo de bens jurídicos".[306]

Todavia, a progressiva conquista de maior espaço de liberdade e de democracia determinou uma reformulação crítica dos critérios de legitimação da intervenção punitiva no âmbito de um moderno Estado de Direito.[307]

Os últimos anos têm-se caracterizado por um desmedido protagonismo do Direito Penal, marcado pela complexidade das relações sociais, políticas, econômicas e jurídicas da atualidade, que colocam em evidência as dificuldades enfrentadas pelo princípio da legalidade para atender ao novo campo de interesse do Direito Penal, qual seja, a proteção de bens jurídicos macrossociais, coletivos e difusos, relacionados com a humanidade, o planeta e o futuro da população.[308]

Determinadas características do direito penal tradicional, com efeito, foram, paulatinamente, perdendo vitalidade no curso do atual direito penal, onde importantes mudanças se processaram e outras se anunciam.

A começar pela limitação do caráter público do direito penal determinada pela crescente tendência de se aceitar a intervenção da vítima no processo penal.

---

306 MATEU, Juan Carlos Carbonell. Reflexiones sobre el abuso del derecho penal y la banalización de la legalidad. In.: MARTÍN, Adán Nieto (Coord.). *Homenaje al Dr. Marino Barbero Santos*. Cuenca: Ediciones de la Universidad de Castilla-La Mancha/Ediciones Universidad Salamanca, 2001, v. I. p. 130.

307 FIANDACA, Giovanni; MUSCO, Enzo. *Diritto penale:* parte generale. 6 ed. Bologna: Zanichelli Editore, 2009. p. 11.

308 YACOBUCCI, Guillermo Jorge. El dilema de la legalidad en el derecho penal de los derechos humanos. In.: MELLIÁ, Cancio; DÍEZ, Gómez-Jara (Coord.). *Derecho penal del enemigo*: el discurso penal de la exclusión. Montevideo - Buenos Aires: Editorial B de f, 2006, v 2. p. 1078.

Várias consequências decorrem de tal situação, como o aparecimento de outros modos de extinção do delito ou de não aplicação da pena quando o imputado transige com a vítima ou repara o dano.[309]

O novo papel da vítima também permite aceitar a ideia de um direito penal de três vias, "em que a reparação passa a ter relevância ao lado das penas e das medidas de segurança como opção válida dentro do processo penal".[310]

As negociações e acordos firmados com o acusado igualmente interferem no conceito de bem jurídico, pois afastam o caráter público do objeto da tutela penal e resgatam a ideia de direito subjetivo, de contorno "claramente individual e disponível em muito maior medida".[311]

Percebe-se, ainda, a afirmação da teoria da imputação objetiva como instrumento complementar das teorias causais do resultado, fazendo com que a acusação, para além de comprovar meros cursos causais, impute consequências ao réu (ações ou resultado).[312]

Por outro lado, a necessidade de se atender a situações especiais em áreas complexas da denominada "sociedade do risco", enfraquece as exigências decorrentes do princípio da legalidade ao mesmo tempo em que favorece a proliferação de normas penais em branco[313], crimes omissivos[314], de perigo abstrato[315] e a abusiva utilização de elementos normati-

---

309 Cf., YACOBUCCI, Guillermo Jorge e GOMES, Luiz Flávio. *As grandes transformações do direito penal tradicional.* São Paulo: RT, 2005, p. 40. No direito penal brasileiro pode-se citar o art. 74 da Lei nº. 9.099/1995 e, mais recentemente, os artigos 105 e 106 do anteprojeto de Código Penal (Requerimento nº. 756/2011).

310 YACOBUCCI, Guillermo Jorge e GOMES, Luiz Flávio. *As grandes transformações do direito penal tradicional.* São Paulo: RT, 2005, p. 41.

311 YACOBUCCI, Guillermo Jorge e GOMES, Luiz Flávio. *As grandes transformações do direito penal tradicional.* São Paulo: RT, 2005, p. 42.

312 Cf., YACOBUCCI, Guillermo Jorge e GOMES, Luiz Flávio. *As grandes transformações do direito penal tradicional.* São Paulo: RT, 2005, p. 46.

313 Especialmente nos campos da economia, da regulação do mercado bancário e financeiro, do meio ambiente e da saúde pública.

314 No momento atual, exige-se das pessoas que se ocupam das atividades de risco, como médicos, farmacêuticos, gerentes de banco, financeiras etc., que impeçam a concretização do perigo. Observe-se, a propósito, a série de obrigações e responsabilidades atribuídas às entidades bancárias e financeiras criadas pela Lei nº. 9.613/1998.

315 O fundamento do incremento dos tipos de perigo abstrato reside na compreensão de que a tutela penal dos bens macrossociais é tão grave que deve se antecipar a lesão, punindo-se de imediato a situação de perigo.

vos no tipo, entregando cada vez mais ao intérprete a tarefa de realizar a conformação final da conduta proibida.

Desse modo, os conceitos da teoria do delito vão se espiritualizando, perdendo contato com a realidade, fazendo com que as obrigações e deveres predominem como objeto de proteção do tipo penal.

Como visto, as necessidades valorativas do Direito Penal o tornam extremamente sensível às mudanças verificadas no âmbito político e jurídico, assim como aos novos horizontes axiológicos determinados pela realidade social da pós-modernidade.

Foi assim que o direito penal mínimo, idealizado tanto pelas principais teorias legitimadoras do Direito Penal[316] como pelo funcionalismo redutor de Zaffaroni,[317] fracassou diante das "necessidades de tutela em uma sociedade cada vez mais complexa".[318]

Com efeito, a difundida e almejada contenção do Direito Penal parece não mais repercutir na seara legislativa, marcada que se encontra pelo acolhimento de tipos penais destinados a proteger bens jurídicos de im-

---

316 Reconhecem a legitimidade do Estado para exercer o *jus puniendi* e se orientam pela redução do Direito Penal como forma de se manter mais vigoroso e eficaz. Classificam-se em três grandes grupos: teorias absolutas, relativas e mistas. As primeiras negam qualquer fim utilitário ou preventivo ao Direito Penal, enxergando a pena como um imperativo categórico da ideia de justiça (Kant), ou como uma exigência da razão, constituindo-se numa resposta estatal que anula as consequências do crime praticado (Hegel). Para as teorias relativas, a pena previne novos delitos diante de sua simples ameaça (prevenção geral negativa); restaura a confiança na norma (prevenção geral positiva), garante a estabilidade do sistema e a integração social (Jakobs) e evita a reincidência (prevenção especial). Por fim, as teorias mistas atribuem à pena a prevenção geral subsidiária de delitos (Roxin) e dos castigos injustos (Ferrajoli).

317 A par de negar a legitimidade do direito de punir do Estado, o autor reconhece que a sociedade de hoje não prescinde da reação punitiva oficial, cuja irracionalidade deve ser contida através de sua redução máxima como tática para que seja abolida no futuro. Essa função redutora, todavia, é realizada de maneira inteligente, atuando como um filtro de contenção do poder punitivo. Em suas palavras: "*Si se entiende que la tarea del derecho penal es de contención y filtro de la irracionalidad y la violencia, las compuertas del dique penal deben funcionar inteligentemente. No se trata de que pase cualquier agua ni en cualquier forma, sino que su cantidad, calidad y forma de paso deben ser predeterminadas. El poder punitivo es un hecho político de fuerza irracional, y el derecho penal debe ceder solo a la parte de este que menos comprometa la racionalidad: la selección penal debe ser racional para compensar, hasta donde pueda, la violencia selectiva del poder punitivo*" (ZAFFARONI, Eugenio Raúl; ALAGIA, Alejandro; SLOKAR, Alejandro. *Derecho penal parte general.* 2. ed. Buenos Aires: Ediar, 2002. p. 376).

318 Expressão tomada da exposição de motivos do Código Penal espanhol de 1995.

portância duvidosa, pela indiscriminada elevação do rigor punitivo e, sobretudo, pelo afrouxamento dos princípios político-criminais de garantia.

Sem negar o abusivo recurso à legislação penal por parte do parlamento, inclusive como forma de oferecer aparente solução aos inúmeros problemas sociais, "deslocando ao plano simbólico (isto é, ao da declaração de princípios, que tranquiliza a opinião pública) o que deveria resolver-se no nível da instrumentalidade (de proteção efetiva)", Silva Sánchez acrescenta às causas do fenômeno a mudança de expectativa das diversas camadas sociais em relação ao papel que cabe ao Direito Penal, o que resulta em "verdadeira demanda social por mais proteção", a qual, em regra, é canalizada de modo irracional como "demanda por mais punição".[319]

O referido autor procede a uma investigação das causas determinantes do que denomina "expansão do Direito Penal", justificando o fenômeno a partir de dez circunstâncias, a saber: os "novos interesses"; o efetivo aparecimento de novos riscos; a institucionalização da insegurança; a sensação social de insegurança; a configuração de uma sociedade de "sujeitos passivos"; a identificação da maioria com a vítima do delito; o descrédito de outras instâncias de proteção; os gestores "atípicos" da moral; a atitude da esquerda política e o "gerencialismo".[320]

Ao objeto de estudo do presente trabalho interessa destacar essas causas da expansão do Direito Penal.

1.3.1 Das causas de expansão do Direito Penal

Em primeiro lugar, dado que sua missão é proteger os bens jurídicos mais importantes, torna-se razoável a concessão de um espaço para cres-

---

319 SILVA SÁNCHEZ, Jesús-Maria. *A expansão do direito penal*: aspectos da política criminal nas sociedades pós-industriais. Trad. por Luiz Otavio de Oliveira Rocha. 2. ed. São Paulo: RT, 2011. p. 29-30. O autor questiona ainda o fato de as instituições do Estado não somente acolherem tais demandas irracionais sem nenhuma reflexão, sequer para introduzir algum elemento de racionalização, como ainda as realimentam em termos populistas.

320 SILVA SÁNCHEZ, Jesús-Maria. *A expansão do direito penal*: aspectos da política criminal nas sociedades pós-industriais. Trad. por Luiz Otavio de Oliveira Rocha. 2. ed. São Paulo: RT, 2011. p. 33. Cada causa da expansão do Direito Penal foi devidamente identificada e comentada pelo autor no primeiro capítulo de sua obra (p. 33-96).

cimento, a fim de abrigar tipos penais voltados para a proteção de bens jurídicos determinados pelos "novos interesses".

Distintas causas podem configurar a ampliação dos bens jurídico-penais, como as constantes mutações da realidade social, especialmente nas sensíveis áreas econômica e financeira; a deterioração de situações normalmente abundantes que se tornaram paulatinamente escassas e, por isso, passaram a gozar de um valor que antes não tinham, como, por exemplo, o meio ambiente; ou o incremento de um valor determinado pela evolução social e cultural, como o que recai sobre o patrimônio histórico-artístico, entre outros fatores.

Em tais situações, encontra-se justificado o incremento do Direito Penal, devendo-se evitar tão somente seu crescimento desarrazoado, impulsionado pela proteção de "novos interesses" sem dignidade penal, e os demais fatores mencionados por Silva Sánchez.[321]

Em segundo lugar, o efetivo aparecimento de novos riscos referentes a danos não delimitáveis, globais e quase sempre irreparáveis, que afetam todos os cidadãos e surgem de decisões humanas, levou à caracterização da denominada "sociedade do risco".

Com efeito, as variáveis que interferem no âmbito econômico e o aparecimento de inovações tecnológicas sem paralelo em toda a história da humanidade promovem repercussões positivas e negativas ao bem-estar individual.

Sem embargo, Silva Sánchez destaca seu aspecto negativo:

---

[321] SILVA SÁNCHEZ, Jesús-Maria. *A expansão do direito penal*: aspectos da política criminal nas sociedades pós-industriais. Trad. Luiz Otavio de Oliveira Rocha. 2. ed. São Paulo: RT, 2011. p. 34-35. O autor cita um exemplo de lei que promove, a um só tempo, a expansão justificada e injustificada do Direito Penal: "a entrada maciça de capitais procedentes de atividades delitivas (singularmente, do narcotráfico) em um determinado setor da economia provoca uma profunda desestabilização desse setor, com importantes repercussões lesivas. É, pois, provavelmente razoável que os responsáveis por uma injeção maciça de dinheiro negro em um determinado setor da economia sejam sancionados penalmente pela comissão de um delito contra a ordem econômica. Mas, vejamos, isso não faz, por si só, razoável a sanção penal de qualquer conduta de utilização de pequenas (ou médias) quantidades de dinheiro negro na aquisição de bens ou retribuição de serviços. A tipificação do delito de lavagem de dinheiro é, enfim, uma manifestação de expansão razoável do Direito Penal (em seu núcleo, de alcance muito limitado) e de expansão irrazoável do mesmo (no resto das condutas, em relação as quais não se possa afirmar em absoluto que, de modo específico, lesionem a ordem econômica de modo penalmente relevante)".

> [...] configuração do risco de procedência humana como fenômeno social estrutural [...] representado pelos danos mais ou menos diretos para os cidadãos (como consumidores, usuários, beneficiários de serviços públicos etc.) que derivam das aplicações teóricas dos avanços na indústria, na biologia, na genética, na energia nuclear, na informática, nas comunicações etc.[322]

Além disso, o aspecto competitivo imposto pela sociedade tecnológica deslocou para a marginalidade considerável número de trabalhadores, "que imediatamente são percebidos pelos demais como fonte de riscos pessoais e patrimoniais".[323]

O progresso técnico dá lugar ainda ao incremento da delinquência dolosa tradicional mediante a adoção de novas técnicas como instrumento capaz de produzir resultados especialmente lesivos, além de fazer surgir novas modalidades delitivas para a proteção de bens jurídicos forjados pela evolução tecnológica, com destaque para a denominada "ciberdelinquência" e o desenvolvimento de novas formas de criminalidade organizada, que operam internacionalmente e constituem um dos novos riscos para a sociedade e o Estado.[324]

Por último, o problema nuclear deflagrado pelos novos riscos diz respeito às consequências lesivas da "falha técnica", uma vez que se admite a inevitabilidade de certo percentual de acidentes graves e, portanto, restrito ao âmbito próprio do risco permitido.[325]

Como terceira causa da expansão, a "institucionalização da insegurança" demonstra o modo como a sociedade pós-industrial, para além de uma "sociedade de riscos", apresenta-se com outras características

---

322 SILVA SÁNCHEZ, Jesús-Maria. *A expansão do direito penal*: aspectos da política criminal nas sociedades pós-industriais. Trad. Luiz Otavio de Oliveira Rocha. 2. ed. São Paulo: RT, 2011. p. 35-36.

323 SILVA SÁNCHEZ, Jesús-Maria. *A expansão do direito penal*: aspectos da política criminal nas sociedades pós-industriais. Trad. Luiz Otavio de Oliveira Rocha. 2. ed. São Paulo: RT, 2011. p. 36.

324 SILVA SÁNCHEZ, Jesús-Maria. *A expansão do direito penal*: aspectos da política criminal nas sociedades pós-industriais. Trad. Luiz Otavio de Oliveira Rocha. 2. ed. São Paulo: RT, 2011. p. 36.

325 SILVA SÁNCHEZ, Jesús-Maria. *A expansão do direito penal*: aspectos da política criminal nas sociedades pós-industriais. Trad. Luiz Otavio de Oliveira Rocha. 2. ed. São Paulo: RT, 2011. p. 37.

individualizadoras que a demarcam como uma sociedade de "objetiva" insegurança.[326]

O emprego de meios técnicos, a comercialização de produtos ou a utilização de substâncias cujos possíveis efeitos nocivos são ainda desconhecidos e somente se manifestarão muito depois da realização da conduta, "introduzem um importante fator de incerteza na vida social".[327]

O problema, portanto, não radica mais nas decisões humanas que geram os riscos, mas sim nas decisões humanas que os distribuem.[328]

Tudo isso torna evidente a enorme complexidade das relações sociais de hoje, em que a interação individual alcançou níveis até então desconhecidos em face das necessidades de cooperação e de divisão funcional.

Como, em muitos casos, as consequências lesivas somente serão conhecidas a longo prazo, gerando incertezas sobre a causalidade, o legislador tem evitado os tipos de lesão e recorrido cada vez mais aos tipos de perigo, especialmente em sua configuração formal (perigo presumido).[329]

Por outro lado, a crescente interdependência dos indivíduos na vida social, prossegue Silva Sánchez, dá lugar a que, sempre em maior medida, a indenidade de bens jurídicos dependa da realização de condutas positivas de controle de riscos por parte de terceiros.[330]

---

326 SILVA SÁNCHEZ, Jesús-Maria. *A expansão do direito penal*: aspectos da política criminal nas sociedades pós-industriais. Trad. Luiz Otavio de Oliveira Rocha. 2. ed. São Paulo: RT, 2011. p. 37.

327 SILVA SÁNCHEZ, Jesús-Maria. *A expansão do direito penal*: aspectos da política criminal nas sociedades pós-industriais. Trad. Luiz Otavio de Oliveira Rocha. 2. ed. São Paulo: RT, 2011. p. 37. Vale reproduzir o seguinte trecho: "O cidadão anônimo diz: 'Estão nos matando, mas não conseguimos ainda saber com certeza nem quem, nem como, nem a que ritmo'. Em realidade, faz tempo que os especialistas descartaram a excessivamente remota possibilidade de neutralizar os novos riscos, significando que é preferível aprofundar-se nos critérios de distribuição eficiente e justos dos mesmos – existentes e em princípio não neutralizáveis". Para confirmar essa observação, o autor cita os conhecidos episódios das "vacas loucas", da "gripe aviária" e da "gripe suína".

328 SILVA SÁNCHEZ, Jesús-Maria. *A expansão do direito penal*: aspectos da política criminal nas sociedades pós-industriais. Trad. Luiz Otavio de Oliveira Rocha. 2. ed. São Paulo: RT, 2011. p. 37.

329 SILVA SÁNCHEZ, Jesús-Maria. *A expansão do direito penal*: aspectos da política criminal nas sociedades pós-industriais. Trad. Luiz Otavio de Oliveira Rocha. 2. ed. São Paulo: RT, 2011. p. 38.

330 SILVA SÁNCHEZ, Jesús-Maria. *A expansão do direito penal*: aspectos da política criminal nas sociedades pós-industriais. Trad. Luiz Otavio de Oliveira Rocha. 2. ed. São Paulo: RT, 2011. p. 38-39.

Tal fenômeno determinou também a atual tendência de crescimento dos delitos de omissão imprudente, a ponto de Klaus Günther elevá-los à categoria de novo paradigma do conceito de delito.[331]

Um último aspecto vinculado à desorientação causada pela "institucionalização da insegurança" refere-se ao fenômeno da "criminalidade de massas", que enxerga o "outro" como inimigo e converge para as propostas clássicas de movimentos como o de "Lei e Ordem", cuja ideologia tem-se expandido para setores sociais bem mais amplos.

A quarta causa da expansão do Direito Penal identificada por Silva Sánchez refere-se à "sensação geral de insegurança".

Deve-se concordar com Silva Sánchez quando afirma que os meios de comunicação, apesar de não criarem o medo da criminalidade, incrementam claramente esse fenômeno, que pode ser traduzido como uma "elevadíssima sensibilidade ao risco", desaguando em um apelo irracional por mais segurança mediante a ampliação da proteção penal e a "flexibilização das garantias".[332]

Em quinto lugar, também interessa ao estudo da legalidade a crescente tipificação de delitos de perigo, incrementada pela "configuração de uma sociedade de 'sujeitos passivos'". Nesse ponto, o autor parece se reportar à atual sociedade brasileira:

> Pensionistas, desempregados, destinatários de serviços públicos educacionais, sanitários etc., pessoas ou entidades subvencionadas (beneficiários, enfim, da transferência de riqueza, mais que criadores dos excedentes objetos de transferência) se convertem nos cidadãos, os

---

[331] GÜNTHER, KLAUS. De la vulneración de un derecho a la infracción de un deber. Un <cambio de paradigma> en el Derecho Penal?. In.: *La insostenible situación del Derecho Penal.* Granada: Editorial Comares, 2000. p. 489-530. Segundo o autor, o estudo do "desenvolvimento continuado" da concepção de delito, desde sua elaboração como "vulneração de um direito", passando pela predominante definição de "lesão de um bem jurídico", deve abranger desde o dever de evitar ingerências ao direito subjetivo de outrem até o exame da pluralidade de deveres indeterminados de organizar o uso de uma liberdade plena de riscos, de modo a evitar a exposição a perigo ou a lesão de bens jurídicos, configuradores da situação atual em que o delito de omissão imprudente converte-se no paradigma do conceito de delito.

[332] SILVA SÁNCHEZ, Jesús-Maria. *A expansão do direito penal*: aspectos da política criminal nas sociedades pós-industriais. Trad. Luiz Otavio de Oliveira Rocha. 2. ed. São Paulo: RT, 2011. p. 51.

> eleitores por excelência. Inclusive com relação ao cidadão abstrato se realça sua dimensão "passiva" de consumidor, ou de sujeito paciente dos efeitos nocivos do desenvolvimento (sobre o meio ambiente, por exemplo).[333]

Diante disso, a classe ativa e empreendedora tende a se encolher cada vez mais, em um movimento oposto ao período marcado pelo desenvolvimento industrial do Século XIX e primeira metade do Século XX.

A sobrevaloração essencial da segurança diante da liberdade de ação implica a diminuição dos níveis de risco permitido, extraído a partir da ponderação dos custos e benefícios da realização de determinada conduta.[334]

Ocorre que a fórmula do risco permitido por meio de uma proporcionalidade entre custos e benefícios, ou entre liberdade de comportamento e colocação em perigo de bens, vê-se prejudicada pela falta de critérios adequados de valoração, sem os quais todo cálculo perde sua validade.[335]

As indagações de Jakobs são desconcertantes: quanto vale uma vida humana no tráfego viário, ou, mais concretamente, no tráfego viário de particulares num feriado? Que valor corresponde ao risco existente para a saúde no posto de trabalho em comparação com as condições de produção rentáveis? Onde está na educação de um filho o ponto ótimo entre a liberdade, carregada de riscos, e a tutela, que necessariamente comporta restrições ao livre desenvolvimento?[336]

A resposta a tais perguntas escapa do âmbito jurídico para se vincular aos aspectos identificadores da própria sociedade, pois "o socialmente adequado precede ao Direito" e "sua legitimação se ob-

---

333 SILVA SÁNCHEZ, Jesús-Maria. *A expansão do direito penal*: aspectos da política criminal nas sociedades pós-industriais. Trad. Luiz Otavio de Oliveira Rocha. 2. ed. São Paulo: RT, 2011. p. 52.

334 Jakobs explica o resultado de um cálculo de custos e benefícios: "o benefício estaria constituído pela liberdade de comportamento que se obtém com ajuda da permissão de riscos, enquanto que os custos seriam a perda daqueles bens a cuja destruição conduz o risco, devendo ambos os lados manter uma relação adequada" (JAKOBS, Günther. *A imputação objetiva no direito penal*. Trad. por André Luís Callegari. São Paulo: RT, 2000. p. 36).

335 JAKOBS, Günther. *A imputação objetiva no direito penal*. Trad. por André Luís Callegari. São Paulo: RT, 2000. p. 36.

336 JAKOBS, Günther. *A imputação objetiva no direito penal*. Trad. por André Luís Callegari. São Paulo: RT, 2000. p. 36.

têm do fato de que constitui uma parte da configuração social que deve ser preservada".[337]

Desse modo, "a liberdade negativa diante do dano se impõe sobre a liberdade positiva de ação", resultando na inevitável "transformação do infortúnio em injusto" e, consequentemente, na ampliação da esfera de atuação do Direito Penal.[338]

A sexta causa da expansão do Direito Penal é a que mais de perto interessa ao presente trabalho.

Trata-se da "identificação da maioria com a vítima do delito", favorecida, inclusive, pela retro analisada configuração de uma sociedade formada majoritariamente pela classe passiva.[339]

O Direito Penal já não é mais visto como mecanismo de proteção do indivíduo em face do poder punitivo estatal, mas sim como instrumento legítimo para promover a segurança "por meio" do Estado.

A concepção da "Carta Magna do delinquente", cunhada por Von Liszt, foi estendida para abrigar também a vítima a partir do momento em que o Direito Penal passou a se projetar não apenas como instrumento de opressão do delinquente desvalido, mas, sobretudo, como "a espada da sociedade contra a delinquência dos poderosos".[340]

---

337 JAKOBS, Günther. *A imputação objetiva no direito penal.* Trad. por André Luís Callegari. São Paulo: RT, 2000. p. 37.

338 SILVA SÁNCHEZ, Jesús-Maria. *A expansão do direito penal*: aspectos da política criminal nas sociedades pós-industriais. Trad. Luiz Otavio de Oliveira Rocha. 2. ed. São Paulo: RT, 2011. p. 62: "É como se em nossas sociedades fosse sempre necessário, diante da produção do dano, o valor simbólico-comunicativo da imputação".

339 Ao citar Forsthoff, Silva Sánchez demonstra como a insegurança se relaciona com a perda do domínio, de uma orientação clara e o incremento da dependência: "Deste modo o homem moderno não somente vive no Estado senão também do Estado. A perda do espaço vital dominado e das reservas existenciais que o acompanham lhe expõem ao Estado. Sabe-se dependente do Estado e lhe transfere a necessidade de segurança e garantia de sua existência, que já não encontra satisfeita em sua frágil esfera individual" (SILVA SÁNCHEZ, Jesús-Maria. *A expansão do direito penal*: aspectos da política criminal nas sociedades pós-industriais. Trad. Luiz Otavio de Oliveira Rocha. 2. ed. São Paulo: RT, 2011. p. 64).

340 SILVA SÁNCHEZ, Jesús-Maria. *A expansão do direito penal*: aspectos da política criminal nas sociedades pós-industriais. Trad. Luiz Otavio de Oliveira Rocha. 2. ed. São Paulo: RT, 2011. p. 65: "Vale dizer que se começa a constatar a operatividade do Direito Penal contra os *powerful*, e não somente contra os *powerless*. Ao passo que os representantes dos *powerless* vão alcançando crescentes parcelas de influência, política ou ao menos social (movimento associativo, *mass media* etc.)."

E uma ideia da lei penal como a "Carta Magna da vítima" não pode deixar de interferir no modo de se trabalhar o princípio da legalidade.

Com efeito, os sintomas mais agudos dessa compreensão podem ser sentidos na forma como a doutrina e a jurisprudência têm contornado as proibições dos costumes (*lex scripta*) e da analogia (*lex stricta*) na interpretação da lei penal.[341]

Para Silva Sánchez:

> [...] não causa surpresa constatar interpretações restritivas de base teleológica, quando não autênticas hipóteses de redução teleológica, no campo das eximentes e atenuantes, ao tempo que a própria flexibilidade dos tipos propicia contínua extensão de seu alcance.[342]

A política criminal intervencionista e expansiva é aclamada por muitos setores sociais como forma de reação contra a criminalidade dos poderosos, representada pela criminalidade organizada (narcotráfico, terrorismo, pornografia infantil), pela criminalidade das empresas (delitos fiscais, contra o meio ambiente, contra as relações de consumo – saúde e interesses econômicos), pela corrupção político-administrativa ou abuso de poder e, inclusive, pela violência doméstica e pelo assédio sexual.[343]

Ocorre que, a par da maior operatividade do Direito Penal contra os poderosos (*powerful*), a seletividade do sistema penal ainda reina absoluta, afetando, em sua esmagadora maioria, os delinquentes mais débeis, recrutados entre as camadas mais pobres da sociedade (*powerless*).

Daí a advertência de Silva Sánchez:

---

341 Mais uma vez, pode ser aqui citada a recalcitrante interpretação acerca dos conceitos de "arma", "violência" e "momento consumativo" nos crimes patrimoniais realizada pela jurisprudência nacional, bem como as fórmulas matemáticas empregadas para justificar a condenação com base no reconhecimento informal realizado pela vítima, nas suas declarações e nos depoimentos de policiais responsáveis pela ocorrência.

342 SILVA SÁNCHEZ, Jesús-Maria. *A expansão do direito penal*: aspectos da política criminal nas sociedades pós-industriais. Trad. Luiz Otavio de Oliveira Rocha. 2. ed. São Paulo: RT, 2011. p. 67-68.

343 SILVA SÁNCHEZ, Jesús-Maria. *A expansão do direito penal*: aspectos da política criminal nas sociedades pós-industriais. Trad. Luiz Otavio de Oliveira Rocha. 2. ed. São Paulo: RT, 2011. p. 68.

> [...] a aposta, que parece decidida, por uma expansão do Direito Penal, que conglobe a relativização dos princípios de garantia e regras de imputação no âmbito da criminalidade dos poderosos, sendo criticável em si mesma, pode incorrer ademais no erro adicional de repercutir sobre a criminalidade em geral, incluída a dos *powerless*, algo que aparentemente se ignora na hora de propor as reformas antigarantistas.[344]

O "descrédito de outras instâncias de proteção" – sétima causa – também contribui decisivamente para a expansão do Direito Penal.

Muitas condutas desviadas poderiam ser resolvidas através de mecanismos não jurídicos, como as normas da moral social, ou mesmo por meio de normas jurídicas não penais, como o Direito Civil e o Administrativo.

As normas da moral social, como resultado das representações que os integrantes de uma comunidade têm em comum, exprimem o conhecimento coletivo e confrontam o atuar do indivíduo com seus critérios.

Ocorre que, conforme percebido por Silva Sánchez, "as sociedades modernas, nas quais durante décadas se foram demolindo os critérios tradicionais de avaliação do bom e do mau, não parecem funcionar como instâncias autônomas de moralização, de criação de uma ética social que redunde na proteção de bens jurídicos".[345]

Sem a reprovação social, a moral deixa de exercer seu poder sobre o indivíduo e, em consequência, acaba favorecendo a escalada da delinquência.

O Direito Civil, por sua vez, não consegue mais expressar a reprovação do ilícito, especialmente com o advento do instituto do seguro, pois, se o dano está previamente segurado, o agente não tem por que manter os níveis de diligência.[346]

---

344 SILVA SÁNCHEZ, Jesús-Maria. *A expansão do direito penal*: aspectos da política criminal nas sociedades pós-industriais. Trad. Luiz Otavio de Oliveira Rocha. 2. ed. São Paulo: RT, 2011. p. 70-71.

345 SILVA SÁNCHEZ, Jesús-Maria. *A expansão do direito penal*: aspectos da política criminal nas sociedades pós-industriais. Trad. Luiz Otavio de Oliveira Rocha. 2. ed. São Paulo: RT, 2011. p. 70-75.

346 SILVA SÁNCHEZ, Jesús-Maria. *A expansão do direito penal*: aspectos da política criminal nas sociedades pós-industriais. Trad. Luiz Otavio de Oliveira Rocha. 2. ed. São Paulo: RT, 2011.

Na expressão de Schünemann, "o direito civil, no fundo, não tem nenhuma função repressiva, senão uma função compensatória, a qual não impede a lesão do bem jurídico, mas a pressupõe".[347]

No campo do Direito Administrativo, o princípio da oportunidade, a burocratização e a corrupção têm debilitado os aparelhos de proteção da Administração Pública, o que, por si só, demonstra sua incapacidade para substituir o Direito Penal na proteção dos bens jurídicos mais importantes.[348]

Como fator adicional da expansão – o oitavo –, Silva Sánchez descortina o surpreendente apoio dos "gestores atípicos da moral", expressão utilizada para designar a mudança de posição de boa parte da criminologia de esquerda que desaguou no surgimento de alguns novos defensores da moral coletiva e do recurso ao Direito Penal.[349]

Se, antes, o movimento da "Lei e Ordem" era apoiado pela direita conservadora, hoje encontra adeptos mais fervorosos entre as associações ecologistas, feministas, de consumidores, de moradores, pacifistas, antidiscriminatórias ou, em geral, as organizações não governamentais (ONGs) defensoras dos direitos humanos.

Todas elas "encabeçam a tendência de uma progressiva ampliação do Direito Penal no sentido de uma crescente proteção de seus respectivos interesses".[350]

---

p. 78: "o modelo do seguro tem como consequência um decréscimo da eficácia preventiva que o direito de responsabilidade civil por danos poderia ter em relação a condutas individuais danosas".

347 SCHÜNEMANN, Bernd. *El derecho penal es la ultima ratio para la protección de bienes jurídicos!* Sobre los límites inviolables del derecho penal en un Estado liberal de derecho. Trad. por Ángela de la Torre Benítez. Bogotá: Universidad Externado de Colombia, 2007. p. 54.

348 SILVA SÁNCHEZ, Jesús-Maria. *A expansão do direito penal*: aspectos da política criminal nas sociedades pós-industriais. Trad. Luiz Otavio de Oliveira Rocha. 2. ed. São Paulo: RT, 2011. p. 70-79: "Desconfia-se das Administrações Públicas nas quais se verifica uma tendência a buscar, mais do que meios de proteção, cúmplices de delitos socioeconômicos de várias espécies".

349 SILVA SÁNCHEZ, Jesús-Maria. *A expansão do direito penal*: aspectos da política criminal nas sociedades pós-industriais. Trad. Luiz Otavio de Oliveira Rocha. 2. ed. São Paulo: RT, 2011. p. 80-81.

350 SILVA SÁNCHEZ, Jesús-Maria. *A expansão do direito penal*: aspectos da política criminal nas sociedades pós-industriais. Trad. Luiz Otavio de Oliveira Rocha. 2. ed. São Paulo: RT, 2011. p. 82.

Diante dessa cegueira histórica irrompe a política criminal da social-democracia europeia (nona causa), baseada no discurso da segurança por meio do Direito Penal a fim de favorecer os mais débeis: "enquanto os ricos habitam em bairros tranquilos com segurança privada, a delinquência das ruas ameaça principalmente as pessoas mais humildes que vivem nos bairros mais perigosos".[351]

Como décima e última causa da expansão do Direito Penal, Silva Sánchez aponta um fator colateral: o "gerencialismo".

Após enfatizar que a ingênua busca por segurança no seio de uma coletividade que se autocompreende como vítima conduz a certa resistência ao formalismo e às garantias do direito e do processo penal, vistos como "sutilezas que se opõem à uma solução real dos problemas", o autor critica os modelos de justiça negociada, "nas quais a verdade e a justiça ocupam, quando muito, um segundo plano".[352]

Com efeito, além de se confrontar com os princípios norteadores de um Estado de Direito, o abandono das formalidades do Direito Penal provoca inegável retração da eficácia preventiva da pena, que resultará em uma compensação extraída a partir do aumento do rigor punitivo.

Desse modo, segundo a visão do autor, somente através de uma reação impecável "será possível ir reduzindo progressivamente o conteúdo da reação em si; isso até o dia, em um futuro distante, em que a pura forma, a mera declaração simbólica da comissão de um ato delitivo, surta o efeito preventivo perseguido".[353]

1.3.2 A relativização do princípio da legalidade no Direito Penal brasileiro

Diante dessa evidente transformação do sistema penal tradicional, o problema da legalidade passou a ocupar um lugar central, "já que é im-

[351] SILVA SÁNCHEZ, Jesús-Maria. *A expansão do direito penal*: aspectos da política criminal nas sociedades pós-industriais. Trad. Luiz Otavio de Oliveira Rocha. 2. ed. São Paulo: RT, 2011. p. 85.

[352] SILVA SÁNCHEZ, Jesús-Maria. *A expansão do direito penal*: aspectos da política criminal nas sociedades pós-industriais. Trad. Luiz Otavio de Oliveira Rocha. 2. ed. São Paulo: RT, 2011. p. 90.

[353] SILVA SÁNCHEZ, Jesús-Maria. *A expansão do direito penal*: aspectos da política criminal nas sociedades pós-industriais. Trad. Luiz Otavio de Oliveira Rocha. 2. ed. São Paulo: RT, 2011. p. 95.

possível falar de mudança sem levar em conta o princípio fundamental que regula o exercício da atividade punitiva do poder político".[354]

Basta simples cotejo da recente legislação penal do ordenamento jurídico brasileiro para se perceber o incremento dos tipos penais vinculados à proteção de bens jurídicos universais como, por exemplo, o sistema financeiro (Lei n.º 7.492/1986), a tributação (Lei n.º 8.137/1990), o meio ambiente (Lei n.º 9.605/1998), a lavagem de dinheiro (Lei n.º 9.613/1998), as drogas (Lei n.º 11.343/2006) e o interesse público (Lei n.º 12.550/2011).

Note-se, igualmente, que, não raras vezes, os respectivos tipos penais são formulados com deformações que se chocam frontalmente com as garantias do princípio da legalidade.

Nos crimes contra o sistema financeiro (Lei n.º 7.492/1986), sobressaem a vagueza e a imprecisão de expressões como "gerir fraudulentamente" (art. 4º, *caput*) e "gestão temerária" (art. 4º, parágrafo único), ofensivas à taxatividade.

O mesmo procedimento se repete na execução penal (Lei n.º 7210/1984). A Lei n.º 10.792/2003 estabeleceu o "regime disciplinar diferenciado" para o sentenciado que praticar fato previsto como crime doloso que ocasione "subversão da ordem ou disciplina internas" (art. 52, LEP), apresentar "alto risco para a ordem ou a segurança do estabelecimento" (art. 52, § 1º, LEP) ou sobre o qual "recair fundadas suspeitas de envolvimento de envolvimento ou participação, a qualquer título, em organizações criminosas" (art. 52, § 2º, LEP).[355]

Em relação aos crimes contra a ordem tributária, a exigência do trânsito em julgado na instância administrativa acerca da redução ou supres-

---

[354] YACOBUCCI, Guillermo Jorge. El dilema de la legalidad en el derecho penal de los derechos humanos. In.: MELLIÁ, Cancio; DÍEZ, Gómez-Jara (Coord.). *Derecho penal del enemigo*: el discurso penal de la exclusión. Montevideo - Buenos Aires: Editorial B de f, 2006, v 2. p. 1073.

[355] A respeito do regime disciplinar diferenciado, Paulo César Busato o considera produto de um direito penal do inimigo e adverte sobre o perigo representado por uma política criminal equivocada, defendida no Brasil como uma aposta de futuro (BUSATO, Paulo César. Régimen disciplinario diferenciado como producto de um derecho penal del enemigo. In.: ALFARO, Luis Reyna; TERÁN, Sergio Cuaresma (Coord.). Derecho penal y estado de derecho: reflexiones sobre la tensión entre riesgos y seguridad. Montevideo-Buenos Aires: Editorial B de F, 2008. p. 1-16.

são do tributo (art. 1º da Lei n.º 8.137/1990) criou a "estranha figura do fato com tipicidade pendente de determinada condição".[356]

Por fim, a crescente preferência pelos crimes de perigo abstrato, como os tipos penais da Lei dos Crimes Ambientais (Lei n.º 9.605/1998), da Lei Antidrogas (Lei n.º 11.743/2006), do Estatuto do Desarmamento (Lei n.º 10.926/2003) e do Código de Trânsito (Lei n.º 9.503/1997), cujo delito de embriaguez ao volante (art. 306) transmudou-se de perigo concreto para perigo abstrato (Lei n.º 11.705/2008), sacrifica as bases do Direito Penal liberal em nome da simplificação da imputabilidade, sem que se realize a prometida melhora na prevenção.

A crítica de Daniela Ferreira Marques é contundente:

> Na realidade, a tese do perigo abstrato é insustentável, porque importa em presunção absoluta de resultado. Diga-se mais: a tese do perigo abstrato é insustentável, ainda que a conduta típica contenha o perigo como elemento integrante de sua descrição, porque há violação ao princípio da causalidade e a violação à própria culpabilidade. Por último, a tese do perigo abstrato é insustentável, porque condutas de mera desobediência ou de mera infração são levadas a tipos-de-ilícito.[357]

Essa opção pelos crimes de perigo abstrato demonstra que, para os novos desenvolvimentos da política criminal, o ilícito penal deixou de representar uma causação de dano e se transformou em simples atividade que o legislador incrimina.[358]

Vale destacar os dizeres de Hassemer:

> O combate, ou melhor, o tratamento do crime parece muito pequeno como tarefa do Direito Penal. Agora, trata-se de guarnecer as

[356] PIRES, Adriane Pinto Rodrigues da Fonseca. O princípio constitucional da legalidade da intervenção penal e tipicidade penal: algumas questões acerca do direito penal secundário. In.: *Revista de Estudos Criminais*, Porto Alegre, v. 10, n. 41, abr./jun. 2011, p. 122.

[357] MARQUES, Daniela de Freitas. *Sistema jurídico-penal do perigo proibido e do risco permitido*. Porto Alegre: Sergio Antonio Fabris Editora, 2008, p. 69.

[358] HASSEMER, Winfried. Direito penal: fundamentos, estrutura, política. Trad. por Adriana Beckman Meirelles et al. Porto Alegre: SAFE, 2008. p. 228. Para maior aprofundamento dos crimes de perigo abstrato na legislação brasileira, BOTTINI, Pierpaolo Cruz. Crimes de perigo abstrato, 2 ed., São Paulo: RT, 2010.

> políticas de subsídios, do ambiente, da saúde e das relações internacionais. De repressão pontual a ofensas concretas a bens jurídicos, converte-se em prevenção abrangente de situações problemáticas.[359]

A relativização do princípio da legalidade sob o pretexto – nunca demonstrado – de uma política criminal mais eficiente no combate à criminalidade secundária afronta o contexto constitucional, conforme amplamente demonstrado por Gustavo Silva em sua dissertação de mestrado:

> Enfim, a relativização de princípios e garantias fundamentais, notadamente do princípio da legalidade, encontra óbice dogmático instransponível no contexto constitucional. A função de garantia do princípio da legalidade é essencial à criação do ambiente de segurança jurídica, premissa fundamental inerente ao Estado Democrático de Direito. Além disso, mitigar o princípio da legalidade não consiste em medida de política criminal eficiente. Tal relativização, ao permitir a arbitrariedade estatal, favorece à insegurança jurídica e contribui para o desenvolvimento de um ambiente propício à criminalidade.[360]

Desse modo, o direito penal secundário se obriga também a manter absoluta fidelidade aos princípios e garantias individuais, sem nenhuma concessão ou relativização, preferindo-se a mediação de outros ramos do direito caso tais exigências tornem inviável sua utilização.

1.4 Concepções sobre o limite e o alcance do princípio da legalidade

1.4.1 Nota introdutória: o surgimento de bases teóricas diversas para a proteção dos bens jurídicos supraindividuais

As referências à crise, expansão e relativização das garantias constituem um dos tópicos mais importantes no debate dogmático dos tempos atuais.

---

359 HASSEMER, Winfried. *Direito penal:* fundamentos, estrutura, política. Trad. por Adriana Beckman Meirelles et al. Porto Alegre: SAFE, 2008. p. 227.

360 SOUZA E SILVA, Gustavo Henrique. *O princípio da legalidade e o direito penal econômico*: análise sob a perspectiva do estado democrático do direito. Dissertação de mestrado apresentada à Faculdade de Direito da UFMG, Belo Horizonte, 2011, p. 164.

As páginas anteriores trataram de realçar que o princípio da legalidade, apesar de se desenvolver há mais de dois séculos, ainda não se impôs plenamente no ordenamento jurídico-penal e agora corre o risco de se deteriorar diante da relativização de seus preceitos, tanto na órbita do Poder Legislativo, por ocasião da elaboração de novos tipos penais, como no âmbito do Poder Judiciário, em sua função interpretativa.

A complexidade atual das relações sociais, políticas, econômicas e jurídicas evidenciam que não se pode responder de modo totalmente preciso à pergunta acerca de como o princípio da legalidade poderá atender aos objetivos de segurança e objetividade no Direito Penal contemporâneo.

Por outro lado, a ampliação do campo de interesse do Direito Penal e as exigências sociais têm determinado uma notória transformação da técnica legislativa, "proporcional à distância que existe entre o *jus puniendi* aplicado à tutela dos direitos subjetivos e o poder punitivo do Estado dirigido à proteção, realização ou reafirmação dos objetivos comunitários, bens macrossociais, programas de desenvolvimento, interesses difusos etc".[361]

Tal desafio fez surgir bases teóricas diversas para seu enfrentamento, sendo inerente a todas elas a construção de um sistema de legalidade diferenciado.

A propósito, vale delinear as duas principais correntes que procuram responder a essa indagação.

1.4.2 Direito Penal de duas velocidades

Após diagnosticar com bastante lucidez as causas que determinaram a expansão do Direito Penal, Silva Sánchez se mostra cético quanto a um retorno ao "velho e bom Direito Penal liberal", reduzido e limitado à proteção da vida, da saúde, da liberdade e do patrimônio.

---

361 YACOBUCCI, Guillermo Jorge. El dilema de la legalidad en el derecho penal de los derechos humanos. In.: MELLIÁ, Cancio; DÍEZ, Gómez-Jara (Coord.). *Derecho penal del enemigo*: el discurso penal de la exclusión. Montevideo - Buenos Aires: Editorial B de f, 2006, v 2. p. 1079.

Nesse cenário, que reputa ideal do ponto de vista academicista, todas essas normas penais voltadas para a tutela dos bens jurídicos universais deveriam ser "devolvidas" ao Direito Administrativo sancionador.

Todavia, a configuração e as aspirações das sociedades atuais mostram o oposto, ou seja, cada vez mais o Direito Penal atrai sanções importadas do Direito Administrativo, "com regras de imputação de rigidez decrescentes e no campo de princípios político-criminais flexibilizados".[362]

Assim resignado com a impossibilidade de se frear a "expansão" através do fortalecimento de outras instâncias de proteção, Silva Sánchez propõe uma configuração dualista do sistema do Direito Penal, com regras de imputação e princípios de garantia de dois níveis, correspondentes às duas velocidades do Direito Penal: uma primeira velocidade, destinada aos delitos punidos com pena privativa de liberdade, nos quais devem prevalecer os princípios político-criminais clássicos, as regras de imputação e as garantais processuais; e uma segunda velocidade, para os delitos punidos com penas restritivas de direitos ou pecuniárias, quando aqueles princípios e regras poderiam ser flexibilizados proporcionalmente à menor intensidade da sanção.[363]

1.4.3 Direito Administrativo sancionador

Outra linha defende que a maior parte do fenômeno expansivo do Direito Penal deve ser reconduzida ao Direito Administrativo sancionador.

Considerando que a função preventiva geral só é alcançada quando as sanções cominadas são efetivamente aplicadas, a tipificação de condutas voltadas tão somente para atender a uma normatização simbólica dos novos interesses deveria ser evitada.

Também a introdução de medidas alternativas à prisão e a ampliação das penas substitutivas no Direito Penal permitem concluir pela sufici-

362 SILVA SÁNCHEZ, Jesús-Maria. *A expansão do direito penal*: aspectos da política criminal nas sociedades pós-industriais. Trad. por Luiz Otavio de Oliveira Rocha. 2. ed. São Paulo: RT, 2011. p. 178.

363 SILVA SÁNCHEZ, Jesús-Maria. *A expansão do direito penal*: aspectos da política criminal nas sociedades pós-industriais. Trad. por Luiz Otavio de Oliveira Rocha. 2. ed. São Paulo: RT, 2011. p. 193.

ência da sanção administrativa para inibir a prática de crimes menores e contravenções, inclusive pela possibilidade de sua imediata aplicação.[364] Ainda mais quando esses crimes e contravenções são punidos exclusivamente com pena pecuniária de duvidoso efeito ressocializante.

Com isso, a sanção administrativa poderia se firmar como instrumento alternativo da clássica sanção penal, com um sistema próprio e capacidade de expandir-se sobre condutas controladas pelo Direito Penal.

Demonstrando pessimismo quanto a uma necessária retração do direito penal no atual momento histórico, no qual a pena de prisão encontra-se banalizada pela frequência com que é utilizada, Luís Augusto Sanzo Brodt se posiciona firmemente em favor de uma reforma que, no lastro de legislações europeias, "crie uma categoria intermediária entre o delito e o mero ilícito administrativo, a que em Portugal se chama contraordenações, ficando reservada a intervenção penal às violações mais graves dos bens jurídicos mais importantes, capazes de justificar a medida extrema da privação da liberdade".[365]

Nesse mesmo sentido, conforme percebido por Ramacci:

> [...] ao invés de uma decisiva despenalização dos fatos não merecedores de estigmatização penal, assiste-se a um constante incremento de previsões de novos tipos penais e, sobretudo, de normas penais que reforçam normas não penais, enquanto tais privadas de um específico preceito de relevância penal porque se reduzem a sancionar a inobservância das leis vigentes a uma determinada matéria.[366]

O legislador distancia-se, assim, do princípio da proporcionalidade, que obriga a ponderar a gravidade da conduta, o bem jurídico protegido e a consequência jurídica, perquirindo-se até que ponto a intervenção do Direito Penal é conveniente para obtenção da tutela do bem jurídico; se

---

364 BUONINCONTI, Ave Gioia. *Profili di diritto penale amministrativo*. Europolis: Roma. 2005. p.10.

365 BRODT, Luís Augusto Sanzo. *O peso das penas*. Disponível em < http://www.direitopenalvirtual.com.br/artigos/o-peso-das-penas>. Acesso em: 20.6.2011.

366 RAMACCI, Fabrizio. Os modelos de justiça penal: entre mito e história, uma crise de transformação? Trad. por Sheila Jorge Selim de Sales. In.: MARCHI JÚNIOR, Antonio de Padova; MARTINS PINTO, Felipe (Coord.). *Execução penal*: constatações, críticas, alternativas e utopias. Curitiba: Juruá, 2008. p. 41.

a matéria é própria do Direito Penal e se compensa a utilização do poder punitivo do Estado.[367]

Após perceber que a crítica à práxis penal a partir de suas consequências, a ênfase em fins da pena passíveis de verificação posterior e a vinculação do legislador penal ao dever de se concentrar em bens jurídicos palpáveis obtiveram relativo êxito na busca pela humanização e pelo controle aprimorado da tutela penal, Hassemer considera que tais instâncias esgotaram suas potencialidades, uma vez que a modernização ameaça inverter seu curso, sendo chegada a hora de "compatibilizar as tendências modernas do Direito Penal com suas tradições".[368]

Desse modo, o autor se posiciona igualmente contrário à orientação expansiva do Direito Penal, de sua operacionalização como instrumento de política de segurança pública e do desmantelamento de seus limites clássicos, erigindo um "moderno Direito interventivo" como local apropriado para o enfrentamento dos problemas da sociedade atual.[369]

Em suas próprias palavras:

> Poder-se-ia também sugerir que aqueles problemas das sociedades modernas que levaram à modernização do Direito penal fossem disciplinados por um específico "Direito de intervenção", situado entre o Direito penal e o Direito das contravenções, entre o Direito Civil e o Direito administrativo. Decerto, ele poderia contar com garantias e formalidades processuais menos exigentes, mas também seria provido com sanções menos intensas contra o indivíduo. Tal Direito "moderno" seria normativamente menos censurável e, ao mesmo tempo, faticamente melhor equipado para lidar com os problemas específicos da sociedade moderna.[370]

---

[367] Nesse sentido, MATEU, Juan Carlos Carbonell. Reflexiones sobre el abuso del derecho penal y la banalización de la legalidad. In.: MARTÍN, Adán Nieto (Coord.). *Homenaje al Dr. Marino Barbero Santos.* Cuenca: Ediciones de la Universidad de Castilla-La Mancha/Ediciones Universidad Salamanca, 2001, v. I. p. 132.

[368] HASSEMER, Winfried. *Direito penal:* fundamentos, estrutura, política. Trad. por Adriana Beckman Meirelles et al. Porto Alegre: SAFE, 2008. p. 245.

[369] HASSEMER, Winfried. *Direito penal:* fundamentos, estrutura, política. Trad. por Adriana Beckman Meirelles et al. Porto Alegre: SAFE, 2008. p. 244.

[370] HASSEMER, Winfried. *Direito penal:* fundamentos, estrutura, política. Trad. por Adriana Beckman Meirelles et al. Porto Alegre: SAFE, 2008. p. 262.

Fabrizio Ramacci também reforça esse ponto de vista ao enfatizar categoricamente que, para se continuar falando em direito penal em sentido estrito e próprio, "é necessário reduzir o direito penal vigente ao direito *natural* penal e canalizar os preceitos residuais no âmbito de um direito punitivo de caráter administrativo".[371]

1.4.4 O ponto em comum: o absoluto respeito às garantias em relação ao Direito Penal tradicional

Independentemente da opção político-criminal adotada para o enfrentamento da criminalidade contemporânea, se no seio do próprio Direito Penal – nos mesmos moldes da criminalidade clássica ou com alguma flexibilidade em relação a determinadas garantias – ou no campo do Direito Administrativo sancionador, o esfacelamento do princípio deve ser estancado de imediato.

O ponto em comum que une as vertentes acima destacadas é a necessidade de se manter o rigor das regras de imputação e dos princípios de garantia – em especial a legalidade – em relação ao denominado "Direito Penal tradicional", que reúne os delitos que, em regra, são praticados pelos indivíduos mais expostos ao sistema penal.

Nesse sentido, Enrique Bacigalupo afirma que as questões afetas às proibições da analogia e da retroatividade gravosa pressupõem a aplicação da lei a um caso concreto, pelo que devem ser solucionadas pelos próprios tribunais, os quais devem exercer um "estrito autocontrole que impeça um excesso interpretativo das leis penais".[372]

Também parece evidente que o princípio deve necessariamente se impor perante a denominada criminalidade clássica e, assim fortalecido,

---

371 RAMACCI, Fabrizio. *Os modelos de justiça penal*: entre mito e história, uma crise de transformação? Trad. por Sheila Jorge Selim de Sales. *In*: Execução penal: constatações, críticas, alternativas e utopias. Coord.: Antonio de Padova Marchi Júnior e Felipe Martins Pinto, Curitiba: Juruá, 2008, p. 41.

372 BACIGALUPO, Enrique. *Las bases institucionales de la política criminal española en los últimos anos*: el principio da legalidad como tarea inconclusa. In: BAIGÚN, David et al. De las penas: homenaje al profesor Isidoro de Benedetti. Buenos Aires: Depalma, 1997, p. 24.

estender idênticas exigências à criminalidade própria da "sociedade do risco", caso se entenda mesmo conveniente seu controle por parte do direito penal.

A concepção meramente formalista do princípio da legalidade considera criminoso um fato quando, no momento de sua realização, estiver descrito em uma norma penal que contenha previamente a respectiva pena cominada.

Todavia, para se converter em garantia do indivíduo, não depende somente dessa estruturação formal, calcada na construção de tipos penais claros e precisos, pois, conforme a advertência de Nereu Giacomolli, "o Estado também pode atuar legalmente implementando uma política criminal do terror e vingativa com suporte em disposições legais".[373]

Por isso, o alcance de seu conceito é mais amplo, excedendo a esfera estritamente formal do *nullum crimen nulla poena sine lege* para se vincular materialmente às garantias que interferem na descrição típica (garantia criminal), na delimitação da sanção (garantia penal), no cumprimento da pena (garantia de execução) e no devido processo (garantia jurisdicional).[374]

A efetividade do princípio da legalidade, portanto, deve ser perseguida através de cada julgamento, de cada sentença, de cada acórdão.

2 PRINCÍPIO DA LEGALIDADE E A INDISPENSÁVEL INTERPRETAÇÃO DA LEI PENAL

Para cumprir sua função de prevenção geral, a lei penal deve ser elaborada da maneira mais clara e direta possível, de tal modo que possa ser compreendida por todos os componentes da sociedade em que vige.

Esse objetivo, todavia, jamais será alcançado em sua inteireza, o que o torna uma utopia positiva, restando ao legislador o ideal de sempre

---

373 GIACOMOLLI, Nereu José. *Função garantista do princípio da legalidade*. *In*: Revista Ibero-Americana de Ciências Penais, Ano 1, Porto Alegre, maio/agosto de 2000, p. 46.

374 GIACOMOLLI, Nereu José. *Função garantista do princípio da legalidade*. *In*: Revista Ibero-Americana de Ciências Penais, Ano 1, Porto Alegre, maio/agosto de 2000, p. 47.

caminhar nessa direção a fim de se aproximar cada vez mais do modelo preconizado pelo Estado Democrático de Direito.

A perspectiva que se centra no uso da linguagem comum para deixar o texto legislativo acessível a um maior número de pessoas não escapa da ambiguidade e incertezas próprias do léxico corrente, posto que os termos empregados nem sempre refletem os mesmos aspectos dos dados reais simbolizados, tornando inevitável certo desencontro entre linguagem e realidade.[375]

Além do mais, ao contrário do que possa parecer, o ato de interpretar a lei penal não se esgota na identificação do significado linguístico da disposição, competindo ao juiz considerar o objetivo de tutela perseguido pelo legislador.[376]

Segundo Jair Leonardo Lopes, mesmo que a lei fosse redigida de modo a traduzir com absoluta fidelidade a vontade nela contida, ainda assim não se poderia dispensar a interpretação.[377]

Esta opinião é compartilhada por Aníbal Bruno, que considera a lei como expressão verbal do pensamento e, portanto, necessitada de interpretação. Para ele, o velho adágio *in claris non fit interpretatio* significa que, sendo a lei clara, não cabe procurar-lhe um sentido diferente daquele que resulta evidentemente do texto: "apenas se a lei é clara, a interpretação é instantânea. Conhecido o texto, apreende-se imediatamente o seu conteúdo".[378]

A própria pretensão iluminista de retirar do juiz a tarefa de interpretar a lei no instante de aplicá-la mostrou-se desde logo falaciosa.

Isto porque, apesar do louvável interesse em atacar a manifesta arbitrariedade judicial que aquele momento histórico registrava, a razão humana, ao contrário do que se supunha, não seria capaz de elaborar um texto normativo tão perfeito a ponto de dispensar qualquer interpretação.

---

375 FIANDACA, Giovanni e MUSCO, Enzo. *Diritto penale: parte generale*. 6 ed. Bologna: Zanichelli Editore, 2009, p. 115.

376 FIANDACA, Giovanni e MUSCO, Enzo. *Diritto penale: parte generale*. 6 ed. Bologna: Zanichelli Editore, 2009, p. 115.

377 LOPES, Jair Leonardo. *Curso de direito penal*. 3. ed., São Paulo: RT, 1999, p. 48.

378 BRUNO, Aníbal. *Direito penal*: parte geral, tomo I, 5 ed. Rio de Janeiro: Forense, 2005, p. 127.

Ao rememorar o natural distanciamento entre a linguagem legal e a linguagem popular, Juarez Tavares acrescenta que por mais ampla, clara e precisa que seja a norma jurídica, sempre existirão conceitos necessitados de valoração.[379]

Assim, prevalecem hoje entendimentos como o de Mariângela Gomes, que considera implícita a tarefa de interpretar na definição do significado de intenções, fatos e indícios. Por isso, mesmo se acompanhar precisamente os precedentes já pacificados na jurisprudência como a leitura correta da lei, o juiz estará, de certa forma, reinterpretando o direito, pois "quando repete as mesmas palavras já ditas anteriormente, elas assumem significado diferente na sua boca, uma vez que as formas de falar nunca são idênticas umas às outras".[380]

A indisponibilidade de interpretação judicial da norma apresenta-se, portanto, como uma realidade, uma vez que "toda norma precisa ser aplicada e toda aplicação, por mais clara que seja a norma, requer uma interpretação".[381]

Nesse sentido, a interpretação se converte na operação mais importante de concretização do direito: é o vínculo que une norma e realidade, tornando possível e atualizável a proibição legal ou a determinação de conduta, caracterizando-se, no fundo, como uma "recriação do próprio direito".[382]

2.1 LIMITES PARA UMA INTERPRETAÇÃO VÁLIDA

Para não se tornar arbitrária, a interpretação judicial encontra seu limite na analogia, cuja prática é vedada pelo princípio da legalidade (item 2.4, supra).

Sendo assim, o ideal de segurança jurídica que deve nortear as decisões judiciais não prescinde de uma correta identificação do objeto

---

379 TAVARES, Juarez. *Interpretación, principio de legalidad y jurisprudência. In*: Anuario de derecho penal y ciencias penales. Madrid, v. 40, n. 3, set./dez. 1987, p. 757.

380 GOMES, Mariângela Gama de Magalhães. *Direito penal e interpretação jurisprudencial:* do princípio da legalidade às súmulas vinculantes. São Paulo: Atlas, 2008, p. 30-31.

381 GOMES, Mariângela Gama de Magalhães. *Direito penal e interpretação jurisprudencial:* do princípio da legalidade às súmulas vinculantes. São Paulo: Atlas, 2008, p. 31.

382 TAVARES, Juarez. *Interpretación, principio de legalidad y jurisprudência. In*: Anuario de derecho penal y ciencias penales. Madrid, v. 40, n. 3, set./dez. 1987, p. 754.

jurídico da norma e das variáveis que o fato concreto encerra, além de outros critérios indicados pela dogmática penal para tornar o ato decisório mais seguro, previsível e controlável.

Tais diretivas, porém, não garantem a conformidade da decisão com o princípio da legalidade, mas, ao menos, fornecem um cenário extraordinário de informações a respeito do verdadeiro conteúdo do imperativo legal, ou seja, "um conjunto ordenado cuidadosa e claramente pelos juristas em comentários e repertórios de decisões sempre prontos para servirem de auxílio à decisão".[383]

Desse modo, a jurisprudência logrou êxito na definição do alcance de alguns tipos penais, estabilizando conceitos como os de dolo e culpa, integridade física, local habitado etc.

Todavia, mesmo os conceitos já estabilizados podem sofrer mutações determinadas por novas circunstâncias sociais ou por necessidades próprias do "caráter vivo da linguagem e do Direito".[384]

Nesse momento é que se percebe a importância da proibição da analogia a fim de evitar que o acusado seja surpreendido pela interpretação judicial.

Ela não pretende determinar o resultado da interpretação, sempre sujeita às interferências das concepções pessoais do julgador, sua visão política, preconceitos e impulsividades, mas apenas assegurar que a decisão não se distancie demasiadamente do alcance literal da lei.

Deve-se admitir, com Hassemer, que a proibição da analogia "não é um limite seguro à interpretação nem uma garantia confiável para situações jurídicas; ela é simplesmente um argumento", que deve bastar para a contenção do Direito Penal simplesmente porque não se pode obter mais do que isso.[385] E complementa:

> A força da proibição da analogia é sua força como argumento. Ela luta por uma interpretação da lei penal que se mantenha, tanto quanto possível, estritamente na literalidade predeterminada pelo legis-

[383] HASSEMER, Winfried. *Direito penal: fundamentos, estrutura, política*. Trad. por Adriana Beckman Meirelles *et al.* Porto Alegre: SAFE, 2008, p. 58.

[384] HASSEMER, Winfried. *Direito penal: fundamentos, estrutura, política*. Trad. por Adriana Beckman Meirelles *et al.* Porto Alegre: SAFE, 2008, p. 59.

[385] HASSEMER, Winfried. *Direito penal: fundamentos, estrutura, política*. Trad. por Adriana Beckman Meirelles *et al.* Porto Alegre: SAFE, 2008, p. 66.

lador, que examine argumentativamente o significado coloquial e jurídico das palavras, que não procure romper um limite imposto pela literalidade com remissão a outra espécie de "sentido da lei" e, sempre que a proibição da analogia possa ser ofendida, argumente abertamente acerca dessa ofensa.[386]

Resulta daí a necessidade de se construir um mecanismo que possibilite maior controle da jurisdição e o acompanhamento crítico de suas decisões pela opinião pública.

Afinal, a desejável segurança jurídica não dispensa o estabelecimento de mecanismos de controle que depurem as incertezas decorrentes da interpretação de determinados tipos penais de ilícito, sobretudo, daqueles construídos sob a modalidade de crimes de perigo abstrato, tão utilizados pelo Direito Penal da atualidade.

E a busca pela uniformização dos entendimentos jurisprudenciais a partir da valorização do precedente judicial, assevera Mariângela Gomes, "apresenta-se como uma importante via para assegurar ao cidadão os valores contidos na expressão *nullum crimen nulla poena sine lege*".[387]

2.2 O PRINCÍPIO DA LEGALIDADE NOS SISTEMAS DO *CIVIL LAW* E DO *COMMON LAW*

O padrão de clareza exigido pelo princípio da legalidade, em contraposição às limitações naturais da linguagem para representar o real significado da norma, estabeleceu um conflito que é enfrentado de maneira distinta pelos dois maiores sistemas do direito contemporâneo: o *civil law* e o *common law*.

O primeiro, de feição romano-germânica, segue a tradição do Direito escrito, onde as normas são fixadas previamente e ordenadas em

[386] HASSEMER, Winfried. *Direito penal: fundamentos, estrutura, política*. Trad. por Adriana Beckman Meirelles *et al.* Porto Alegre: SAFE, 2008, p. 67-68.

[387] GOMES, Mariângela Gama de Magalhães. *Notas sobre as súmulas vinculantes em matéria penal*. *In*: Revista Brasileira de Ciências Criminais. Ano 18, n. 84, São Paulo: RT, maio-jun./2010, p. 86. Em sentido diametralmente oposto, contrário à aplicação das súmulas vinculantes em matéria criminal, TEBET, Diogo. *Súmula vinculante em matéria criminal*. São Paulo: IBCCrim, 2010, p. 211.

codificações, o que realça a importância do significado da linguagem empregada no texto legal.

O segundo sistema, do *common law*, é caracterizado pela supremacia da atividade jurisprudencial no âmbito da evolução do direito, desenvolvendo uma função estratégica no processo de produção desse mesmo direito, além de participar em alto grau na construção científica do sistema penal.[388]

Nos subitens seguintes, procurar-se-á demonstrar a forma encontrada por cada sistema para preservar o princípio da legalidade e como a globalização, marcada pela necessidade de proteção de bens jurídicos supraindividuais, fez surgir vias de aproximação entre eles.

2.2.1 Do tipo penal como instrumento da legalidade (civil law)

No sistema continental de organização jurídica, a lei exerce uma função padronizadora das decisões, convertendo-se na principal referência para o julgamento do caso. Por isso, além da exigência de anterioridade, a lei escrita deve obedecer a um ritual próprio no qual os representantes eleitos do povo (deputados) e de cada estado da federação (senadores) devem trabalhar o texto e votá-lo com redobrada cautela antes de encaminhá-lo à sanção presidencial.

Hassemer destaca o trabalho legislativo cuidadoso que deve ser devotado às leis em razão de sua centralidade nos sistemas jurídicos baseados em codificações:

> Junto com a lei, a linguagem faz carreira. Justiça, Executivo, associações, instituições, particulares, todos que indagam o que vige aqui como Direito são remetidos à lei e, com isso, a um objeto que não é apenas linguagem, pois os precedentes também o são, mas é simultaneamente o resultado de esforços especiais em torno da precisão e segurança do significado linguístico: a lei é, de um lado, o ponto de cristalização da teoria jurídica e da metodologia; de outro, da dogmática; ela é flanqueada por regras sobre como proceder com as próprias leis e enriquecida com as paráfrases de seu conteúdo; ela se aloja no Direito judicial e nas explicações e nos esclarecimentos adi-

388 CADOPPI, Alberto. *Introduzione allo Studio del diritto penal e comparato*, 2 ed., Verona: CEDAM, 2004, p. 161-162.

cionais da dogmática cientificamente conduzida; ela é, em resumo, o centro de uma atividade gigantesca em torno de signos linguísticos.[389]

Desse modo, o tipo penal funciona, ao mesmo tempo, como objeto de valoração do intérprete e instrumento ou veículo de aplicação do princípio da legalidade, posto que sua existência é indispensável para a formação do juízo de tipicidade, primeiro elemento do conceito analítico de crime.

Nas palavras de Alberto Silva Franco, "princípio da legalidade e tipicidade estão intimamente conectados na medida exata em que a função técnica da legalidade se realiza, formal e materialmente, no processo tipificador".[390]

Também para Luiz Luisi, a doutrina do *tatbestand* representa o princípio da legalidade na dogmática penal porque lhe compete traduzir, em termos técnicos jurídicos, a exigência de certeza na configuração das figuras delituosas, limitando, desse modo, o arbítrio dos governantes e, principalmente, daqueles que julgam.[391]

Em igual percepção, Jorge de Figueiredo Dias ensina que o conteúdo de sentido do princípio da legalidade penal implica, necessariamente, num momento "inicial" de pura subsunção lógico-formal ao mesmo tempo em que estabelece o texto da lei incriminadora como um limite intransponível de toda a tarefa de aplicação ao caso concreto, pois só deste modo pode desempenhar a função político-criminal de garantia absoluta que lhe cabe no quadro do Estado de Direito.[392]

Enfatiza ainda o professor luso que, do ponto de vista substancial, "a função precípua do tipo de ilícito é dizer as condutas às quais se liga um sentido de desvalor jurídico-penal que as torna ilícitas e, por conseguinte, em princípio criminalmente puníveis".[393]

---

389 HASSEMER, Winfried. Direito penal: fundamentos, estrutura, política. Trad. por Adriana Beckman Meirelles et al. Porto Alegre: SAFE, 2008, p. 49.

390 FRANCO, Alberto Silva *et. al. Código penal e sua interpretação jurisprudencial.* São Paulo: RT, 6 ed., v. I, t. I, 1997, p. 62.

391 LUISI, Luiz. *O tipo penal, a teoria finalista e a nova legislação penal.* Porto Alegre: SAFE, 1987, p. 13.

392 DIAS, Jorge de Figueiredo. *Legalidade e tipo em direito penal. In* Escritos em homenagem a Alberto Silva Franco, São Paulo: RT, 2008, p. 216.

393 DIAS, Jorge de Figueiredo. *Legalidade e tipo em direito penal. In* Escritos em homenagem a Alberto Silva Franco, São Paulo: RT, 2008, p. 217.

O tipo penal, portanto, se vincula funcional e político-criminalmente ao princípio da legalidade e à sua teleologia no sistema.[394]

Ocorre que, diante da impossibilidade da descrição pormenorizada de todos os fatos configuradores de uma relevante lesão ou perigo de lesão ao bem jurídico, o legislador opta por utilizar uma técnica que remete o julgador a uma fonte estranha ao tipo penal, como a realidade cultural da sociedade, a maior ou menor sensação de segurança, o impacto que a sentença representará para o réu, entre outras variáveis de ordem subjetiva.

Essas denominadas "formas de indefinição do tipo" se apresentam como elementos normativos, expressões vagas, cláusulas genéricas e outros termos sensíveis às transformações da realidade social e, portanto, sujeitos à valoração por parte do intérprete.

Foi assim que o Poder Judiciário passou a ser reconhecido como um mediador indispensável entre os cidadãos e a lei, pois somente através de sua interpretação se pode compreender o verdadeiro alcance da norma.[395]

Afinal, nem mesmo o necessário culto ao princípio da legalidade pode desconsiderar as limitações próprias da atividade legiferante, a qual "sempre deixará espaços, voluntária ou involuntariamente, para a atuação do juiz, com papel criador".[396]

Portanto, as leis penais devem ser interpretadas sob o ângulo dos princípios que regem essa área dogmática, não bastando sua mera existência formal para que ostentem a indispensável legitimidade, somente alcançável após sua conformação material com os direitos e garantias constitucionalmente assegurados.[397]

---

394 DIAS, Jorge de Figueiredo. *Legalidade e tipo em direito penal. In* Escritos em homenagem a Alberto Silva Franco, São Paulo: RT, 2008, p. 217.

395 Vale lembrar que, conforme destacado em linhas anteriores (segunda parte, item 2.2), o novo papel da vítima estabeleceu a reparação como opção válida dentro do processo penal, possibilitando, muitas vezes, a solução do litígio sem a interferência do juiz.

396 ANDREUCCI, Ricardo Antunes. Direito penal e criação judicial. São Paulo: RT, 1989, p. 81. No mesmo sentido, Arnoldo Wald considera efetivamente a jurisprudência como fonte formal do Direito (WALD, Arnoldo. A contribuição do Superior Tribunal de Justiça na consolidação do princípio da confiança. In: Doutrina do Superior Tribunal de Justiça: edição comemorativa 15 anos. Brasília: STJ, 2005, p. 33).

397 Nesse sentido, CERNICCHIARO, Luiz Vicente. *RDD – Regime disciplinar diferenciado. In*: Doutrina do Superior Tribunal de Justiça: edição comemorativa 15 anos. Brasília: STJ, 2005, p. 451.

Outra consequência determinada pela indispensável interpretação da lei penal é a desvinculação da exigência de taxatividade do tipo com o seu significado literal.

Mariângela Gomes argumenta que é de se questionar a insistência com que parte da doutrina refere-se à interpretação literal do tipo como forma de se assegurar o valor amplamente celebrado da certeza jurídica, contrapondo-se à constatação de que "qualquer significado que se dê a uma palavra constitui um resultado interpretativo sujeito às mais variadas forma de subjetivismo".[398]

A propósito, a Corte Constitucional da Itália, no julgamento acerca da legitimidade do art. 403 do Código Penal italiano[399], cuja indeterminação da noção de vilipêndio concederia ao juiz excessiva discricionariedade na individualização do juízo de tipicidade, julgou improcedente a arguição de violação do princípio da legalidade por entender que a locução "vilipêndio", embora de caráter genérico, é de óbvia compreensão, podendo ser facilmente extraída dos conceitos da experiência comum e dos valores ético-sociais objetivamente acessíveis ao intérprete.

Na oportunidade, o órgão máximo da justiça italiana observou que a necessária taxatividade do tipo penal não se resume nem se identifica com o maior ou menor aspecto descritivo de seus elementos.[400]

Desse modo, uma vez que o alcance do tipo penal não decorre exclusivamente do sentido literal de seus elementos, resta concluir, com Mariângela Gomes, pela inarredável margem de subjetivismo do intérprete e, portanto, "da variabilidade nas aplicações da lei, mesmo nas suas formulações mais simples".[401]

Essas observações evidenciam que o juiz, sem nenhuma ofensa à separação de Poderes, não atua como simples *longa manus* do Legislati-

398 GOMES, Mariângela Gama de Magalhães. *Direito penal e interpretação jurisprudencial:* do princípio da legalidade às súmulas vinculantes. São Paulo: Atlas, 2008, p. 33.

399 Art. 403. - *(Offese a una confessione religiosa mediante vilipendio di persone).* – Chiunque pubblicamente offende una confessione religiosa, mediante vilipendio di chi la professa, è punito con la multa da euro 1.000 a euro 5.000.
Si applica la multa da euro 2.000 a euro 6.000 a chi offende una confessione religiosa, mediante vilipendio di un ministro del culto.

400 Disponível em www.giurcost.org/decisioni/1975/0188s-75.html, acesso em 17.6.2012.

401 GOMES, Mariângela Gama de Magalhães. *Direito penal e interpretação jurisprudencial:* do princípio da legalidade às súmulas vinculantes. São Paulo: Atlas, 2008, p. 37.

vo, competindo à ele reconhecer a legitimidade de uma norma somente quando estiver ajustada aos princípios do sistema jurídico.[402]

Logo, o que se pode fazer para evitar a erosão da taxatividade é indicar ao julgador os critérios que deve seguir no processo hermenêutico, minimizando, assim, a influência dos aspectos subjetivos para a tomada de decisão da causa.

Luiz Vicente Cernicchiaro dá a receita:

> A norma jurídica somente se adapta aos Princípios Fundamentais quando ajustar-se (formal e materialmente) à Carta Política. No primeiro aspecto, reclama-se, por dedução, a norma ordinária guardar harmonia com a que lhe é hierarquicamente superior: a lei ordinária, relativamente à Constituição; o decreto, por sua vez, quanto à lei. Do ponto de vista material, impõe-se comparação entre os preceitos das normas, a fim de a derivada não contrariar ideologicamente a que lhe é referência. Em se ilustrando: a Constituição não pode contrastar princípios ideológicos. A lei ordinária, também ideologicamente, precisa estar em harmonia com a Carta Política, do mesmo modo que o decreto ajusta-se imediatamente à lei ordinária e, mediatamente, vincula-se à Lei Maior e aos Princípios Gerais do Direito. Com isso, ganham-se legalidade e legitimidade.[403]

Por outro lado, diante da pouca agilidade para adequar o sistema jurídico aos complexos problemas sociais e às rápidas mudanças da modernidade, o Poder Legislativo tem cada vez mais confiado à jurisprudência a complementação das diretrizes normativas, valendo-se, para tanto, da generalização dos delitos de perigo abstrato, bem como de leis obscuras e com amplas margens de decisão.[404]

A constatação desse fenômeno fez com que Hassemer percebesse que a aplicação da lei representa hoje muito menos o objeto dos esforços

---

[402] CERNICCHIARO, Luiz Vicente. *RDD – Regime disciplinar diferenciado. In*: Doutrina do Superior Tribunal de Justiça: edição comemorativa 15 anos. Brasília: STJ, 2005, p. 452.

[403] CERNICCHIARO, Luiz Vicente. *RDD – Regime disciplinar diferenciado. In*: Doutrina do Superior Tribunal de Justiça: edição comemorativa 15 anos. Brasília: STJ, 2005, p. 452.

[404] HASSEMER, Winfried. *Direito penal: fundamentos, estrutura, política.* Trad. por Adriana Beckman Meirelles *et al.* Porto Alegre: SAFE, 2008, p. 50.

de compreensão jurídica do que as diretivas do direito judicial, da jurisprudência dos tribunais superiores.[405]

Assim as coisas, a análise dos precedentes judiciais, tradicionalmente adotada nos países do *common law*, deve merecer maior atenção da doutrina e dos aplicadores da lei para que possa contribuir da melhor maneira possível para o respeito aos direitos fundamentais.

2.2.2 O princípio da legalidade no sistema do common law

O fundamento que conforma a teoria do *criminal law* encontra-se basicamente na aplicação prática, privilegiando os resultados e não o modo pelo qual se chega a eles.[406]

Seus pilares são os elementos do delito e as defesas gerais ou especiais. Esta formulação se vê consagrada no aforismo latino *actus non facit reum, nisi mens sit rea*, de onde emanam os dois elementos constitutivos do delito incorporado pela tradição anglo-saxônica: a*ctus reus* (elemento externo) e *mens rea* (elemento interno).

Tal dispositivo representa não apenas uma garantia para o acusado, mas também um princípio metodológico e expositivo, remetendo a toda parte especial para se inserir em cada um dos delitos tipificados.[407]

Desse modo, *actus reus* e *mens rea* funcionam, respectivamente, como elemento objetivo e subjetivo do tipo (*offence definition*).

Sem embargo, a concorrência desses dois elementos não autoriza a condenação do agente, sendo necessário ainda atestar a ausência das circunstâncias que a lei ou o *common law* consideram como excludentes da responsabilidade penal. Estas circunstâncias são denominadas "defe-

---

405 HASSEMER, Winfried. *Direito penal: fundamentos, estrutura, política.* Trad. por Adriana Beckman Meirelles *et al.* Porto Alegre: SAFE, 2008, p. 50.

406 ROCHEFORT, Juan Ignácio Piña. *La estructura de la teoría del delito en el ámbito jurídico del "common law".* Granada: Editorial Comares, 2002, p. 20.

407 Conforme observado por Piña Rochefort, a "offence definition" consiste na descrição que a lei ("statute") ou o "common law" dão a todos os elementos integrantes do "actus reus" (parte objetiva) e da "mens rea" (parte subjetiva), de modo que devem estar todos presentes no fato para que se possa afirmar a responsabilidade do autor. Em outros termos, "offence definition" é a expressão correlata ao tipo de injusto da formulação continental (ROCHEFORT, Juan Ignácio Piña. *La estructura de la teoría del delito en el ámbito jurídico del "common law".* Granada: Editorial Comares, 2002, p. 16).

sas gerais" (na medida em que se aplicam à generalidade dos delitos) ou "defesas especiais" (cuja aplicação se restringe a alguns delitos).[408]

Em resumo, a estrutura da teoria do delito no sistema anglo-saxão exige, por uma parte, a afirmação da concorrência dos elementos que integram a definição do delito e, por outra, a negação da concorrência de alguma defesa. Somente assim se pode responsabilizar criminalmente o agente.[409]

Conforme observado por Alberto Cadoppi, nos países do *common law* a forma não escrita da lei representa hoje uma exceção, uma vez que em tais ordenamentos, como regra geral, encontram-se em vigor "*veri e propri codici penali*", como nos Estados Unidos (a nível estadual e não federal), Canadá, Nova Zelândia e em alguns estados da Austrália, ao passo que em outros, como Inglaterra, Escócia, alguns estados da Austrália e a justiça federal dos Estados Unidos não vigoram códigos penais, mas grande parte do direito criminal é encontrado em normas escritas (*statutes*).[410]

Mas o mais importante para o autor é que todos os países do *common law* estão procedendo a uma obra de "codificação" - onde um código ainda não vige - ou de "recodificação penal".[411]

Por outro lado, no Direito continental (*civil law*), cuja única fonte formal é a lei, cada vez se torna mais evidente o papel criador do juiz na definição do real alcance dos tipos penais, o que também aproxima os dois grandes sistemas do direito penal.

Estabelecidas estas linhas gerais, deve-se registrar que o presente estudo, por óbvio, não pretende exaurir todo o seu complexo mecanismo, mas apenas identificar sinteticamente o modo como se opera a análise do precedente jurisprudencial e sua contribuição para a preservação do

408 ROCHEFORT, Juan Ignácio Piña. *La estructura de la teoría del delito en el ámbito jurídico del "common law"*. Granada: Editorial Comares, 2002, p. 18.

409 Cf., ROCHEFORT, Juan Ignácio Piña. *La estructura de la teoría del delito en el ámbito jurídico del "common law"*. Granada: Editorial Comares, 2002, p. 18.

410 CADOPPI, Alberto. *Introduzione allo Studio del diritto penal e comparato*, 2 ed., Verona: CEDAM, 2004, p. 171-172. Assevera o autor que na Inglaterra o homicidio doloso ou culposo é definido com base na "common law", o que não sucede para o furto, regulado juntamente com outros crimes contra o patrimônio pela "Theft Act" de 1968.

411 CADOPPI, Alberto. *Introduzione allo Studio del diritto penal e comparato*, 2 ed., Verona: CEDAM, 2004, p. 172.

princípio da legalidade, destacando as práticas que possam ser aqui utilizadas com o mesmo objetivo.

Afinal, a tendência amplificadora do papel interpretativo do juiz e a proliferação de súmulas e outras decisões com força vinculante, aproximou o sistema jurídico brasileiro dos países da família do *common law*, em que os julgados constituem precedentes que se aplicam a casos futuros e onde desenvolveu-se uma técnica especial de interpretação.

Ao estudar a atuação dos precedentes no ordenamento do *common law* para construir um modelo de súmula vinculante aplicável ao Direito brasileiro, Mariângela Gomes observou que nele vigora a *doctrine of precedents*, ou seja, a regra do precedente (*stare decisis*), sendo que, assim como se deu nos sistemas romano-germânicos, tal regra também surgiu a partir da necessidade de se atribuir alguma estabilidade na regulação das relações sociais num período em que a produção legislativa ainda era escassa ou nula.[412]

A autora analisa que, se por um lado a estruturação do sistema romano-germânico obedeceu a uma ordem racional de conceitos, em que o direito aparece como um conjunto de preceitos (sistema) a fim de evitar o casuísmo na lei e, ao mesmo tempo, proporcionar o ideal de certeza jurídica através das generalidades racionais que as legislações codificadas apresentam, de outra sorte, no *common law*, a doutrina dos precedentes também almeja a estabilidade do direito e o afastamento do arbítrio, devendo as causas serem julgadas por princípios apreendidos indutivamente da experiência judicial do passado, ao invés de serem deduzidas de regras arbitrariamente estabelecidas pela vontade do soberano.[413]

A citação de Pound sintetiza com precisão a essência desse sistema:

> A doutrina do *common law* é uma razão voltada à experiência, que é vista como apta a dar os fundamentos mais satisfatórios para guiar a ação e os princípios da decisão; a lei não é algo para ser feito a partir

412 GOMES, Mariângela Gama de Magalhães. *Notas sobre as súmulas vinculantes em matéria penal*. *In*: Revista Brasileira de Ciências Criminais. Ano 18, n. 84, São Paulo: RT, maio-jun./2010, p. 89.

413 GOMES, Mariângela Gama de Magalhães. *Notas sobre as súmulas vinculantes em matéria penal*. *In*: Revista Brasileira de Ciências Criminais. Ano 18, n. 84, São Paulo: RT, maio-jun./2010, p. 89-90.

de um capricho da vontade soberana, mas deve ser descoberta pela experiência judicial das regras e dos princípios que guiaram as decisões no passado.[414]

Esta práxis poderia pressupor que o sistema do *common law* concederia ao juiz poderes mais amplos, com os quais se transformaria no verdadeiro criador do direito, substituindo-se ao legislador.

Ocorre que a atividade criadora de novas figuras delitivas pelo magistrado encontra sérias limitações, como, por exemplo, nas regras ditadas pelo *stare decisis*, que vincula o juiz a seu próprio precedente.[415]

É preciso notar ainda que o direito do *common law*, enquanto manifestamente reconhecido como "direito dos juízes", criou uma série de mecanismos compensatórios desta maior liberdade potencial dos julgadores em relação à criação do tipo penal, de ordem substancial e processual, os quais "fazem, de certo modo, retornar pela janela a legalidade que havia saído pela porta".[416]

Pense-se, particularmente, no propósito tendencialmente vinculante do precedente jurisprudencial, que o sistema do *common law* divide em *ratio decidendi* e *obiter dictum*.

A relevância da distinção entre estas duas partes da decisão repousa na "necessidade de identificar as razões que levaram à formação da jurisprudência constante para que, nos casos futuros, possa ser verificada a identidade ou a similitude do caso em exame com os anteriormente decididos, a fim de aferir a aplicabilidade daquilo que já está assentado".[417]

Esta, talvez, seja a grande contribuição que o sistema do *common law* pode oferecer ao direito penal brasileiro, pois aqui a tradição tende a

---

[414] POUND, Roscoe. *The spirit of the common law*. Boston: Marshall Jones Company, 1921, p. 182-183, *apud* GOMES, Mariângela Gama de Magalhães. *Notas sobre as súmulas vinculantes em matéria penal*. *In*: Revista Brasileira de Ciências Criminais. Ano 18, n. 84, São Paulo: RT, maio-jun./2010, p. 90.

[415] CADOPPI, Alberto. *Introduzione allo Studio del diritto penal e comparato*, 2 ed., Verona: CEDAM, 2004, p. 397.

[416] CADOPPI, Alberto. *Introduzione allo Studio del diritto penal e comparato*, 2 ed., Verona: CEDAM, 2004, p. 172

[417] GOMES, Mariângela Gama de Magalhães. *Notas sobre as súmulas vinculantes em matéria penal*. *In*: Revista Brasileira de Ciências Criminais. Ano 18, n. 84, São Paulo: RT, maio-jun./2010, p. 90.

valorizar apenas o resultado concreto da decisão e, por conseguinte, a desprezar o precedente como um todo, o que levou Mariângela Gomes a constatar a frequência com que os operadores do direito, mesmo em relação às súmulas de jurisprudência sem efeito vinculante, se esquecem da importância da pesquisa sobre as razões temporais, sociais e culturais que determinaram sua edição.[418]

Na verdade, o teor de uma decisão judicial representa o ápice da demonstração do raciocínio jurídico, voltada que é para a aplicação do direito ao caso concreto. Trata-se, sem dúvida, de um ato complexo, que exige um minucioso estudo do significado das disposições normativas abstratas e sua adequação para a solução do litígio, consideradas as peculiaridades que remarcam cada processo.

Deve-se ponderar que o juiz não prolata a sentença friamente, como um matemático que lida com fórmulas e equações, sendo indispensável que "ele expresse textualmente os passos deste percurso intelectual, formule um juízo racional, valendo-se, para tanto, de *argumentos*, sua grande ferramenta de trabalho".[419]

Ocorre que, no texto de uma sentença, podem coexistir diversos argumentos, cada qual com um peso relativo na composição da cadeia argumentativa que conduz à solução da causa.

Nos sistemas jurídicos do *common law*, nos quais os julgados constituem precedentes que se aplicam a casos futuros, desenvolveu-se uma técnica especial de classificação desses argumentos judiciais.

Considerando que a sentença é um texto discursivo, verificou-se a necessidade de se criar um mecanismo conceitual que identificasse seus fundamentos principais, separando-os daqueles circunstanciais, relativos somente ao caso concreto. Procurou-se, dessa forma, transformar o estudo dos precedentes em uma atividade mais racional, uma técnica que possibilitasse maior interação entre os operadores do direito e a jurisprudência.

---

418 GOMES, Mariângela Gama de Magalhães. *Notas sobre as súmulas vinculantes em matéria penal. In*: Revista Brasileira de Ciências Criminais. Ano 18, n. 84, São Paulo: RT, maio-jun./2010, p. 91.

419 MENDES, Conrado Hübner. *Lendo uma decisão*: *obter dictum e ratio decidendi*. Racionalidade e retórica na decisão. Disponível em *http://ebookbrowse.com/19-estudo-dirigido-ratio-decidendi-e-obter-dictum-conrado-hubner-mendes-pdf-d46106398*. Acesso em: 22.6.2012.

A lição de Conrado Hübner Mendes é esclarecedora:

> O juiz, no processo de subsunção, articula diversas espécies de razões. Cada uma destas razões desempenha um determinado papel, possui um certo grau de relevância no todo. Há aquelas fundamentais para a decisão. Outras cumprem papel subsidiário. Outras, ainda, são pura retórica, absolutamente secundárias. Não se pode perder de vista, porém, seu valor argumentativo, simbólico, emocional. A doutrina jurídica dos sistemas de *common law* criou um código para facilitar este sopesamento de razões. Existem razões que compõem a *ratio decidendi* (ou *holding*). Correspondem aos fundamentos definitivos para decidir, à prescrição que pode ser aplicada a casos futuros. Há um segundo grupo chamado de *obiter dictum*. Estes são os componentes marginais ao argumento geral, coisas ditas a propósito do caso concreto em si e que não lhe transcendem, nem alcançam os casos futuros. Localizam-se na periferia da decisão.

Portanto, torna-se imperioso distinguir, no conteúdo da fundamentação, o que se comporta como *ratio decidendi* e o que representa *obter dictum*, o que muitas vezes não se apresenta como tarefa fácil.

Ratio decidendi, como visto, são os fundamentos jurídicos utilizados no julgado sem os quais o resultado teria sido diverso. Trata-se, em outras palavras, da tese jurídica acolhida pelo julgador (*rule of law*).

Para a correta inferência da *ratio decidendi* nada impede que se tome emprestado critério similar ao processo de eliminação de Thyrén utilizado para a verificação da causalidade: suprime-se mentalmente o teor do núcleo decisório e, em seguida, verifica-se se a conclusão também desaparece, hipótese em que a tese originária poderá ser considerada como *ratio decidendi* do julgado; caso contrário, a resposta será negativa.[420]

Por sua vez, o *obiter dictum* consiste na argumentação periférica à motivação da sentença, classificando-se como argumentos expostos de passagem, juízos acessórios, elementos secundários que não determinam de modo relevante e substancial a decisão da causa.[421]

---

420 TUCCI, José R. Cruz. *Precedente judicial como fonte do direito.* São Paulo: RT, 2004, p. 177.

421 TUCCI, José R. Cruz. *Precedente judicial como fonte do direito.* São Paulo: RT, 2004, p. 177.

Exatamente por isso, somente os argumentos jurídicos decisivos para a solução do litígio (*ratio decidendi*) são dotados de força vinculativa, o que não ocorre com os elementos periféricos (*obiter dictum*) vinculados à motivação.

Dada a relevância da matéria no domínio de um sistema jurídico estribado na observância compulsória dos precedentes, cabe a advertência feita por José Rogério Cruz e Tucci, para quem "as razões de decidir devem prever e sopesar a repercussão prática que determinada decisão poderá oferecer para o ordenamento jurídico globalmente considerado".[422]

Outro mecanismo bastante empregado nos ordenamentos do *common law* é o *distinguishing*, através do qual o juiz pode diferenciar o caso concreto a ser julgado e, assim, decidir de maneira diversa do precedente.

Se toda situação de fato é nova e única, pondera Mariângela Gomes, "impõe reconhecer que sempre existe a possibilidade de 'distinguir' em relação aos precedentes, ou de 'argumentar a contrário' – até porque, segundo o princípio da igualdade, levar em consideração os precedentes não é, necessariamente, reiterar a jurisprudência".[423]

Desse modo, quanto mais pormenorizada a *ratio decidendi*, maior a possibilidade de o juiz distinguir o caso em julgamento, favorecendo resultados interpretativos diferentes daqueles anotados no precedente.[424]

Esta possibilidade de se restringir os limites da *ratio decidendi* evidencia que as proposições linguísticas constantes dos enunciados jurisprudenciais carecem de interpretação tanto quanto aquelas conformadoras dos enunciados legislativos, o que leva à inevitável constatação da relativa perda de eficácia dos precedentes. Ainda assim, por se relacionar proximamente ao caso concreto, a norma emanada dos precedentes é muito mais determinada do que aquela ditada pelo legislador.[425]

---

[422] TUCCI, José R. Cruz. *Precedente judicial como fonte do direito*. São Paulo: RT, 2004, p. 176.

[423] GOMES, Mariângela Gama de Magalhães. *Notas sobre as súmulas vinculantes em matéria penal*. *In*: Revista Brasileira de Ciências Criminais. Ano 18, n. 84, São Paulo: RT, maio-jun./2010, p. 91.

[424] Cf., GOMES, Mariângela Gama de Magalhães. *Notas sobre as súmulas vinculantes em matéria penal*. *In*: Revista Brasileira de Ciências Criminais. Ano 18, n. 84, São Paulo: RT, maio-jun./2010, p. 91.

[425] Cf., GOMES, Mariângela G. Magalhães. *Notas sobre as súmulas vinculantes em matéria penal*. *In*: Revista Brasileira de Ciências Criminais. Ano 18, n. 84, São Paulo: RT, maio-jun./2010, p. 92.

Por fim, o *prospective overruling* constitui um expediente utilizado nos ordenamentos do *common law* para evitar que o acusado seja surpreendido por uma mudança do precedente que venha prejudicá-lo, a exemplo do que ocorre com o princípio da irretroatividade da lei penal desfavorável. Afinal, a sentença deve atender às especificidades vigentes na época do fato delituoso, sem com isso impedir a evolução do Direito de acordo com as novas valorações. Caso se decida pela modificação do precedente, o novo entendimento será prontamente aplicado se for favorável ao acusado; do contrário, trazendo-lhe prejuízos, "não será aplicado a ele, mas somente aos acusados que praticarem a infração a partir da nova orientação jurisprudencial".[426]

A comunicação da iminente mudança de critério pela Corte atende, desse modo, às necessidades da segurança jurídica e de preservação dos comandos inerentes ao princípio da legalidade.

2.2.3 As vias de aproximação dos dois sistemas penais

O valor dos precedentes jurisprudenciais não alcança no Brasil o sentido amplo e vinculante do *stare decisis* dos países do *common law*, mas, nem por isso, deixa de cumprir relevante função motivadora da convicção dos juízes, seja pela força persuasiva dos argumentos ou pelo "prestígio e importância dos magistrados que subscreveram os acórdãos fornecedores da jurisprudência".[427]

A informatização crescente dos órgãos do Poder Judiciário permite maior agilidade e presteza na consulta jurisprudencial, deixando decisões e acórdãos ao alcance de um simples toque no computador, contribuindo, assim, para uma ampla utilização de julgados na fundamentação das peças processuais, em especial, as sentenças definitivas.

De se observar, igualmente, o modo como o precedente judicial tem crescido de importância na medida em que são criados novos instru-

---

426 GOMES, Mariângela Gama de Magalhães. *Notas sobre as súmulas vinculantes em matéria penal. In*: Revista Brasileira de Ciências Criminais. Ano 18, n. 84, São Paulo: RT, maio-jun./2010, p. 93.

427 CARNEIRO, Athos Gusmão. *O papel da jurisprudência no Brasil. A súmula e os precedentes jurisprudenciais. Relatório ao Congresso de Roma. In*: Doutrina do Superior Tribunal de Justiça: edição comemorativa 15 anos. Brasília: STJ, 2005, p. 328.

mentos uniformizadores da jurisprudência brasileira (cf. item 2.2.2 – primeira parte), como as "súmulas de jurisprudência dominante", adotado bem antes pelo Supremo Tribunal Federal, depois pelo Superior Tribunal de Justiça e, em menor escala, pelos tribunais estaduais.[428]

As súmulas nada mais são do que um "resumo do que foi decidido em sucessivos acórdãos do Tribunal, que haja adotado idêntica interpretação em determinada norma ou conjunto de normas".[429]

Não se envolvendo da eficácia de lei, procuram motivar os operadores do Direito a adotar determinada exegese como forma de se alcançar a desejável estabilidade das decisões jurídicas.[430]

A súmula vinculante pretende solucionar o problema da sobrecarga de processos nos tribunais superiores sem restringir a competência recursal, objetivando, ao contrário, atuar preventivamente para evitar novo pronunciamento sobre questões legais já apreciadas em grau suficientemente seguro de sua jurisprudência dominante.[431]

A influência da jurisprudência sumulada também pode ser facilmente percebida nos procedimentos recursais previstos no direito processual brasileiro, que, através da própria lei ou do regimento interno dos tribunais, autoriza a decisão monocrática pelo Relator em substituição ao julgamento colegiado quando o objeto do inconformismo for contrário ao

---

428 CARNEIRO, Athos Gusmão. *O papel da jurisprudência no Brasil. A súmula e os precedentes jurisprudenciais. Relatório ao Congresso de Roma. In*: Doutrina do Superior Tribunal de Justiça: edição comemorativa 15 anos. Brasília: STJ, 2005, p. 336. O autor lembra que, sob a iniciativa pioneira do Ministro Victor Nunes Leal, a partir de 1963 o Supremo Tribunal Federal, "visando melhor revelar, dar ao conhecimento geral sua "jurisprudência dominante" sobre temas polêmicos e de maior interesse, resolveu passar a *resumir* tal jurisprudência em enunciados breves, ou seja, em *súmulas*". Estas súmulas atuam como *método de trabalho* e *método de divulgação*, proporcionando ao mundo jurídico um "mais fácil conhecimento da orientação da Alta Corte" (CARNEIRO, Athos Gusmão. *O papel da jurisprudência ....., op. cit.*, p. 336).

429 CARNEIRO, Athos Gusmão. *O papel da jurisprudência no Brasil. A súmula e os precedentes jurisprudenciais. Relatório ao Congresso de Roma. In*: Doutrina do Superior Tribunal de Justiça: edição comemorativa 15 anos. Brasília: STJ, 2005, p. 336.

430 CARNEIRO, Athos Gusmão. *O papel da jurisprudência no Brasil. A súmula e os precedentes jurisprudenciais. Relatório ao Congresso de Roma. In*: Doutrina do Superior Tribunal de Justiça: edição comemorativa 15 anos. Brasília: STJ, 2005, p. 337.

431 BAPTISTA DA SILVA, Ovídio A. *A função dos tribunais superiores. In*: STJ 10 anos: obra comemorativa. Brasília: STJ, 1999, p. 158. Vale destacar que a Lei nº. 11.417/2006 disciplinou a edição, revisão e o cancelamento de súmulas com efeito vinculante pelo Supremo Tribunal Federal.

entendimento dominante do respectivo tribunal, do Supremo Tribunal Federal ou de Tribunal Superior (CPC, art. 557, *caput*).

Do mesmo modo, ocorrendo a situação inversa, ou seja, a decisão recorrida é que se encontra em evidente contrariedade com "súmula ou com jurisprudência dominante do Supremo Tribunal Federal ou de Tribunal Superior", o Relator poderá, também em decisão monocrática, dar provimento ao recurso (CPC, art. 557, §1º-A).

A força do precedente não passou despercebida pelo Ministro Luiz Fux, que assim se pronunciou por ocasião do julgamento do Agravo Regimental no Recurso Especial nº. 477585/DF, *in verbis*:

> A força da jurisprudência foi erigida como técnica de sumarização dos julgamentos dos Tribunais, de tal sorte que os Relatores dos apelos externos, como soem ser o recurso extraordinário e o recurso especial, têm o poder de substituir o colegiado e negar seguimento às impugnações por motivo de mérito. Deveras, a estratégia político-jurisdicional do precedente, mercê de timbrar a interpenetração dos sistemas do civil law do common law, consubstancia técnica de aprimoramento da aplicação isonômica do Direito, por isso que para "casos iguais", "soluções iguais".[432]

Conforme percebido por Ricardo Andreucci, citando Dawson, na prática da lei já não mais existe uma grande diferença entre o direito anglo-americano e os sistemas jurídicos onde a lei é toda codificada, pois também nestes "os precedentes cada vez mais têm a sua importância aumentada e o espírito criador do juiz no exercício de suas funções encontra reconhecimento cada vez mais crescente".[433]

Outro fator que tem favorecido o diálogo entre as tradições penais continental e do *common law* é o processo de integração europeia, que vislumbrou a necessidade de coordenar esforços para encontrar soluções

432 STJ, AgRg no REsp 477585/DF, Rel. Min. Luiz Fux, DJ 05/05/2003, p. 235.

433 DAWSON, John P. *As funções do juiz*. Trad. por Janine Ivonne Ramos Peres e Arlete Pastor Centurion. In: Aspectos do direito americano. Rio de Janeiro, 1963, *apud* ANDREUCCI, Ricardo Antunes. *Direito penal e criação judicial*. São Paulo: RT, 1989, p. 65.

uniformes a problemas jurídico-penais que transcendem as fronteiras nacionais.[434]

Os mecanismos desenvolvidos nos países da família do *common law*, já acostumados a lidar com a interpretação e a aplicação dos precedentes jurisprudenciais, podem e devem ser compreendidos, adaptados e aplicados de modo eficiente e legítimo no direito brasileiro a fim de fazer frente à atual tendência de se trabalhar com a "eficiência quantitativa" mediante o artifício de "alta produtividade de decisões" e de "uniformização superficial dos entendimentos pelos tribunais".[435]

Vale destacar a advertência feita por Maurício Westin:

> Trazer à tona os precedentes que deram origem ao Enunciado, separar as razões de decidir relevantes daquelas que serviram apenas de reforço argumentativo, confrontá-las com o caso que ora se examina, questionar a consistência de sua fundamentação (se é que ela realmente existe) são alguns mecanismos para se debelar o efeito mitificador da Súmula.[436]

Especialmente no que toca à expansão dos tipos penais pela jurisprudência, cresce de importância a análise dos precedentes que vinculem as instâncias inferiores (item 2.2.2 – segunda parte).

Atentos a esse fenômeno, Humberto Theodoro Júnior, Dierle Nunes e Alexandre Bahia rememoram, em boa hora, que a ciência jurídica precisa lidar com três tipos de litigiosidade: (a) individual ou "de varejo", sobre a qual se desenvolveu a dogmática e onde se discutem

---

434 ROCHEFORT, Juan Ignácio Piña. *La estructura de la teoría del delito en el ámbito jurídico del "common law"*. Granada: Editorial Comares, 2002, p. 3.

435 Expressões tomadas de THEODORO JÚNIOR, Humberto; NUNES, Dierle e BAHIA, Alexandre. *Breves considerações sobre a politização do Judiciário e sobre o panorama de aplicação no direito brasileiro*. Análise da convergência entre o *civil law* e o *common law* e dos problemas da *padronização decisória*. In: Revista de processo. Ano 35, n. 189, Nov./2010. Coord. Por Teresa Arruda Alvim Wambier, São Paulo: RT, p. 30. No mesmo sentido, LOVIS, Angelo Barbosa. *Súmula vinculante*: exemplo da interpenetração entre os sistemas da *common law* e da *civil law*. In: Processo nos tribunais superiores. Coord. Por Marcelo Andrade Féres e Paulo Gustavo M. Carvalho. São Paulo: Saraiva, 2006, p. 402.

436 WESTIN, Maurício. *A evolução da súmula por meio das descontinuidades históricas:* elemento forjador de consenso. In: História do direito. Novos caminhos e novas versões. Org. por Miracy Barbosa de Souza Gustin, Jacqueline Passos da Silveira e Caroline Scofield Amaral, Belo Horizonte: Mandamentos, 2007, p. 192.

lesões e ameaças a direitos individuais; (b) coletiva, a respeito de direitos coletivos e difusos reclamados pelo Ministério Público, associações representativas e outros legitimados e (c) litigiosidade em massa ou de alta intensidade, gerando distribuição de ações repetitivas ou seriais, que apresentam questões comuns para a solução da causa.[437]

Especialmente em relação a esses últimos, torna-se preocupante a tendência técnica de criação de mecanismos de "padronização decisória" para a resolução quantitativa das demandas sociais:

> Técnicas de julgamento liminar (arts. 518, §1°, e 285-A, do CPC atual e art. 317 da PLS 166/2010), súmulas, repercussão geral, recursos especiais repetitivos e o projetado incidente de resolução de demandas repetitivas, mostram que se busca, mediante um pressuposto exegeta, padronizar comportamentos mediante decisões padrão que não conseguirão e não conseguem (como os grandes Códigos do século XIX não conseguiram) fechar o mundo nos textos (antes os Códigos, hoje as decisões padrão).[438]

Os mesmos autores afirmam que não se pode perder de foco a vocação do Poder Judiciário para decidir causas e não valorar teses, pois não se pode estabelecer "*standards* interpretativos" a partir do julgamento de alguns casos:

> Um tribunal de "maior hierarquia", diante da multiplicidade de casos, os julgaria abstraindo-se de suas especificidades e tomando-lhes apenas o "tema", a "tese" subjacente. Definida a tese, todos os demais casos serão julgados com base no que foi pré-determinado; para isso, as especificidades destes novos casos também serão desconsideradas

437 THEODORO JÚNIOR, Humberto; NUNES, Dierle e BAHIA, Alexandre. *Breves considerações sobre a politização do Judiciário e sobre o panorama de aplicação no direito brasileiro.* Análise da convergência entre o *civil law* e o *common law* e dos problemas da *padronização decisória.* In: Revista de processo. Ano 35, n. 189, Nov./2010. Coord. Por Teresa Arruda Alvim Wambier, São Paulo: RT, p. 9-52, p. 24.

438 THEODORO JÚNIOR, Humberto; NUNES, Dierle e BAHIA, Alexandre. *Breves considerações sobre a politização do Judiciário e sobre o panorama de aplicação no direito brasileiro.* Análise da convergência entre o *civil law* e o *common law* e dos problemas da *padronização decisória.* In: Revista de processo. Ano 35, n. 189, Nov./2010. Coord. Por Teresa Arruda Alvim Wambier, São Paulo: RT, p. 30.

para que se concentre apenas na "tese" que lhes torna idênticos aos anteriores.[439]

Baptista da Silva também critica a busca pela uniformização da jurisprudência por meio das súmulas vinculantes devido a dois motivos. Primeiro, porque entende equivocado seu pressuposto metodológico, que considera possível a uniformidade abstrata de julgados, supostamente idênticos, com implícita recusa ao poder criador da jurisprudência. A segunda razão repousa na constatação de que o propósito da "súmula vinculante" não é propriamente contribuir para a evolução do sistema jurídico, mas, ao contrário, aprisioná-lo ao passado, "impedindo que a elaboração jurisprudencial lhe permita progredir em constante convivência com a realidade social que lhe caiba disciplinar".[440]

O rigor dessas críticas torna indispensável a problematização do caráter vinculante das decisões tomadas pelos tribunais de segunda ou superior instância, especialmente quando se percebe que o Poder Judiciário já não se preocupa tanto com eventuais violações da proibição da analogia, priorizando soluções pragmáticas em detrimento do plano da lei.[441]

Este padrão de atuação é ainda reforçado pela benevolência do legislador, que cada vez mais utiliza critérios vagos e indeterminados na construção dos tipos penais.

Em franca oposição às censuras formuladas em desfavor do instituto das súmulas vinculantes, Mariângela Gomes considera natural que a novidade viesse acompanhada de certo receio de que a função legislativa

---

439 THEODORO JÚNIOR, Humberto; NUNES, Dierle e BAHIA, Alexandre. *Breves considerações sobre a politização do Judiciário e sobre o panorama de aplicação no direito brasileiro.* Análise da convergência entre o *civil law* e o *common law* e dos problemas da *padronização decisória.* In: Revista de processo. Ano 35, n. 189, Nov./2010. Coord. Por Teresa Arruda Alvim Wambier, São Paulo: RT, p. 24-25.

440 BAPTISTA DA SILVA, Ovídio A. *A função dos tribunais superiores. In:* STJ 10 anos: obra comemorativa. Brasília: STJ, 1999, p. 158. BAPTISTA DA SILVA, Ovídio A. *A função dos tribunais superiores. In:* STJ 10 anos: obra comemorativa. Brasília: STJ, 1999, p. 159.

441 Segundo Hassemer, "o juiz penal de hoje parece mais inclinado a buscar soluções 'sensatas' do que seguir 'cegamente' a letra da lei, atuando assim mais teleologicamente do que gramaticalmente – uma tendência perigosa para o direito penal, de se tornar um 'juiz do rei'" (HASSEMER, Winfried. *Direito penal: fundamentos, estrutura, política.* Trad. por Adriana Beckman Meirelles *et al.* Porto Alegre: SAFE, 2008, p. 31-32).

fosse usurpada pelo Poder Judiciário, além de uma dose de insegurança sobre seus limites e alcance.

No entanto, acredita que o instituto "trouxe ao ordenamento jurídico nacional uma nova forma de pensar o direito, que se dá por meio dos precedentes judiciais".[442]

No mesmo sentido, Alberto Cadoppi considera que a lógica do "precedente" também se aplica nos sistemas onde vigoram as leis escritas, sendo certo que as regras derivadas ou complementadas pela jurisprudência tendem a ser mais claras e objetivas do que o texto normativo de origem, sendo mais facilmente aplicadas pelo julgador em eventuais casos similares.[443]

Deve-se, todavia, advertir sobre a necessidade de se observar a inteira similitude da hipótese discutida na súmula vinculante com o caso em julgamento, cuja comparação não pode se restringir ao disposto em seu enunciado. Do contrário, tanto a segurança jurídica como o princípio da legalidade ficariam prejudicados, pois o efeito vinculante acabaria induzindo respostas iguais para situações diferentes.

Além do mais, para que o preceito sumulado seja compreendido e adequadamente aplicado, torna-se imprescindível, pelo menos, "o conhecimento dos acórdãos que deram origem à edição da súmula; e, em relação a eles, não é suficiente a simples leitura da ementa".[444]

Essa advertência corresponde, com maior ênfase, ao Direito Penal, pois não existe identidade perfeita entre um crime e outro, dado que as motivações, o modo de execução, o poder agir de outro modo, enfim, o próprio juízo de censura é único e incomparável.

Na verdade, o precedente vale por seus fundamentos enquanto "razões de decidir", vinculados ao caso concreto e suas especificidades, não

---

[442] GOMES, Mariângela Gama de Magalhães. Notas sobre as súmulas vinculantes em matéria penal. In: Revista Brasileira de Ciências Criminais. Ano 18, n. 84, São Paulo: RT, maio-jun./2010, p. 78.

[443] CADOPPI, Alberto. *Introduzione allo studio del diritto penale comparato*, 2 ed., Verona: CEDAM, 2004, p. 116-117.

[444] GOMES, Mariângela Gama de Magalhães. *Notas sobre as súmulas vinculantes em matéria penal. In*: Revista Brasileira de Ciências Criminais. Ano 18, n. 84, São Paulo: RT, maio-jun./2010, p. 97.

como mera proposição abstrata que o julgador deva seguir independentemente das razões que o justificaram.[445]

Logo, o intérprete deve extrair de cada caso sua singularidade, aquele dado que o destaca dos demais, para, só então, verificar se o precedente jurisprudencial também a ele se aplica.

Afinal, conforme observado por Hassemer, "para cada decisão de uma situação de fato com base na lei, a pessoa encarregada da decisão necessita de informações que não se obtêm na lei, mas são igualmente determinantes na decisão".[446]

Sendo assim, a correta análise do precedente judicial é indispensável para que a jurisprudência vinculante favoreça a segurança jurídica e torne efetivas as garantais decorrentes do princípio da legalidade.

Não se pode, portanto, deixar de reconhecer o valor científico e dogmático das decisões jurisprudenciais, mesmo nos países de tradição romano-germânica, em que, diante da reconhecida tendência amplificadora do papel interpretativo do juiz, a busca pela uniformização dos entendimentos jurisprudenciais a partir da valorização dos precedentes também pode significar um importante instrumento para o revigoramento do princípio da legalidade.

3 VIOLAÇÕES DA LEGALIDADE NA PRÁXIS DA JURISPRUDÊNCIA NOS CRIMES CONTRA O PATRIMÔNIO

3.1 Nota introdutória: o constante e progressivo rigor punitivo na interpretação judicial dos tipos penais

Procurou-se demonstrar até aqui a importância do princípio da legalidade para a aplicação racional da lei penal; sua aceitação imediata e constante na tradição jurídica brasileira; as dificuldades de sua efetiva

---

445 Cf. BAPTISTA DA SILVA, Ovídio A. *A função dos tribunais superiores*. *In*: STJ 10 anos: obra comemorativa. Brasília: STJ, 1999, p. 158. BAPTISTA DA SILVA, Ovídio A. *A função dos tribunais superiores*. *In*: STJ 10 anos: obra comemorativa. Brasília: STJ, 1999, p. 161.

446 HASSEMER, Winfried. *Direito penal: fundamentos, estrutura, política*. Trad. por Adriana Beckman Meirelles *et al.* Porto Alegre: SAFE, 2008, p. 83.

observância e a corrosão de seus preceitos, inclusive no plano internacional, determinada pela expansão do Direito Penal.

Destacou-se também o ponto em comum das tendências político-criminais da atualidade, consistente na reafirmação do princípio ao menos em relação à criminalidade clássica, bem como a dissonância verificada quando se refere à tutela dos bens jurídicos mais ameaçados pela criminalidade atual, se através do Direito Administrativo sancionador ou do Direito Penal de duas velocidades.

Por outro lado, a preocupante tendência de se buscar a relativização dos princípios de garantia como tática para se alcançar uma resposta punitiva mais concreta em desfavor das condutas lesivas ao sistema financeiro, ao meio ambiente, aos crimes cibernéticos, enfim, àquela gama de novos tipos penais voltados para a proteção de bens jurídicos coletivos, difusos ou universais, influencia decisivamente o tratamento dispensado aos crimes tradicionais, praticados, em regra, pelos indivíduos mais expostos ao sistema penal.

Isso torna o Direito Penal ainda mais seletivo e irracional, como se pode constatar pela crescente intolerância da jurisprudência em relação aos crimes patrimoniais. Não que os julgados desconsiderem o valor e a importância dos princípios de garantia: uma similar acusação seria certamente gratuita e ao mesmo tempo exagerada. Ocorre que, em matéria tão recorrente, o repetido exame de casos similares, acrescidos do expressivo volume de trabalho a cargo do juiz criminal, conduz no campo penal a um quase imperceptível – porém constante – aumento do rigor das sentenças, atravessando, em seu conjunto e somatória, os limites impostos pela proibição da analogia.

Analisando a sobrecarga da decisão concreta e a crise do Judiciário, João Maurício Adeodato afirma que as instâncias decisórias têm sua importância significativamente aumentada no mundo contemporâneo com a crescente judicialização dos conflitos, o que leva a um acentuado protagonismo do Poder Judiciário na interpretação e concreção das normas, pois, ao decidir, o juiz lança mão de critérios fornecidos não apenas pelas fontes do Direito, mas também por suas inclinações pessoais, "inseridas em um contínuo de indeterminação que é simplesmente impossível de esclarecer em sua totalidade".[447]

Logo, mesmo reconhecendo no princípio da legalidade uma formidável garantia, isso não impede que, na tarefa de interpretar a lei, a jurisprudência acabe ampliando os limites da moldura típica.

O primeiro exemplo a lançar um facho de luz sobre a violação da legalidade pela jurisprudência é a progressiva antecipação do momento consumativo do furto e do roubo.

3.2 Da antecipação do momento consumativo do furto e do roubo

A questão aqui gira em torno da interpretação do núcleo dos respectivos tipos penais, representado, em ambos os casos, pelo verbo "subtrair".

No léxico português, o verbo "subtrair" significa "abater, deduzir, descontar, extrair, retirar".[448]

Seu significado jurídico, no entanto, tem gerado intensos debates tanto na academia como na jurisprudência.

A doutrina tradicional considera que a subtração vai além da mera detenção ou posse, tornando-se completa somente a partir da "sujeição da coisa ao exclusivo poder de disposição do agente".[449]

Firme nesse entendimento, a quase totalidade dos penalistas brasileiros que primeiro cuidaram de interpretar as descrições típicas do Código Penal de 1940 ponderava que a consumação, tanto do furto quanto do roubo, dependia da *posse mansa e tranquila da coisa pelo autor da subtração.*

[447] ADEODATO, João Maurício. *Ética e retórica.* Para uma teoria da dogmática jurídica. 3 ed. São Paulo: Saraiva, 2007, p. 278.

[448] DICIONÁRIO HOUAISS: sinônimos e antônimos. 2. ed. São Paulo: Publifolha, 2008. p. 779.

[449] HUNGRIA, Nélson. *Comentários ao código penal,* v. VII: arts. 155 a 196, 4. Ed. Rio de Janeiro: Forense, 1980, p. 27-28. Nesse mesmo sentido, Heleno Cláudio Fragoso cita Mezger para definir a subtração como "o rompimento do poder de fato alheio sobre a coisa e o estabelecimento de um novo" (FRAGOSO, Heleno Cláudio. *Lições de direito penal.* Parte especial, v. I, 10 ed. Rio de Janeiro: Forense, 1988, p. 316).

Com efeito, Nélson Hungria se posicionou decididamente pela solução que considera o furto consumado somente quando a custódia ou vigilância do dono tiver sido totalmente iludida. Em suas palavras:

> O furto é uma espoliação da propriedade, e não é espoliado patrimonialmente o *dominus* que, atacado na sua posse, a defende *in continenti* e a retoma. Não se pode considerar espoliação uma intercorrente detenção momentânea e *apoquentada* da coisa pelo atacante. Para que se possa falar propriamente em perda da posse, em desfalque do domínio, é indispensável que, embora passageiramente, se estabeleça a posse exclusiva e sossegada do ladrão. É preciso que este, ainda que por breve tempo, possua a coisa a salvo de hostilidade.[450]

Do mesmo modo, Heleno Cláudio Fragoso considera que o próprio conceito de "subtração" exige o rompimento do poder material de detenção sobre a coisa e o estabelecimento de um novo, o que, consequentemente, leva à constatação de que o furto somente se consuma "quando a coisa for tirada da esfera de vigilância do sujeito passivo, do seu poder de fato, submetendo-a o agente ao próprio poder autônomo de disposição".[451]

Mais recentemente, Weber Martins Batista, após aprofundado estudo sobre o tema, concluiu que o furto se consuma quando a coisa subtraída não é recuperada em sua totalidade ou quando o agente consegue tirá-la da *esfera de vigilância* do lesado e logra submetê-la a seu próprio poder, ainda que por breve tempo.[452]

Entre os doutrinadores contemporâneos, Rogério Greco mantém-se fiel ao entendimento de que "somente se pode concluir pela consumação quando o bem, após ser retirado da esfera de disponibilidade da vítima, vier a ingressar na posse tranquila do agente, mesmo que por um curto espaço de tempo".[453]

---

450 HUNGRIA, Nélson. *Comentários ao código penal*, v. VII: arts. 155 a 196, 4. Ed. Rio de Janeiro: Forense, 1980, p. 26.

451 FRAGOSO, Heleno Cláudio. *Lições de direito penal*. Parte especial, v. I, 10 ed. Rio de Janeiro: Forense, 1988, p. 318.

452 BATISTA, Weber Martins. *O furto e o roubo no direito e no processo penal*. Doutrina e jurisprudência. 2. ed. Rio de Janeiro: Forense, 1997, p. 54.

453 GRECO, Rogério. *Curso de direito penal*. Parte especial. 5 ed. Niterói: Impetus, 2008, p. 17.

Os penalistas até aqui referidos integram a corrente que estende as mesmas exigências para a consumação do furto ao crime de roubo, ou seja, não se pode falar em consumação antes que o sujeito agente obtenha a posse tranquila da coisa, ainda que por breve espaço de tempo.[454]

Outra parcela da doutrina, todavia, acompanhou o movimento jurisprudencial que antecipou o momento consumativo do roubo, passando a lecionar que a consumação se opera com a simples retirada da coisa da esfera de disponibilidade da vítima mediante o emprego de violência ou grave ameaça, independentemente da posse tranquila, ou mesmo passageira, por parte do agente.[455]

Essa posição tornou-se majoritária na jurisprudência desde o final do século passado, tendo como referência o histórico julgamento do Recurso Extraordinário nº.102.490-9 pelo Plenário do Supremo Tribunal Federal, oportunidade em que os Ministros Moreira Alves e Néri da Silveira divergiram em seus bem fundamentados votos, inclusive com citação de ampla doutrina nacional e estrangeira.

O acórdão ficou assim ementado:

> Roubo. Momento de sua consumação.
>
> - O roubo se consuma no instante em que o ladrão se torna possuidor da coisa móvel alheia subtraída mediante grave ameaça ou violência.
>
> - Para que o ladrão se torne possuidor, não é preciso, em nosso direito, que ele saia da esfera de vigilância do antigo possuidor, mas, ao contrário, basta que cesse a clandestinidade ou a violência, para que o poder de fato sobre a coisa se transforme de detenção em posse,

---

454 Cf., por todos, GRECO, Rogério. *Curso de direito penal.* Parte especial, v. III, 5 ed. Niterói: Impetus, 2008, p. 73; COSTA JUNIOR, Paulo José da. *Direito penal*: curso completo. 7 ed. São Paulo: Saraiva, 2000, p. 326. PRADO, Luiz Regis. *Curso de direito penal brasileiro.* Parte Especial, v. 2, 2 ed., São Paulo: RT, p. 396.

455 Nesse sentido, BITENCOURT, Cezar Roberto. *Tratado de direito penal.* Parte especial, v. 3, 7 ed. São Paulo: Saraiva, 2011, p. 116; CAPEZ, Fernando. *Curso de direito penal.* Parte especial, v. 2, 3 ed. São Paulo: Saraiva, 2004, p. 386; NUCCI, Guilherme de Souza. *Código penal comentado.* 5 ed. São Paulo: RT, 2005, p. 638. Contraditoriamente, este mesmo autor afirma que, com relação ao crime de furto, embora a consumação ocorra do mesmo modo que no roubo, não se deve desprezar a posse tranquila da coisa em mãos do ladrão, sob pena de se transformá-lo em um crime formal, em que se pune a simples conduta e não se exige o resultado naturalístico.

> ainda que seja possível ao antigo possuidor retomá-la pela violência, por si ou por terceiro, em virtude de perseguição imediata. Aliás, a fuga com a coisa em seu poder traduz inequivocamente a existência de posse. E a perseguição – não fosse a legitimidade do desforço imediato – seria ato de turbação (ameaça) à posse do ladrão.
>
> Recurso extraordinário conhecido e provido.

Na defesa de suas posições, os ministros desenvolveram cerrada argumentação em seus votos, valendo-se, inclusive, do direito comparado.

O Recurso Extraordinário interposto pela Procuradoria-Geral de Justiça do Estado de São Paulo foi admitido com base no dissídio jurisprudencial verificado entre o acórdão proferido pelo Tribunal de Justiça daquele Estado, que deu provimento ao recurso da defesa e desclassificou o delito de roubo para a forma tentada, e julgados do próprio Supremo Tribunal Federal.

Pelo acórdão recorrido, o fato de o criminoso ter sido preso momentos após a subtração indica que ele não teve a posse tranquila da *res furtiva* e, por isso, o roubo não se consumou.

Por outro lado, a simples admissão do Recurso Extraordinário demonstra que o Supremo Tribunal Federal já havia decidido de maneira diversa, considerando o crime consumado mesmo sem o agente desfrutar da posse do bem subtraído.

O Ministro Moreira Alves, ao proferir o voto vencedor, iniciou sua argumentação precisando o objeto da contenda: saber quando se consuma a ação de "subtrair".

Destacou que quatro são as principais teorias que procuram caracterizar o momento de consumação do furto e, consequentemente, nesse particular, também do roubo:

> a) A teoria da contrectatio, para a qual a consumação se dá pelo simples contacto entre o agente e a coisa alheia;
>
> b) A teoria da apprehensio, (para outros, amotio), segundo a qual se consuma esse crime quando a coisa passa para o poder do agente;
>
> c) A teoria da ablatio, que tem a consumação ocorrida quando a coisa, além de apreendida, é transportada de um lugar para outro; e

d) A teoria da illatio, que exige, para ocorrer a consumação, que a coisa seja levada ao local desejado pelo ladrão para tê-la a salvo.

Em seguida, argumentou, com base no direito comparado, que a teoria dominante é a da *apprehensio*, situando a divergência na caracterização do que vem a ser "apreensão":

> Enquanto a doutrina dominante – e o mesmo sucede coma jurisprudência – entende que a subtração e apossamento (que é, no caso, a apreensão) são correlatos, sendo que a apreensão se verifica no momento em que a coisa é retirada do poder da vítima ainda que não fique no poder do ladrão (como sucede com o punguista que ao puxar a carteira do bolso da vítima a deixa cair ao chão), as opiniões dissidentes, por via de regra, admitem que haja subtração sem o consequente apossamento (apreensão), e só consideram consumado o furto quando se dê o apossamento por parte do ladrão, e, para caracterizá-lo, têm de conceituar o que é a apreensão como meio de aquisição da posse.
>
> Esse segunda colocação – que, em última análise, só tem como consumada a subtração quando, além de ser a coisa retirada do poder da vítima, o ladrão passa a tê-la em seu poder (em outras palavras: é preciso que à posse da vítima se substituta a posse do ladrão) – se situa também no âmbito da teoria da aprrehensio, e é a que se me afigura correta ainda nos países em que o Código Penal não alude a apossamento por subtração, mas se adstringe a referir-se a esta, como sucede na Alemanha, na Espanha e no Brasil.

Note-se que, ao se filiar à segunda posição, o Ministro parece cair em contradição, visto que decidiu exatamente como os adeptos da primeira corrente, que prescindem do apossamento para a caracterização da subtração.

É que, na construção do seu voto, tornou ainda mais preciso o objeto da pesquisa: saber quando é que ocorre o início da posse do ladrão pela apreensão e, consequentemente, a extinção da posse da vítima.

A partir daí, entende que o conceito de posse no Direito Penal não pode divergir do conceito de posse do Direito Civil:

> Com efeito, se a lei penal não tem elementos de que se possa extrair, indubitavelmente, um conceito penalístico de posse diverso do que lhe dá o direito civil – e essa ausência de elementos ocorre, indiscutivelmente, no furto e no roubo -, não tem sentido que, em se tratando de direito penal cuja segurança dos conceitos é garantia indispensável à liberdade, se deixe ao critério subjetivo da doutrina ou dos juízes a fixação do que vem a ser posse para o direito penal, ao invés de se observar a sua disciplina legal no campo do direito – que é o civil – onde se elaborou esse conceito.

Depois, prosseguindo em sua tese, o Ministro Moreira Alves se vale dos institutos do Direito Civil para assim concluir:

> [...] para haver a aquisição da posse por apreensão e a consequente perda da posse contra a vontade do antigo possuidor, é preciso que se tenha poder de fato sobre a coisa, imediatamente depois de cessada a clandestinidade ou a violência, tanto assim que o possuidor esbulhado (e, portanto, o que perdeu a posse pela apreensão de outrem) poderá restituir-se (o que implica dizer: recuperar a posse) por sua própria força, se agir imediatamente, ou após breve intervalo de tempo.

E provoca, por fim:

> Com base em que, senão no arbítrio, se poderá pretender, no Brasil, que alguém quando subtrai coisa alheia por ato violento ou clandestino, cessada a violência ou a clandestinidade, ainda não é possuidor, mas meramente detentor enquanto não sair da esfera de possibilidade de vir a ser seguido, de imediato, pela vítima? O Código Civil é categórico no sentido de que há, nesses casos, posse imediatamente após a cessação da violência ou da clandestinidade, tanto assim que o esbulhado pode recuperar a posse perdida se a retomar do esbulhador ainda que em virtude de perseguição imediata.

O voto divergente, proferido pelo Ministro Néri da Silveira, não é menos contundente em seus fundamentos.

De início, cita um artigo publicado no jornal *O Estado de São Paulo*, edição de 20.10.1985, assinado pelo Procurador de Justiça Luís Carlos

Galvão de Barros, em que se demonstra como era vivo o embate entre as duas correntes no âmbito do Supremo Tribunal Federal.

Curiosamente, a orientação tradicional era a que considerava consumado o roubo no momento em que se dava a subtração mediante violência ou grave ameaça, independentemente da circunstância de ter o agente tido a posse pacífica, ainda que breve, da coisa subtraída.

Somente por volta da década de 80 é que a corrente mais liberal passou a dividir a preferência dos integrantes da mais alta Corte do País.

Portanto, foi com o elevado propósito de assentar-se a orientação pretoriana, que o ministro relator trouxe aquele julgamento a Plenário.

Depois, abriu divergência amparado pelas lições de Nélson Hungria, Heleno Cláudio Fragoso, Magalhães Noronha e, principalmente, Sebastián Soler, cuja leitura das proposições romanas referentes à consumação do furto merecem ser aqui transcritas:

> Pero dentro del derecho romano habia una razón fundamental para determinar las más severas teorías acerca del momento consumativo del hurto, y era ésta: no existiendo en el derecho romano la noción de la tentativa, era necesario "anticipar el elemento de la consumación, considerando ya consumado el hurto con sólo tocar la cosa, sin necesidad de llevársela. Una vez admitida en la doctrina y en la legislación la teoría de la tentativa, resulta evidente que no se hacía necesaria una delimitación tan avanzada del momento consumativo del delito como la propugnada por algunos (attrectatio). He ahí el motivo por el cual modernamente no goza de predicamento la primera de las recordadas teorías. Por motivos opuestos, puede decirse igualmente rechazada la doctrina que requiere un desarrollo muy avanzado y excesivo de la acción, cual es la que hace consistir el hurto en que la cosa hurtada haja sido puesta a buen recaudo por parte del ladrón. El hurto está consumado mientras el ladrón se lleva la cosa, aun cuando no haja llegado a su destino (SOLER, Sebastián. *Derecho penal argentino*, tomo IV, 1951, págs.. 182-183).

Assim, após destacar outros votos de seus pares, manteve o entendimento que vinha esposando, na Corte, desde 1981, e negou provimento ao recurso "por ver, efetivamente, na espécie, identificada, apenas, a tentativa de roubo, qual reconheceu o acórdão".

Ao término desta controvertida decisão plenária, que decidiu, por maioria, considerar consumado o roubo com a simples apreensão da coisa mediante violência ou grave ameaça[456], a matéria se apaziguou no Supremo Tribunal Federal[457] e se irradiou para as instâncias inferiores.

Quanto ao Superior Tribunal de Justiça, desde a sua criação, ocorrida no dia 7 de abril de 1989, prevalece a orientação assumida pelo Supremo Tribunal Federal no sentido de que basta a inversão de posse da *res* para que tenha lugar a consumação do crime, ainda que o bem não saia da esfera de vigilância da vítima em virtude da perseguição empreendida ao agente.

Note-se, pelos julgados abaixo, que os fundamentos ainda remontam ao julgamento em plenário do Recurso Extraordinário nº. 102.490, realizado pelo Supremo Tribunal Federal no longínquo dia 17 de setembro de 1987:

> PENAL. RECURSO ESPECIAL. FURTO QUALIFICADO. ROMPIMENTO DE OBSTÁCULO À SUBTRAÇÃO DA COISA. MOMENTO CONSUMATIVO DO DELITO. PENA AQUÉM DO MÍNIMO, EM RAZÃO DA OCORRÊNCIA DE ATENUANTES. IMPOSSIBILIDADE. I - O delito de furto se consuma no momento em que o agente se torna possuidor da *res* subtraída, pouco importando que a posse seja ou não mansa e pacífica. Assim, para que o agente se torne possuidor, é prescindível que a *res* saia da esfera de vigilância da vítima, bastando que cesse a clandestinidade (Precedentes do STJ e do c. Pretório Excelso). II - A jurisprudência do STF (cf. RE 102.490, 17.9.87, Moreira; HC 74.376, 1ª T., Moreira,

456 O extrato da ata registrou o seguinte: "Conheceu-se do recurso unanimemente, e se lhe deu provimento, vencidos os Ministros Aldir Passarinho e Néri da Silveira. Plenário, em 17.09.87. Presidência do Senhor Ministro Rafael Mayer. Presentes à sessão os Senhores Ministros Djaci Falcão, Moreira Alves, Néri da Silveira, Oscar Corrêa, Aldir Passarinho, Sydney Sanches, Octavio Gallotti, Carlos Madeira e Célio Borja. Ausente, justificadamente, o Sr. Ministro Francisco Rezek. Procurador-Geral da República, o Dr. José Paulo Sepúlveda Pertence".

457 Excepcionalmente, algumas decisões do Supremo Tribunal Federal reconhecem o roubo tentado quando o caso dos autos contém uma peculiaridade que afasta a aplicação da orientação já pacificada, como, por exemplo, no julgamento do HC 104.593/MG, em que a Corte considerou que, estando monitorados pela Polícia antes mesmo do ataque ao bem jurídico, o crime não se consuma por circunstâncias alheias à vontade dos agentes (STF, HC 104.593/MG, Rel. Min. Luiz Fux, DJ 8.11.2011).

DJ 7.3.97; HC 89.653, 1ª T., 6.3.07, Levandowski, DJ 23.03.07), dispensa, para a consumação do furto ou do roubo, o critério da saída da coisa da chamada "esfera de vigilância da vítima" e se contenta com a verificação de que, cessada a clandestinidade ou a violência, o agente tenha tido a posse da "res furtiva", ainda que retomada, em seguida, pela perseguição imediata" (cf. HC 89958/SP, 1ª Turma, Rel. Ministro Sepúlveda Pertence, DJ 27/04/2007) (STJ, 5ª Turma, REsp 982895/RS, Rel. Min. Félix Fischer, DJ 12.5.2008).

AGRAVO REGIMENTAL EM RECURSO ESPECIAL. FURTO QUALIFICADO PELO CONCURSO DE AGENTES. APLICAÇÃO DO AUMENTO PREVISTO PARA O ROUBO CIRCUNSTANCIADO. ANALOGIA. INADMISSIBILIDADE. PRECEDENTES DO STJ. TENTATIVA. POSSE MANSA E TRANQÜILA DA RES. DESNECESSIDADE. PRECEDENTES DO STJ. AGRAVO REGIMENTAL DESPROVIDO. - É firme o entendimento neste Tribunal Superior que a consumação do furto se dá quando o agente consegue retirar o bem da esfera de disponibilidade da vítima, ainda que não haja posse tranqüila da *res*, ou seja, quando o ofendido não possa mais exercer os poderes inerentes à sua posse ou propriedade (Agravo Regimental no Recurso Especial nº. 981990/RS, 5ª Turma, Rel. Min. Napoleão Nunes Maia Filho, DJ 30.6.2008).

De todo o exposto, conclui-se, então, que a interpretação relativa ao momento de consumação do furto e do roubo tem, como um de seus fundamentos, a posição assumida pelo Supremo Tribunal Federal a partir do julgamento em plenário do Recurso Extraordinário nº. 102.490, relatado pelo Ministro Moreira Alves.

Acontece que aquela decisão foi proferida na vigência do Código Civil de 1916 e da Constituição Federal de 1967 - substancialmente alterada pela Emenda Constitucional nº. 1/1969, de cunho nitidamente autoritário, demonstrando, de maneira clara, a tradição da jurisprudência brasileira de se orientar pelas ementas dos precedentes e não por seus fundamentos, tal como criticado por Mariângela Gomes (v. item 2.2.2, segunda parte).

Certamente, a interpretação poderia ser outra caso fossem considerados os princípios constitucionais de garantia, posto que, num sistema regido pela Constituição, as normas infraconstitucionais devem nela encontrar seu sopro de validade material.

Hodiernamente não se justifica buscar no Direito Civil o conceito de posse para ser aplicado na interpretação dos tipos penais de crime, devendo-se optar pela interpretação que proporcione um sentido conforme a Constituição e o Estado Democrático e Social de Direito.

De outra banda, a observância do princípio da legalidade implica a definição de um conceito restritivo do verbo "subtrair", elemento reitor dos tipos penais do furto e do roubo, pois, diante da exigência de estruturação clara das condutas criminosas, não se pode conceber que a interpretação ultrapasse o sentido semântico do verbo, bem como resulte em significados distintos, segundo o tipo penal no qual se encontra inserido.

Por último, o princípio da lesividade estabelece a superveniência de dano ou perigo de dano para o objeto jurídico tutelado – no caso, o patrimônio alheio - e, por isso, não se pode considerar caracterizado consumado o delito patrimonial antes que a coisa subtraída ingresse no livre poder de disposição do agente, perdendo-se de modo definitivo para a vítima.

Além do mais, a matéria, no mínimo, deveria ser rediscutida com a entrada em vigor da Lei nº. 1.406, de 10 de janeiro de 2002, que instituiu o novo Código Civil brasileiro, o qual, em seu art. 1.204, deu nova definição para o momento de aquisição da posse, revogando, assim, o antigo art. 493, que havia servido de fundamento para o voto vencedor do Ministro Moreira Alves.

Veja a discrepância existente entre a antiga e a nova redação do Código Civil a respeito da aquisição da posse:

> Art. 493 (Código Civil antigo): Adquire-se a posse: I – pela apreensão da coisa, ou pelo exercício do direito; II – pelo fato de se dispor da coisa, ou do direito; III – por qualquer dos modos de aquisição em geral.

> Art. 1.204 (Novo Código Civil): Adquire-se a posse desde o momento em que se torna possível o exercício, em nome próprio, de qualquer dos poderes inerentes à propriedade.

Ora, se é verdade que o conceito de posse deve ser extraído do Direito Civil, tal como ponderou o Ministro Moreira Alves em seu voto, a nova definição formulada pelo atual Código Civil brasileiro conduziria à conclusão oposta à que ele chegou, uma vez que a mera apreensão ou tomada do objeto não torna possível, de imediato, o "exercício, em nome próprio, de qualquer dos poderes inerentes à propriedade", sendo impossível imaginar um ladrão em fuga dispondo da coisa como se proprietário fosse.

Portanto, ao estender os limites objetivos do momento consumativo do furto e do roubo para além do significado semântico possível do verbo "subtrair", a jurisprudência contornou a proibição da analogia e, por conseguinte, do princípio da legalidade.

Diferentemente da alteração formal da lei, que ocorre mediante a manifestação de vontade do legislador ordinário, na ampliação do tipo penal pelo órgão judiciário produz-se uma ruptura do princípio da legalidade.

Com efeito, quando se anuncia que determinado elemento típico está sendo expandido de forma prejudicial à defesa, rompe-se com o espírito da legalidade na medida em que o julgador acaba por modificar o tipo penal sem o devido processo legislativo.

Portanto, pode-se concluir que a ampliação do momento de consumação do furto e do roubo pela jurisprudência não obedece hoje aos limites impostos pela descrição típica e pelos princípios constitucionais de garantia, traduzindo-se em inequívoca afronta à proibição da analogia.

3.3 Do significado dos elementos especia-lizantes do crime de roubo

Se no item anterior os contrastes jurisprudenciais se apresentam ao longo do tempo, sendo, por isso, chamados "diacrônicos", aqui eles ocorrem concomitantemente e são denominados "sincrônicos". [458]

[458] Segundo Mariângela Gomes, os contrastes diacrônicos são a melhor expressão da norma jurídica como um organismo capaz de se adaptar às mudanças do ambiente em que se encontra, afastando a ideia de um preceito cujo significado seja eternamente imutável (GOMES, Mariângela Gama de Magalhães. *Direito penal e interpretação jurisprudencial:* do princípio da legalidade às súmulas vinculantes. São Paulo: Atlas, 2008, p. 77).

Já não se trata da superação de uma jurisprudência consolidada e que não mais corresponde às expectativas sociais, mas da convivência de duas ou mais interpretações sobre a mesma norma ou princípio.

As divergências sincrônicas, além de afetarem a segurança jurídica e o princípio da igualdade, transmitem a sensação de insegurança e tornam a Justiça desacreditada.

Um caminho seguro para se evitar essa indesejada situação é prestigiar, na sentença, o princípio da legalidade, tanto no sentido lato ou formal de *reserva de lei* como no sentido estrito ou substancial de *taxatividade penal*.

Com efeito, a descrição utilizada pelo legislador no tipo do roubo seguramente se destaca entre aquelas que têm desafiado a doutrina e a jurisprudência em relação ao verdadeiro sentido e alcance de seus elementos normativos.

Como é sabido, o roubo é um tipo penal especial em relação ao furto e dele se difere através dos elementos especializantes ligados ao modo de execução da subtração, que deve se realizar mediante grave ameaça, violência a pessoa ou qualquer outro meio que reduza a vítima à impossibilidade de resistência (violência imprópria).

Na interpretação de tais elementos, prevalece a carga normativa dos termos, exigindo do intérprete um juízo de valor para o seu conhecimento.

Tratando-se de elementos normativos do tipo, devem ser valorados pelo intérprete segundo os fatos e as características que determinaram o caso concreto (v. item 2.1.2 – primeira parte).

Disso resulta que se deve esperar maior subjetividade ou discricionariedade do juiz, servindo a proibição da analogia tão somente para impedir interpretações extremas.

Nessa ordem de ideias, o princípio da legalidade indica a necessidade de se realizar uma interpretação restritiva para tornar mais clara e precisa a conduta efetivamente proibida pelo tipo, afastando, assim, o gérmen da insegurança jurídica.

Relativamente ao conceito de "grave ameaça", torna-se imperioso perceber, de imediato, que o legislador, não por acaso, valeu-se do adjetivo "grave" para significar que não é qualquer ameaça durante a subtração que transforma o furto em roubo, mas somente aquela capaz de, efetivamente, intimidar a vítima e torná-la indefesa frente ao ataque do agente.

O argumento segundo o qual a palavra da vítima ou outras provas indiretas bastariam para caracterizar a grave ameaça não pode ser aceito sem maiores cautelas, devendo o julgador se basear em dados concretos para o julgamento.

Sob esse ângulo, o princípio da legalidade não vem sendo respeitado em algumas decisões, como a que reconheceu o emprego de grave ameaça na conduta de quem, após arrebatar um aparelho celular que se encontrava em poder da vítima, "faz menção de estar armado colocando uma das mãos sob a camisa" (TAMG, 1ª Câmara Mista, Embargos Infringentes nº. 2.0000.00.420968-1/001, Rel. Juiz Eduardo Brum, DJ 02.03.2005); empolga um "espetinho de bambu" (TJMG, 5ª Câmara Criminal, Apelação nº. 2.0000.00.488612-4/000, Rel. Des. Maria Celeste Porto, DJ 1º.07.2005) ou simula o "porte de algum instrumento apto a ferir" (TJMG, 6ª Câmara Criminal, Apelação nº. 1.0024.09.754354-0/001, Rel. Des. Furtado de Mendonça, DJ 18.10.2011).

A propósito do vocábulo "violência", a dificuldade de se conceituá-lo reside no fato de o legislador, na construção do tipo incriminador, tê-lo utilizado como espécie e não como gênero.

Assim, a violência, como gênero, é representada no Código Penal brasileiro através das espécies violência física (violência propriamente dita) e violência moral (ameaça); violência contra a pessoa e violência contra a coisa; violência real e violência presumida; violência própria e violência imprópria.

Quanto à "violência moral", o Código Penal sempre se refere a ela através da expressão grave ameaça, havendo consenso na doutrina e jurisprudência em excluí-la quando o tipo referir-se somente ao termo violência.

A "violência contra a coisa" fica também excluída do vocábulo "violência" tendo em vista o princípio da proporcionalidade, uma vez que a "violência contra a pessoa" revela em nosso ordenamento jurídico um maior desvalor da ação.

Logo, quando o vocábulo "violência" figurar sozinho na descrição típica de determinado delito, deve também ser interpretado restritivamente nesse aspecto, circunscrevendo apenas a hipótese de violência contra a pessoa.

Finalmente, considerando ainda que o princípio da ofensividade exclui as hipóteses de violência presumida e vias de fato, pode-se concluir que o vocábulo "violência", quando inserido isoladamente no tipo, deve ser interpretado restritivamente como "violência física contra a pessoa da qual resulta lesão corporal".[459]

Desse modo, questões práticas que há muito buscam consenso na doutrina e jurisprudência poderiam ser facilmente resolvidas, como é o caso de se saber se a subtração de coisa alheia móvel mediante o artifício da "trombada" caracteriza o crime de furto ou roubo.

Aplicando-se o conceito de violência acima obtido, a questão se resolve através da análise de cada caso concreto, devendo-se perquirir inicialmente se resultou lesão corporal caracterizadora do emprego de violência.

Em caso negativo, embora afastado de plano o emprego de violência, a hipótese de roubo não fica automaticamente descartada, podendo as simples vias de fato caracterizar a grave ameaça desde que tenha interferido no poder de reação da vítima e esteja, ao menos implicitamente, descrita na denúncia.

O certo, porém, é que a jurisprudência continua instável quando se trata de considerar o emprego de violência para a subtração de coisa alheia móvel, encontrando-se, não raras vezes, decisões que estendem o conceito do vocábulo para muito além do seu sentido literal, conferindo-lhe uma interpretação extensiva em clara ofensa ao princípio da legalidade.

A título de exemplo, a jurisprudência do Tribunal de Justiça do Estado de Minas Gerais já formulou um juízo de tipicidade do roubo na ação de quem subtrai coisa alheia através de um simples contato físico (TJMG, 2ª. Câmara Criminal, Apelação nº. 1.0183.04.064004-1/001(1), Rel. Des. Beatriz Pinheiro Caires, DJ 20.6.2008), vias de fato (TJMG, 5ª. Câmara Criminal, Apelação nº. 1.0672.06.205375-2/001(1), Rel. Des.

459 MARCHI JÚNIOR, Antônio de Padova. *Do conceito de violência na parte especial do código penal.* Dissertação de mestrado apresentada à Faculdade de Direito da Universidade Federal de Minas Gerais, 2002, p. 176.

Hélcio Valentim, DJ 21.4.2007) ou violência contra a coisa (TJMG, 4ª. Câmara Criminal, Apelação nº. 1.0702.06.323040-4/001(1), Rel. Des. Walter Pinto da Rocha, DJ 04.04.2008).

Tais excessos interpretativos acabam ocasionando graves rupturas no ordenamento jurídico diante do tratamento desproporcional concedido a situações jurídicas semelhantes.

Exatamente por isso, a jurisprudência deve impedir a arbitrariedade da decisão, impondo limites ao conceito das expressões típicas.

3.4 Sobre a conformação da tipicidade mate-rial no crime de furto

Nessa quadra se percebe uma oscilação tanto em relação à discussão sobre a legislação brasileira ter recepcionado ou não o princípio como quais ofensas ao patrimônio devem ser consideradas bagatelares.

A primeira controvérsia pode ser facilmente deduzida do contraste entre decisões tomadas em direções opostas, como se depreende dos acórdãos abaixo:

> APELAÇÃO CRIMINAL. FURTOS SIMPLES CONSUMADO E TENTADO. INVOCAÇÃO DO PRINCÍPIO DA INSIGNIFICÂNCIA PENAL. OBJETOS SUBTRAÍDOS COM AVALIAÇÃO ÍNFIMA. IRRELEVÂNCIA DA CONDUTA NA ESFERA PENAL. AUSÊNCIA DE PERICULOSIDADE SOCIAL DA AÇÃO. REDUZIDO GRAU DE REPROVABILIDADE DO COMPORTAMENTO DO AGENTE. CABIMENTO. Pelo princípio da insignificância, é necessário que haja proporção entre a gravidade da conduta que se pretende punível e a proporção da intervenção estatal, não sendo, portanto, a ofensa a determinados bens jurídicos suficiente para a configuração do injusto penal, por não apresentar nenhuma relevância material. Não configuradas a lesividade da conduta do agente e a periculosidade social da ação, sendo mínima a ofensividade da conduta e reduzido o seu grau de reprovabilidade, cabível a aplicação do princípio da insignificância para absolver o acusado. As condições pessoais do agente, como a reincidência, por exemplo, pouco importa para o reconhecimento do princípio da insignificância, pois o referido princípio possui natureza meramente

objetiva, pouco importando, para o deslinde da ação, elementos subjetivos do réu. Apelação provida (TJMG, 2ª Câmara Criminal, Apelação nº. 1.0480.10.010158-7/001, Rel. Des. Nelson Missias de Morais, DJ 31.01.2012).

APELAÇÃO CRIMINAL - PRINCÍPIO DA INSIGNIFICÂNCIA - INAPLICABILIDADE - PRINCÍPIO DA RESERVA LEGAL. O princípio da insignificância não foi contemplado em nosso ordenamento jurídico penal, que se contenta com a tipicidade formal. Tal princípio é aplicado em momento anterior à elaboração da lei, servindo como orientador do legislador para a seleção de condutas penalmente relevantes a serem tipificadas conforme o grau de lesividade ao bem jurídico protegido (TJMG, 7ª Câmara Criminal, Apelação nº. 1.0699.09.104241-5/001, Rel. Des. Marcílio Eustáquio Santos, DJ 03.02.2012).

A segunda controvérsia é menos incisiva, posto que circunscrita àqueles que defendem a aplicação do princípio orientando-se pelos precedentes oriundos do Supremo Tribunal Federal e do Superior Tribunal de Justiça, que condicionaram sua aplicação a quatro requisitos, a saber: (a) a mínima ofensividade da conduta; (b) a falta de periculosidade social da ação; (c) o reduzidíssimo grau de reprovabilidade do comportamento e (d) a inexpressividade da lesão jurídica provocada.[460]

Referentemente a este último requisito, prevalece o entendimento de que a lesão patrimonial será insignificante caso o valor econômico do bem subtraído não alcance o percentual de 10% (dez por cento) do salário mínimo vigente.[461]

Lúcio Antônio Chamon Júnior criticou a maneira aproblemática como a doutrina e a jurisprudência assumiram a interpretação do juízo

---

460 Nesse sentido: TJMG, 2ª Câmara Criminal, Apelação nº. 1.0273.10.000489-7/001, Rel. Des. Nelson Missias de Morais, DJ 27.01.2012; TJMG, 1ª Câmara Criminal, Apelação nº. 1.0024.11.057449-8/001, Rel. Des. Walter Luiz, DJ 03.02.2012; TJMG, 2ª Câmara Criminal, Apelação nº. 1.0456.10.000606-7/001, Rel. Des. Beatriz Pinheiro Caires, DJ 09.02.2012.

461 Nesse sentido: TJMG, 5ª Câmara Criminal, Apelação nº. 1.0000.08.480824-5/000, Rel. Des. Alexandre Victor de Carvalho, DJ 20.10.2008; TJMG, 5ª Câmara Criminal, Apelação nº. 1.0414.05.011279-9/001, Rel. Des. Pedro Vergara, DJ 02.06.2007; TAMG, 2ª Câmara Criminal, Apelação nº. 2.0000.00.356431/000, Rel. Juiz Erony da Silva, DJ 28.05.2002.

de tipicidade a partir de uma "suposta" aplicação constitucional do Direito Penal.[462]

Sua principal observação reside na constatação de que os critérios utilizados para demarcar a insignificância da subtração, ou seja, a "mínima ofensividade da conduta", a "falta de periculosidade social da ação", o "reduzidíssimo grau de reprovabilidade do comportamento" e a "inexpressividade da lesão", encontram-se atrelados a interpretação do Direito Penal em termos político-criminais e, portanto, "orientados ao alcance de certas finalidades quando de sua aplicação", o que, em outros termos, representa a corrosão do sistema do Direito e sua substituição pelo sistema da Política.[463]

Afinal, a argumentação assim pautada pressupõe uma ordem concreta que determina os "parâmetros" da reprovabilidade da conduta, "que acaba se transmutando numa reprovabilidade ética e não efetivamente jurídica".[464]

Desse modo, o princípio não poderia ser assumido como medida mensurável valorativamente em torno de razões pragmatistas, morais ou éticas, mas em face de argumentos jurídicos a concluir pelo seu "significado atípico". Insignificância, então, implicaria uma "não realização do tipo", e jamais uma "pequena, insignificante, realização do tipo...".[465]

Termina por fazer um apelo em prol da definição da insignificância penal de uma conduta num devido processo legislativo, onde os parâmetros - "sempre interpretáveis principiologicamente à luz dos futuros casos concretos" - deveriam ser construídos como forma de se evitar que a força normativa do Direito fosse violentada a cada decisão fundada em meras convicções pessoais do julgador.[466]

[462] CHAMON JÚNIOR, Lúcio Antônio. *Teoria constitucional do direito penal.* Contribuições a uma reconstrução da dogmática penal 100 anos depois. Rio de Janeiro: Lumen Juris, 2006, p. 149.

[463] CHAMON JÚNIOR, Lúcio Antônio. *Teoria constitucional do direito penal.* Contribuições a uma reconstrução da dogmática penal 100 anos depois. Rio de Janeiro: Lumen Juris, 2006, p. 153.

[464] CHAMON JÚNIOR, Lúcio Antônio. *Teoria constitucional do direito penal.* Contribuições a uma reconstrução da dogmática penal 100 anos depois. Rio de Janeiro: Lumen Juris, 2006, p. 162.

[465] CHAMON JÚNIOR, Lúcio Antônio. *Teoria constitucional do direito penal.* Contribuições a uma reconstrução da dogmática penal 100 anos depois. Rio de Janeiro: Lumen Juris, 2006, p. 165.

[466] CHAMON JÚNIOR, Lúcio Antônio. *Teoria constitucional do direito penal.* Contribuições a uma reconstrução da dogmática penal 100 anos depois. Rio de Janeiro: Lumen Juris, 2006, p. 166.

De todo modo, não é correto deixar de aplicar o princípio da insignificância sob o argumento de que ele não foi recepcionado pela legislação brasileira, pois a questão se resolve mesmo no âmbito do juízo da tipicidade.

Ao definir a conduta típica, o legislador não pode prever as infinitas possibilidades de sua realização, sendo, por isso, necessário corrigir seu alcance para impedir que condutas desprovidas de potencialidade lesiva ao bem jurídico venham a ser punidas com a privação da liberdade ou a restrição de direitos do indivíduo.

Com efeito, a subtração de pequena monta não configura ofensa concreta ao patrimônio da vítima, o que afasta o juízo de tipicidade material da conduta tanto em relação ao furto como ao roubo.

Em relação a este último, percebe-se uma discriminação jurisprudencial fundada na natureza complexa do delito, estabelecendo que o emprego de grave ameaça ou violência, por si só, afastaria a possibilidade de aplicação do princípio da insignificância, o que tem provocado diversas condenações gritantemente desproporcionais.

Na verdade, sendo o delito de roubo espécie de crime complexo, a conformação do juízo de tipicidade depende, necessariamente, da efetiva lesão de ambos os bens jurídicos protegidos pelo tipo, o patrimônio e a integridade física ou liberdade da pessoa.

Se o bem subtraído não possuir valor econômico relevante, não haverá ofensa ao patrimônio; se a ameaça não for suficiente para intimidar a vítima, não haverá "grave ameaça"; por fim, se da agressão física não resultar lesão corporal, não haverá "violência". Em todos os casos, a insignificância da conduta, seja em relação ao bem subtraído, seja em relação ao modo de execução do crime, afasta o juízo de tipicidade do roubo.

Mais uma vez, a relutância em se admitir a insignificância no roubo tem provocado contrastes jurisprudenciais sincrônicos que afetam não apenas a segurança jurídica, mas também o princípio da igualdade, fazendo reluzir a observação de José Marcelo Menezes Vigliar no sentido de que ao jurisdicionado deve ser reservado mais que a simples sorte à moda lotérica[467]:

> APELAÇÃO - ROUBO - PRINCÍPIO DA INSIGNIFICÂNCIA - CRIMES COM VIOLÊNCIA OU GRAVE AMEAÇA - DELITO COMPLEXO - TIPICIDADE MATERIAL - NECESSIDADE DE OFENSA A AMBOS OS BENS JURÍDICOS TUTELADOS - DESCLASSIFICAÇÃO - CRIME DE LESÃO CORPORAL LEVE - DECADÊNCIA DO DIREITO DE REPRESENTAÇÃO. I - É possível a incidência do princípio da insignificância mesmo nos crimes cometidos com violência ou grave ameaça à pessoa, porque o juízo de tipicidade material não passa pela análise do comportamento da vítima, ou seja, seu dissenso ou contrariedade à ação do agente e, sim, em um juízo de lesividade da conduta - "nullum crimem sine iniuria". II - Sendo o delito de roubo espécie de crime complexo, a lesividade da conduta para se adequar a este tipo penal deve abranger necessariamente os dois valores protegidos pela norma, sendo imprescindível significativa lesão ao patrimônio e à pessoa, cumulativamente. III - Não havendo lesividade relevante ao patrimônio da ofendida, ocorre a descaracterização do crime complexo de roubo, resultando na desclassificação do delito para o subsidiário crime de lesão leve, descrito no art. 129 do codex. IV - Opera-se a decadência do direito de representação se o ofendido não o exerce dentro de seis meses, contado do dia em que veio saber quem é o autor do crime (TJMG, 5ª Câmara Criminal, Apelação nº. 1.0433.03.093369-4/002, Rel. Des. Alexandre Victor de Carvalho, DJ 13.07.2009).

> APELAÇÃO CRIMINAL. ARTIGO 157, § 2º, II, DO CÓDIGO PENAL. AUTORIA E MATERIALIDADE COMPROVADAS. CONFISSÃO JUDICIAL. PALAVRA DA VÍTIMA. TESTEMUNHOS COLHIDOS SOB O CRIVO DO CONTRADITÓRIO. CONDENAÇÃO MANTIDA. PRINCÍPIO DA INSIGNIFICÂNCIA. INAPLICABILIDADE. Havendo prova cabal da autoria e materialidade do delito de roubo majorado descrito na denúncia, consubstanciada na palavra da vítima, em consonância com testemunhos colhidos sob o crivo do contraditório, resulta inviável a súplica

[467] VIGLIAR, José Marcelo Menezes. *Uniformização de jurisprudência como garantia do jurisdicionado.* Tese de doutorado apresentada à Faculdade de Direito da Universidade de São Paulo, São Paulo: USP, s/d, p. 252.

absolutória. Inviável a aplicação do princípio da insignificância ao roubo, uma vez que a violência e a grave ameaça contidas no tipo penal não podem ser consideradas de menor importância. Precedentes do Superior Tribunal de Justiça (TJMG, 2ª Câmara Criminal, Apelação nº. 1.0461.04.0215333-1/002, Rel. Des. Renato Martins Jacob, DJ 30.09.2011).

Considerando que a razão de ser do princípio da legalidade reside na distribuição regular e igualitária da lei penal, bem como na possibilidade de cada cidadão conhecer exatamente quais são as condutas proibidas e suas respectivas sanções, a existência de uma jurisprudência contraditória, na qual a sorte do acusado depende da distribuição do seu processo, impede a concreção de seus postulados e acentua a irracionalidade do sistema penal.

4 UNIFORMIZAÇÃO DA INTERPRETAÇÃO DA LEGISLAÇÃO INFRACONSTITUCIONAL E CONTROLE DA LEGALIDADE PELO SUPERIOR TRIBUNAL DE JUSTIÇA

4.1 Função institucional do Superior Tribunal de Justiça

4.1.1 Origem e competência

A justiça comum brasileira é dividida entre as esferas estadual e federal. Paralelamente a elas desenvolvem-se as justiças especializadas Eleitoral, Militar e Trabalhista.

A Justiça Estadual está estruturada em duas instâncias: o primeiro grau, formado pelos juízes estaduais, lotados por entrância (art. 93, II, CF) e o segundo grau, representado pelo Tribunal de Justiça.

A Justiça Federal também possui a mesma dicotomia: enquanto a primeira instância fica a cargo dos juízes federais, a segunda instância é repartida entre os Tribunais Regionais Federais.

O Supremo Tribunal Federal, até 1988, atendia como exclusivo órgão de cúpula da justiça comum, competindo-lhe, através do recurso extraordinário, o controle e a uniformização do direito constitucional e infraconstitucional.

A estrutura do órgão, ou pelo menos sua composição, praticamente se manteve desde a Constituição de 1891, quando era formado por quinze Ministros. Em 1924 passou a ser composto por onze Ministros e assim se manteve até 1967, quando alcançou dezesseis Ministros e, depois, a partir da Emenda Constitucional nº. 1 de 1969, retornou à formação com onze Ministros, que perdura até hoje.

O aumento significativo da população brasileira, o avanço industrial e o desenvolvimento econômico, aliados às grandes transformações políticas e sociais ocorridas no período, determinaram o estrangulamento do Supremo Tribunal Federal, o qual, com seus onze Ministros, não tinha como julgar os recursos extraordinários que ali aportavam diariamente.

A não apreciação dos recursos extraordinários contaminou a justiça comum como um todo, fazendo com que surgissem divergências de interpretação da lei ordinária entre as Justiças Estaduais e entre estas e a Justiça Federal.

Como não poderia deixar de ser, os meios jurídico e acadêmico passaram a se preocupar com o problema, que ficou conhecido como a "crise do Supremo Tribunal Federal".[468]

As medidas paliativas se sucederam e vários óbices procedimentais foram sendo paulatinamente estabelecidos para filtrar, cada vez com mais intensidade, a subida dos recursos extraordinários, a ponto do regimento interno da Corte adotar o instituto do "Agravo de Relevância" com o propósito de permitir a apreciação das demandas que, barradas pelos óbices, apresentassem grande repercussão social.

A criação do Superior Tribunal de Justiça foi a mais contundente medida adotada pelos constituintes de 1988 para o enfrentamento da crise, mas a sua concepção remonta à época anterior à elaboração do novo texto constitucional.

Com efeito, a mesa redonda realizada pela Fundação Getúlio Vargas em 1965 é frequentemente lembrada como o acontecimento no qual fo-

---

468 Cf. ZVEITER, Waldemar. *O sistema federalista no Brasil e o Superior Tribunal de Justiça*. *In*: Doutrina do Superior Tribunal de Justiça: edição comemorativa 15 anos. Brasília: STJ, 2005, p. 422.

ram lançados os fundamentos do Superior Tribunal de Justiça, com a incumbência de velar pela autoridade e uniformidade do direito federal.[469]

A Ministra Eliana Calmon Alves destaca ainda outros dois episódios que a levaram à conclusão de que, ao se instalar a Assembléia Nacional Constituinte em 1987, já havia um consenso quanto à criação de um tribunal nacional: o discurso de aposentadoria do Ministro Aliomar Baleeiro, do Supremo Tribunal Federal, ocorrido em 1975 e o encaminhamento de um anteprojeto de "Reforma do Judiciário" feito pelo Tribunal Federal de Recursos ao Congresso Nacional no ano de 1976, *onde era proposta a descentralização da Justiça Federal, com a criação dos Tribunais Regionais Federais, ao tempo em que era destacada a imprescindível criação de um órgão uniformizador do Direito Federal.*[470]

Foi, portanto, para assegurar a "inteireza positiva, a validade, a autoridade e a uniformidade de interpretação das leis federais"[471] que, em 7 de abril de 1989, instalou-se o Superior Tribunal de Justiça.

Lapidar é a definição de Arruda Alvim precisamente sobre a função institucional do Superior Tribunal de Justiça:

> A função jurisdicional exercida pelo Superior Tribunal de Justiça representa a culminância e o fim da atividade judicante em relação à inteligência de todo o direito federal de caráter infraconstitucional. Significa sempre a última e definitiva palavra sobre o seu entendimento e a sua aplicação. O conhecimento do direito positivo federal infraconstitucional, na sua percepção final e última, é indesvinculável da casuística em que se estampa a interpretação do STJ.[472]

Desse modo, o Poder Judiciário brasileiro passou a contar em sua estrutura com dois órgãos regentes, o Supremo Tribunal Federal e o Superior Tribunal de Justiça.

---

[469] VELOSO, Carlos Mário da Silva. O Superior Tribunal de Justiça na Constituição de 1988. *In*, *Revista dos Tribunais*, São Paulo, RT, vol. 77, nº. 638, p. 15-29, dez./1988.

[470] ALVES, Eliana Calmon. O Superior Tribunal de Justiça na Constituição. *In*, http://bdjur.stj.jus.br, 2000.

[471] NAVES, Nilson. Discurso de posse no cargo de Presidente do Superior Tribunal de Justiça. *In*, http://bdjur.stj.jus.br.

[472] ALVIM, Arruda. *A alta função jurisdicional do Superior Tribunal de Justiça no âmbito do recurso especial e a relevância das questões. In*: STJ 10 anos: obra comemorativa. Brasília: STJ, 1999, p. 37.

O primeiro, como visto, é composto de onze Ministros[473], brasileiros natos (CF, art. 12, §3°, IV), escolhidos entre cidadãos com mais de 35 e menos de 65 anos de idade, de notável saber jurídico e reputação ilibada (CF, art. 101), nomeados pelo Presidente da República após aprovação da escolha pela maioria absoluta do Senado Federal.

A tarefa fundamental do Supremo Tribunal Federal é a guarda da Constituição, executada tanto através do controle concentrado por meio das ações diretas de (in)constitucionalidade, como mediante o controle difuso, que ocorre principalmente quando do julgamento dos recursos extraordinários.[474]

O Superior Tribunal de Justiça, por sua vez, é composto de, no mínimo, trinta e três Ministros, divididos em seis Turmas[475], estas com competência em razão da matéria. A Primeira e a Segunda Turmas compõem a Primeira Seção, especializada em temas de Direito Público; a Terceira e a Quarta Turmas, a Segunda Seção, especializada em Direito Privado; e a Quinta e Sexta Turmas, a Terceira Seção, especializada em Direito Penal.

Dois terços dos integrantes do Superior Tribunal de Justiça são provenientes da Magistratura Federal e Estadual de 2° grau, e o terço restante do Ministério Público e da Advocacia, todos escolhidos pelo Presidente da República entre os nomes constantes de lista tríplice elaborada pelo próprio Tribunal, e nomeados após aprovação pelo Senado (CF, art. 104 e parágrafo único, I e II).

O Superior Tribunal de Justiça possui a missão de assegurar a aplicação e a uniformidade da legislação infraconstitucional, sendo sua competência dividida em três grandes grupos, consoante o art. 105 da Constituição Federal.

O primeiro refere-se à competência originária estabelecida pelo inciso I do referido artigo.

Pelo texto constitucional, compete ao Superior Tribunal de Justiça processar e julgar, originariamente, as autoridades detentoras de

[473] O título de Ministro, no Poder Judiciário, é reservado aos juízes que integram os Tribunais Superiores.

[474] Nesse sentido, CARNEIRO, Athos Gusmão. *O papel da jurisprudência no Brasil. A súmula e os precedentes jurisprudenciais. Relatório ao Congresso de Roma. In*: Doutrina do Superior Tribunal de Justiça: edição comemorativa 15 anos. Brasília: STJ, 2005, p. 328.

[475] Designação dos órgãos fracionários dos tribunais superiores.

foro privilegiado expressamente indicadas na alínea *a* do mencionado dispositivo.

No âmbito civil, o Superior é responsável pelo julgamento dos mandados de segurança e *habeas data* contra ato dos Ministros de Estado, dos Comandantes da Marinha, do Exército e da Aeronáutica, e de seus próprios Ministros (alínea *b*).

A competência original também foi estabelecida para os *habeas corpus*, quando o coator ou paciente for qualquer das pessoas mencionadas na alínea *a*, ou quando o coator for tribunal sujeito à sua jurisdição, Ministro de Estado ou Comandante da Marinha, do Exército ou da Aeronáutica, ressalvada a competência da Justiça eleitoral (alínea *c*).

A competência originária se completa com as alíneas *d* a *i*, do inciso I, art. 105, da Constituição Federal.

O segundo grupo de competência refere-se às hipóteses de recurso ordinário, em que o Superior Tribunal de Justiça faz o papel de verdadeiro órgão de revisão, como ocorre nos *habeas corpus* e mandados de segurança decididos em única instância pelos Tribunais Regionais Federais ou Tribunais Estaduais, quando denegatória a decisão (art. 105, II, alíneas *a* e *b*, CF).

Do mesmo modo acontece nas causas em que forem partes Estado estrangeiro ou organismo internacional, de um lado, e, do outro, Município ou pessoa residente ou domiciliada no País (art. 105, II, alínea *c*).

Por fim, como terceiro e último grupo de competência, o Superior Tribunal de Justiça julga, através do recurso especial, as causas decididas em única ou última instância, pelos Tribunais Regionais Federais, Estaduais ou do Distrito Federal e Territórios, quando a decisão recorrida (a) contrariar tratado ou lei federal, ou negar-lhes vigência; (b) julgar válido ato de governo local contestado em face de lei federal e (c) der a lei federal interpretação divergente da que lhe haja atribuído outro tribunal (art. 105, III, CF).

4.1.2 A especial função de proteção da liberdade através do controle da legalidade

Quanto mais desenvolvido o estágio civilizacional de uma nação, mais a liberdade estende suas fronteiras na disputa permanente contra o arbítrio.

Exatamente por isso, cumpre ao Tribunal da Cidadania manter-se ajustado à realidade social, política e econômica do país, respeitando os anseios da sociedade por maior liberdade e democracia.

No campo estritamente penal, a lógica da seletividade deve ser revertida em prol da igualdade de todos perante a lei, superando a crise de legitimidade que há tempos afeta o sistema, conforme demonstrado por Vera Regina Pereira de Andrade:

> A segurança do homem tem sido colonizada e hegemonizada pela exigência de segurança do próprio sistema social que o sistema penal contribui a reproduzir, exercendo seu poder contra alguns homens – os mesmos expropriados na partilha real do poder – em benefício de outros – os seus detentores.[476]

Criticando as oportunidades que se oferecem de maneira diferenciada aos diversos grupos sociais, Vincenzo Ruggiero endossa os dizeres da criminóloga brasileira:

> Las desigualdades sociales determinan grados diversos de libertad, por lo que los individuos gozan de garantías para cierto número de decisiones y un rango específico de potenciales acciones que podrían realizar. Cada nivel de libertad ofrece una posibilidad de actuar, de elegir objetivos para el proprio comportamiento, y medios para hacer posibles las decisiones. A mayor grado de libertad, mayor rango de opciones des de predecir de manera realista los resultados y las consecuencias.[477]

Logo, a proteção da liberdade e o ideal de igualdade devem encontrar nos tribunais superiores um acentuado reforço, conforme anotado por Pinto Ferreira, para quem "a liberdade limita a lei e não a lei limita a liberdade".[478]

O referido autor ainda destaca:

---

476 ANDRADE, Vera Regina Pereira de. *A ilusão de segurança jurídica*: do controle da violência à violência do controle penal. Porto Alegre: Livraria do Advogado Editora, 2003, p. 314.

477 RUGGIERO, Vincenzo. *Delitos de los débiles y de los poderosos*: ejercicios de anticriminologia. Buenos Aires: Ad-Hoc, 2005, p. 217.

478 FERREIRA, Pinto. *O Superior Tribunal de Justiça*. *In*: STJ 10 anos: obra comemorativa 1989-1999. Brasília: STJ, 1999, p. 193.

> A Constituição é justamente uma força de contenção e os tribunais se apresentam como os grandes instrumentos de guarda da Constituição e da lei, especialmente os tribunais superiores e entre eles no Brasil o Supremo Tribunal Federal e o Superior Tribunal de Justiça, o primeiro como guarda da Constituição e o segundo como guarda da ordem jurídica federal.[479]

A missão constitucionalmente atribuída ao Superior Tribunal de Justiça, de atuar como tutor da inteireza positiva, da autoridade e da uniformidade interpretativa da lei federal, se funde com a destacada tarefa de "guardiã da liberdade", na feliz expressão do Relator-Geral da Assembleia Nacional Constituinte, Senador Bernardo Cabral[480].

E defender a liberdade na seara penal significa defender o princípio da legalidade, não por acaso expressamente previsto no primeiro artigo do Código Penal. Afinal, ele tem sua origem no movimento ilustrado que se rebelou contra o arbítrio e a opressão que remarcavam o sistema penal do final do século XVIII.

Com efeito, conforme registrado na nota histórica (cf. item 1.1 - primeira parte), a liberdade como direito individual somente se consagrou por força do princípio da legalidade, quando então o poder punitivo do Estado ficou restrito às hipóteses previamente descritas em lei e limitado pela respectiva sanção cominada.

Sendo assim, a tarefa exclusiva do Superior Tribunal de Justiça de interpretar e uniformizar o Direito federal ganha ainda mais importância na esfera do Direito Penal, que possui, como um de seus principais pilares, o princípio da legalidade.

Referido princípio, entretanto, não está isolado no sistema, conectando-se aos demais direitos e garantias fundamentais que ditam o Estado Democrático de Direito.

Tais comandos elevaram expressamente a dignidade da pessoa humana como fundamento do Estado (CF, art. 1°, III) e a inviolabilidade

---

479 FERREIRA, Pinto. *O Superior Tribunal de Justiça*. *In*: STJ 10 anos: obra comemorativa 1989-1999. Brasília: STJ, 1999, p. 193.

480 CABRAL, Bernardo. *Superior Tribunal de Justiça: 10 anos*. *In*: STJ 10 anos: obra comemorativa 1989-1999. Brasília: STJ, 1999, p. 55.

do direito à liberdade como um objetivo a ser perseguido e repeitado por todos (CF, art. 5°, *caput*).

Para que o texto normativo seja válido, não basta a simples obediência formal ao procedimento legislativo, exigindo-se ainda uma perfeita sincronia com a ideologia do ordenamento jurídico como um todo.

Ao Poder Judiciário compete, então, promover a crítica através dos princípios vigentes, afastando-se de um raciocínio meramente formal para encontrar o sentido material e ideológico da lei.

Outra não é a lição de Luiz Vicente Cernicchiaro:

> O Judiciário não pode desenvolver mero raciocínio formal. As premissas também precisam ser objeto de crítica. Dentre os – "Princípios Fundamentais" – da Carta Política – o art. 1°, no inciso III, realça a – *dignidade da pessoa humana*! Costumo dizer, a Carta Política, como as demais normas jurídicas, encerra propósitos para caracterizar o Estado Democrático; busca realizar a "igualdade e a justiça como valores supremos de uma sociedade fraterna, pluralista e sem preconceitos" (Preâmbulo). A Constituição, como o restante do ordenamento jurídico, tem em mira promover a – *justiça material*. Representa momento histórico de transição! [...] O trabalho do legislador deve ser analisado no sentido material e ideológico! A lei é meio, trânsito para realizar – *valores*! Se os contraria, evidente, perde legitimidade. Aqui, resplandece a grande importância do Poder Judiciário. Toda norma (legislada, ou não) precisa passar pela crítica de dois referenciais: a) crivo formal (obediência ao procedimento legislativo); b) crivo material (obediência aos princípios do Direito, de que a Constituição é aspecto importante). A própria Carta Política torna-se objeto de análise, dado poder encerrar dispositivos que desviem do referencial teleológico de suas normas [...] O casuísmo, entretanto, cede espaço à principiologia que, aliás, dispensa, para sentir-se sua extensão, o ditado do legislador. Cultura, respectivos valores, independem de declaração formal. Impõem-se, ao contrário, ao próprio legislador. E também ao Poder Judiciário. Assim o é porque a lei, além de obedecer ao procedimento legislativo (aspecto formal), precisa submeter-se aos princípios axiológicos (ainda que não explicitados), o que corresponde à legitimidade![481]

[481] CERNICCHIARO, Luiz Vicente. *RDD – Regime disciplinar diferenciado*. *In*: Doutrina do Superior Tribunal de Justiça: edição comemorativa 15 anos. Brasília: STJ, 2005, p. 452-456.

Desse modo, o Superior Tribunal de Justiça, ao analisar materialmente a legislação infraconstitucional, promove a interpretação condizente do tipo com o espírito do ordenamento imposto pelo Estado Democrático de Direito, adequando seu alcance até o limite permitido pelo princípio da legalidade.

A competência de zelar pela uniformização da lei federal não pode e nem deve ser repartida com o Supremo Tribunal Federal, que por vezes tem extrapolado suas relevantes funções para decidir causas em que a palavra final competiria ao Superior Tribunal de Justiça, transmudando-o de órgão final a mera instância de passagem.[482]

O Ministro Nilson Naves discorreu sobre o tema e, ao final, concluiu:

> 1. É do Superior toda a jurisdição infraconstitucional (direito ordinário), salvo hipóteses que dizem respeito a determinados membros de Poder, como o presidente da República (Constituição, art. 102, I, *b* e *d*).
>
> 2. No exercício das competências previstas nos incisos I e II do art. 105, livremente o Superior também dispõe do contencioso constitucional. Por certo, é-lhe lícito o modelo difuso-incidental de controle de constitucionalidade. Sua palavra não é final; em tese, sempre haverá o recurso extraordinário.
>
> 3. No exercício da competência prevista no inc. III do art. 105, amplamente o Superior dispõe do contencioso infraconstitucional. Em princípio, não tem o contencioso constitucional. Tê-lo-á em uma ou duas hipóteses, podendo fazer, incidente e previamente, declaração de inconstitucionalidade. Não, se em benefício da parte recorrente.
>
> 4. É do Supremo a jurisdição constitucional. É o Tribunal da Constituição, órgão mais de natureza política - Corte de Justiça Política. Do Supremo esperar-se-ia, como alhures se esperou, se substituísse ao poder moderador. Melhor ficaria se transformado em Corte Constitucional, exclusivamente.

---

482 A súmula 610 do STF é um exemplo claro de intromissão em assuntos da competência do STJ, pois define – *contra legem* – que "há crime de latrocínio, quando o homicídio se consuma, ainda que não realize o agente a subtração de bens da vítima".

5. Para zelar pela guarda da Constituição, todos os instrumentos são úteis, necessários e legítimos ao Supremo. Ao lado do modelo difuso-incidental, compete-lhe, e somente a ele, o modelo concentrado -abstrato de controle de constitucionalidade.

6. Não é útil, conveniente e nem é legítimo ao Supremo entrar na matéria infraconstitucional, cuja jurisdição pertence ao Superior. Significa que é vedado o conhecimento do extraordinário a pretexto de ofensa à Constituição e, em seguida, o desfecho da causa fundado no direito infraconstitucional (provimento). De acordo com o sistema vigente, apenas o Superior tem autorização constitucional, mediante o recurso especial, para decidir as causas aplicando-se-lhes o direito ordinário.

7. As decisões do Superior, tratando-se de matéria infraconstitucional, hão de ser finais, irrecorríveis, com autoridade de coisa julgada, tanto como já o são as oriundas de recurso especial, quanto haverão de sê-lo as provenientes do exercício das competências originária e ordinária.[483]

A respeito do contencioso constitucional a cargo do Superior Tribunal de Justiça, destacado na citação acima, cabe uma pequena referência.

Em decorrência do reconhecimento do Superior Tribunal de Justiça como guardião da legalidade penal, além das inovações já introduzidas para vincular o teor de suas decisões às demais instâncias judiciárias, propõe-se, de *lege ferenda*, outras medidas para assegurar o controle concentrado da legalidade, o que demandaria, por certo, novos e abrangentes estudos sobre o tema que não cabem na presente pesquisa.

Por ora, é de extremo significado destacar apenas que já existem instrumentos para o controle da legalidade penal pelo Superior Tribunal de Justiça.

Com efeito, verificada a procedência da alegação do recorrente, de que o tribunal *a quo*, por exemplo, deu interpretação extensiva a determinado tipo (lei federal), o Superior Tribunal de Justiça, dando provimento ao Recurso Especial, cassará o acórdão recorrido e, na fase seguinte do julgamento (juízo de revisão), enfrentará o mérito do caso concreto,

483 NAVES, Nilson Vital. O Superior Tribunal e a Questão Constitucional. *Revista dos Tribunais*. São Paulo, RT, vol. 797, p. 28-42, mar. 2002.

oportunidade em que, exercendo o controle da legalidade, estabelecerá o alcance correto da conduta proibida ou, não sendo possível precisá-la sem recorrer à analogia proibida, declarará a falta de validade da norma e, incidentemente, a sua inconstitucionalidade, respeitada a reserva de plenário estabelecida no art. 97 da Constituição Federal e regulamentada pelo artigo 11, inciso IX, do Regimento Interno do Superior Tribunal de Justiça.[484]

Por outro lado, a clara identificação do tribunal encarregado de intermediar a relação entre a legislação penal e sua interpretação favorece a necessária transparência da jurisdição e o seu acompanhamento crítico pela opinião pública, dois fatores relevantes para a realização da proibição da analogia.[485]

A transparência da jurisdição afasta o receio de que uma pessoa possa ser prejudicada pela livre interpretação do tipo penal por determinados juízes, pois a proibição da analogia é controlável por um complexo sistema de informação, controle e correção recíprocos, conforme destacado por Hassemer:

> A jurisdição é "vinculada" a si mesma (mais que à lei, mas também a ela de muitos modos na prática): instâncias inferiores se vinculam à decisão das superiores na mesma questão jurídica; todos se vinculam à "opinião dominante" ou às próprias tradições do tribunal. A maioria dessas vinculações é informal, mas nem por isso menos efetiva; em regra, elas impedem ímpetos decisórios voluntaristas.[486]

---

[484] A ressalva estabelecida pela Corte Especial do STJ em outros julgamentos, como, p. ex., no REsp n. 215.881-PR (DJU 08.04.2001, p. 111), de que somente seria possível o reconhecimento da inconstitucionalidade se em desfavor do recorrente, não teria aplicação diante da alta tarefa de resguardo da legalidade. Sobre a possibilidade do STJ, no juízo de revisão, reapreciar provas, examinar *ex officio* matéria de ordem pública e declarar, pela Corte Especial, a inconstitucionalidade de lei e ato normativo, ver o denso estudo de Nelson Nery Júnior (NERY JUNIOR, Nelson. *O STJ e o controle de constitucionalidade de lei e ato normativo. In*: Doutrina do Superior Tribunal de Justiça: edição comemorativa – 20 anos. Brasília: STJ, 2009, p. 467).

[485] Nesse sentido, HASSEMER, Winfried. *Direito penal: fundamentos, estrutura, política.* Trad. por Adriana Beckman Meirelles *et al.* Porto Alegre: SAFE, 2008, p. 67.

[486] HASSEMER, Winfried. *Direito penal: fundamentos, estrutura, política.* Trad. por Adriana Beckman Meirelles *et al.* Porto Alegre: SAFE, 2008, p. 67.

De outra banda, não se está aqui advogando a valoração da opinião pública como fundamento das decisões judiciais, até porque, conforme já criticado (item 1.3.1 – segunda parte), muitas vezes provém de um discurso distorcido sobre política de segurança propositalmente direcionado a uma irracional aplicação da lei penal.

O que se entende como importante mecanismo de controle da legalidade é o acompanhamento crítico das decisões do Superior Tribunal de Justiça por parte das universidades, dos doutrinadores e dos operadores do direito como um todo, ou seja, trata-se de uma opinião pública qualificada.

Novamente, vale ressaltar a lição de Hassemer:

> Um remédio eficaz contra uma justiça que viola o Direito consiste na sua observação crítica por uma opinião pública vigilante, interessada e informada. Por força da Constituição, a justiça tem que realizar a mais importante parcela do seu trabalho publicamente. Do ponto de vista da política do Direito, esse princípio só se mostra útil quando a opinião pública não perde a justiça de vista.[487]

Com as incertezas que rondam o Direito Penal nos dias de hoje, a judicatura criminal do Superior Tribunal de Justiça deve se preparar para reagir contra o perene estado de emergência difundido pelos meios de comunicação sensacionalistas, os quais, estimulados por setores governistas carentes de uma política criminal inteligente e que, acima de tudo, contam com a subserviência do Congresso Nacional, pressionam pelo aumento do rigor punitivo através de uma inconsequente inflação legislativa que faz tábula rasa do princípio da legalidade e, portanto, do sagrado direito à liberdade.

Após destacar alguns exemplos da alta judicatura exercida pelo Superior Tribunal de Justiça em homenagem ao mandamento constitucional de proteção da dignidade da pessoa humana, Renê Ariel Dotti finaliza seu artigo invocando a "oração da sapiência", de Domingues de Andrade[488]:

---

[487] HASSEMER, Winfried. *Direito penal: fundamentos, estrutura, política.* Trad. por Adriana Beckman Meirelles *et al.* Porto Alegre: SAFE, 2008, p. 67.

[488] Antológico discurso sobre o sentido e o valor da jurisprudência proferido pelo Prof. Domingues de Andrade na Faculdade de Direito de Coimbra no dia 30.10.1953.

> O juiz deve ser o intermediário entre a norma e a vida, o instrumento vivente que transforma o comando abstracto da lei no comando concreto da sentença. Será a viva voz do Direito, ou mesmo a própria encarnação da lei. Porque a lei, com efeito, só tem verdadeira existência prática tal como é entendida e aplicada pelo juiz.[489]

Em conclusão, mais do que uniformizar o Direito Penal, o Superior Tribunal de Justiça, como Corte máxima infraconstitucional do País, tem a missão de proteger a liberdade mediante a reinterpretação das normas penais calcada nas garantias e valores estabelecidos na Constituição Federal, em especial, o princípio da legalidade.

4.2 O PRINCÍPIO DA LEGALIDADE COMO LIMITE DA JURISPRUDÊNCIA COM FORÇA VINCULANTE

O caráter imperativo dos precedentes atribui verdadeiro poder criador à jurisprudência[490] e possibilita uma maior influência política-ideológica sobre a atividade interpretativa no âmbito do Direito Penal, especialmente onde a tutela de interesses coletivos de particular importância (administração pública, economia, meio ambiente, ordem democrática etc) solicita dos juízes uma atividade supletiva apta a suprir um poder político reconhecidamente incapaz e ineficiente.

Diante desse quadro, Fiandaca e Musco observam que, nos setores acentuados, "emerge um 'direito penal jurisprudencial' que tende a superar os limites de tutela legislativamente demarcada", o que evidencia de maneira macroscópica o componente "criador" de "uma atividade interpretativa politicamente orientada".[491]

Ocorre que, como decorrência fundamental do princípio da legalidade, a garantia da reserva legal identifica como fonte do Direito Penal somente a lei em sentido estrito (v. item 1.2.2.2 – primeira parte).

[489] DOTTI, Renê Ariel. *Uma jurisprudência humanitária*. *In*: STJ 10 anos: obra comemorativa 1989-1999. Brasília: STJ, 1999, p. 232.

[490] Nesse sentido, LOVIS, Ângelo Barbosa. *Súmula vinculante*: exemplo da interpenetração entre os sistemas da *common law* e da *civil law*. In: Processo nos tribunais superiores. Coord. Por Marcelo Andrade Féres e Paulo Gustavo M. Carvalho. São Paulo: Saraiva, 2006, p. 402.

[491] FIANDACA, Giovanni e MUSCO, Enzo. Diritto penale: parte generale. 6 ed. Bologna: Zanichelli Editore, 2009, p. 116.

Logo, em respeito ao princípio da legalidade, a interpretação judicial não pode liberar-se dos parâmetros do legislador, ou, de outro modo, tornar mais grave a sanção penal, pois a aplicação do Direito "é um processo circular entre a lei e o caso, comparável a um *espiral* que se eleva, corrige e aperfeiçoa em um processo mútuo de compreensão entre a norma e a situação fática".[492]

Exatamente aí reside o dilema da proibição da analogia, pois, como visto (item 2.1 – segunda parte), entre ela e a interpretação permitida existe apenas uma linha tênue, que não pode ser precisada sem a devida valoração dos acontecimentos fáticos.

A doutrina alemã costuma distinguir a interpretação da integração de lacunas fixando os limites da primeira: pode ser considerada interpretação toda inteligência que ainda se compreenda nos limites do sentido literal possível; ultrapassada esta linha demarcatória, já se estará ingressando no domínio da analogia, que no Direito Penal só se permite *in bonam partem*.[493]

Certo é que se trata de uma garantia irrenunciável do cidadão e sua substituição pelo "bom senso do juiz", pelos "interesses sociais" ou pela "defesa social", enfim, por argumentos pragmáticos, morais ou éticos, traz em si o perigoso risco do casuísmo e da arbitrariedade, que não escolhe as vítimas de sua atuação.

Quando a jurisprudência consolida o entendimento de que basta a simples apreensão do objeto para que o furto e o roubo estejam consumados, retira a possibilidade do juiz, na análise do caso concreto, reconhecer a mera tentativa em face das circunstâncias específicas da conduta que está sendo julgada.

Desse modo, na defesa do princípio da legalidade, o Superior Tribunal de Justiça tem a nobre missão de assegurar que a interpretação judicial se atenha à baliza imposta pela semântica textual da conduta proibida, salvaguardando o tipo de uma extensão ilimitada, valendo-se,

---

492 HASSEMER, Winfried. *Introdução aos fundamentos do direito penal.* Trad. da 2ª edição alemã por Pablo Rodrigo Alflen da Silva. Porto Alegre: SAFE, 2005, p. 358.

493 ROXIN, Claus. *Derecho penal parte general.* Trad. por Diego-Manuel Luzón Peña, Miguel Diaz y Garcia Conlledó e Javier de Vicente Remesal. Madrid: Civitas, 1997, p. 66.

inclusive, dos instrumentos uniformizadores para, sempre que possível, modular a matéria de proibição.

Afinal, "só existe um princípio da legalidade penal, que não conjuga o plural, não se modifica nem tolera graduações ou compromissos: admitir um princípio da legalidade mais ou menos estrito deixa de ser legalidade".[494]

[494] NAUCKE, Wolfgang. *La progressiva pérdida de contenido del principio de legalidad penal como consecuencia de um positivismo relativista y politizado.* In: La insostenible situación del derecho penal. Granada: Comares, 2000. (Estudios de derecho penal, v. 15), p. 546.

Conclusão

PRIMEIRA PARTE: HISTÓRIA, CONTEÚDOS E GARANTIAS DA LEGALIDADE

1 Origem e desenvolvimento do princípio

O princípio da legalidade tem sua gênese vinculada ao movimento iluminista, estudado que foi por muitos pensadores do século XVIII e condensado no famoso opúsculo "Dos delitos e das penas", publicado no ano de 1764.

A obra de Beccaria, considerada por muitos como o marco fundador do período liberal, foi uma resposta à aplicação desmedida do Direito Penal, cujo único propósito à época era a manutenção do poder à custa do temor produzido pelos suplícios em desfavor daqueles que se opunham ao regime.

Importante destacar que a origem do princípio da legalidade se vincula, portanto, à luta pela defesa da liberdade individual.

Com efeito, no Estado Liberal que se seguiu à Revolução Francesa, a função do Direito Penal, orientado pelo princípio da legalidade, passou a ser a proteção do indivíduo frente à opressão estatal.

Coube a Feuerbach a sistematização dogmática do princípio, ocorrida em 1801, estabelecendo a unidade entre o seu conteúdo e forma ao condicionar a aplicação da pena à existência de uma lei (*nulla poena sine lege*), de uma ação incriminada (*nulla poena sine crimine*) e de uma lesão jurídica determinada (*nullum crimen sine poena legali*), fórmulas latinas que foram posteriormente reunidas na conhecida expressão "*nullum crimen nulla poena sine lege*".

Não demorou muito para que o princípio da legalidade passasse a constar dos textos legislativos e, posteriormente, das próprias Cartas Constitucionais de diversos países de índole democrática.

Na atualidade, com a superação do Estado Liberal pelo Estado Social e deste pelo Estado Democrático de Direito, o significado técnico do princípio pode ser elaborado a partir de três fundamentos.

O primeiro fundamento é de conteúdo político, representado pela separação de poderes que atribui ao Poder Legislativo a primazia para a elaboração das leis; ao Poder Judiciário a função de aplicar o Direito e ao Poder Executivo a de executar a sentença condenatória sem, contudo, interferir na modalidade e dosimetria da punição.

O segundo fundamento, de conteúdo jurídico-penal, repousa na necessidade de se divulgar, mediante publicação prévia da lei, a data precisa do início de sua vigência, afastando-se a possibilidade de alguém vir a ser condenado por condutas criadas a partir de interpretações judiciais baseadas nos costumes ou analogia.

O terceiro fundamento radica na tutela do cidadão em face do poder punitivo do Estado, assegurando-se a liberdade através da vinculação do Estado à lei abstrata.

Como dado histórico, dois casos emblemáticos de ruptura do princípio da legalidade, verificados na União Soviética e no nacional socialismo alemão, representaram a imediata perda da liberdade individual. A referência a esses dois episódios contemporâneos reforça ainda mais a ideia de que o princípio da legalidade se conecta diretamente com a proteção da liberdade enquanto fundamento do Estado Democrático de Direito.

No ordenamento jurídico brasileiro, o princípio da legalidade é tradicionalmente cultuado, presente que se encontra nos textos constitucionais desde a Carta imperial de 1824 e nas codificações penais a partir do Código Criminal do Império, de 1830.

2 Principais garantias decorrentes do princípio da legalidade

O princípio da legalidade pode ser representado pelas quatro garantias que dele decorrem, a saber: proibição de leis penais indeterminadas (*lex certa*); proibição de edição de leis retroativas que fundamentem ou agravem a punibilidade (*lex praevia*); proibição do agravamento da punibilidade pelos costumes (*lex scripta*) e proibição da analogia *in malam partem* (*lex stricta*).

A proibição de leis indeterminadas corresponde ao princípio da taxatividade, que impõe ao legislador a descrição mais objetiva e clara possível da conduta proibida e de sua respectiva sanção, evitando-se a utilização de vocábulos vagos e imprecisos na redação típica.

O ideal de precisão da definição legal do crime pretende cumprir três funções principais, quais sejam: (1) impor a autolimitação do poder punitivo estatal; (2) fortalecer a separação de poderes evitando que o juiz invada a competência do legislador no momento de interpretar a norma e (3) permitir que todos os cidadãos conheçam com exatidão a conduta proibida e suas consequências como forma de inibir eventual impulso criminoso (prevenção geral negativa).

Tais objetivos, contudo, jamais poderão ser cumpridos plenamente devido à falibilidade da linguagem e a indispensável interpretação da norma penal, cumprindo ao legislador lapidar a descrição típica de modo a torná-la suficientemente objetiva para satisfazer ao máximo as exigências da segurança jurídica.

A segunda garantia decorrente do princípio da legalidade repousa na proibição da retroatividade da lei penal gravosa, significando que o agente só pode responder criminalmente nos termos da lei vigente no momento do fato.

Tal proibição deve ser estendida às mudanças jurisprudenciais *in malam partem*, especialmente no momento em que se difundem no Direito brasileiro instrumentos destinados a valorizar o precedente e vincular as decisões judiciais ao entendimento prévio dos tribunais superiores, como as súmulas vinculantes, a repercussão geral e a lei dos recursos repetitivos.

A proibição do agravamento da punibilidade pelos costumes representa o terceiro corolário do princípio da legalidade. Por ele, fica imposta a necessidade de uma lei escrita para a incriminação de condutas e para a imposição ou majoração da sanção penal, ficando excluído o uso do direito consuetudinário.

A quarta e última garantia refere-se à proibição da analogia *in malam partem*. Diferentemente do imaginado pelos iluministas, toda e qualquer norma contém necessidades valorativas que autorizam uma atividade criadora do juiz no momento de decidir.

Mesmo assim, a lei jamais poderá ser substituída pela jurisprudência na tradição do Direito escrito, posto que a decisão judicial deve sempre se subsumir ao sentido literal possível do preceito típico.

Desse modo, diante de eventual lacuna da lei penal, fica vedada a aplicação de uma disposição relativa a um caso semelhante que não seja favorável ao réu.

Considerando a dificuldade de se estabelecer uma distinção segura entre interpretação válida e analogia proibida, a primeira deve se restringir ao campo semântico máximo permitido pelo enunciado normativo, associando-se ao bem jurídico protegido e às razões de decidir do caso concreto.

Apesar do bem jurídico funcionar como um referencial significativo para se estabelecer os contornos da conduta proibida, os novos campos de atuação do Direito Penal têm dificultado sua identificação, o que torna ainda mais complexas as discussões sobre a melhor forma de enfrentamento das condutas que colocam em risco os interesses transindividuais da sociedade e do próprio regime democrático, conformadoras da expansão do Direito Penal e das modernas formas de criminalidade, objetos de reflexões na segunda parte do trabalho.

SEGUNDA PARTE: JURISPRUDÊNCIA E CONTROLE DA LEGALIDADE

1 A crise do Direito Penal e seus reflexos entre os princípios político-criminais de garantia

Delimitada a origem do princípio como instrumento de proteção da liberdade, bem como o rico desenvolvimento experimentado nos regimes democráticos de Direito e, em especial, no Direito Penal brasileiro, a segunda parte da pesquisa concentrou-se na análise da jurisprudência e do controle da legalidade.

Na esteira da doutrina de Claus Roxin, as relações entre política criminal e sistema de Direito Penal advertem para a necessidade de se identificar a matriz ideológica que orienta o ordenamento jurídico e, consequentemente, sua influência na construção do Direito positivo.

Essa constatação ajuda a compreender o momento de crise do Direito Penal, identificada a partir do antagonismo surgido entre as correntes liberais, que defendem uma função limitadora do conceito de bem jurídico, e as de orientação constitucionalista, que postulam seu redimensionamento para o enfrentamento dos conflitos de ordem coletiva.

Mais do que a transformação no modo de entender e legitimar o Direito Penal é importante atentar para a desintegração experimentada pelos princípios penais de garantia, em especial, a que atinge o princípio da legalidade.

Com efeito, o Direito Penal "tradicional" surge formalizado, vinculado à legalidade e à jurisdicionariedade, tendo como objetivo a proteção de bens jurídicos certos e verificáveis. Entendido como um Direito Público persegue fins preventivos por intermédio da ameaça da pena (prevenção negativa), bem como da estabilização da fidelidade da população ao Direito (prevenção positiva). A sanção penal reclama a recomposição da ordem normativa, não se preocupando com a satisfação dos interesses da vítima, que deve buscar reparação na seara cível. Por fim, o princípio da culpabilidade afasta a responsabilidade objetiva ao exigir a presença do dolo ou, excepcionalmente, da culpa na conduta do agente.

A partir da concepção constitucionalmente orientada do objeto da tutela penal, novos parâmetros foram estabelecidos para o Direito Penal, a começar pela sua expansão para atender às exigências da moderna "sociedade do risco".

Significativa também é a limitação do caráter público do Direito Penal determinada pela acentuada intervenção da vítima no processo, fazendo surgir novos modos de extinção do crime ou de não aplicação da pena mediante transação ou reparação do dano.

No campo da causalidade, a teoria da imputação objetiva firmou-se como instrumento complementar das teorias causais do resultado.

Todavia, a mudança mais significativa se deve à incorporação constitucional de direitos coletivos e sociais, que passaram também a demandar a proteção do Estado em áreas como a sonegação fiscal, os crimes contra o sistema financeiro, a lavagem de dinheiro e os delitos contra o meio ambiente.

A proteção de bens jurídicos como os acima citados promoveu o embate entre bases teóricas diversas diante das incertezas quanto à capacidade do Direito Penal cumprir tal desiderato.

Conformado com a impossibilidade de se estabilizar a "expansão" do Direito Penal mediante o fortalecimento de outras instâncias de proteção desses novos bens jurídicos, Silva Sánchez propõe um sistema com "dois níveis de velocidade". O primeiro nível se destina aos delitos punidos com pena privativa de liberdade, no qual devem prevalecer os princípios político-criminais clássicos, as regras de imputação e as garantias do processo. O segundo nível, voltado para os delitos punidos com penas restritivas de direitos ou pecuniárias, permite a flexibilização de tais princípios e regras voltadas à amplitude de defesa do acusado.

Outra corrente sustenta que boa parte dessa nova criminalidade deve ser reconduzida ao Direito Administrativo sancionador, que pode se firmar como instrumento alternativo da clássica sanção penal, pois conta com um sistema próprio e capacidade de expandir-se sem ofender os princípios constitucionais de garantia.

Nessa quadra, convencido de que somente através da limitação do direito positivo se pode prosseguir falando de um verdadeiro e próprio Direito Penal, o trabalho vincula-se firmemente a favor da necessidade de um "Direito de Intervenção", situado entre o Direito Penal e o Direito Administrativo, conforme postulado por Hassemer, Ramacci, Figueiredo Dias e outros.

De qualquer modo, independentemente da opção político-criminal adotada para o enfrentamento da criminalidade contemporânea, a efetividade do princípio da legalidade deve ser resgatada em sua inteireza.

2 Princípio da legalidade e a indispensável interpretação da lei penal

Como "expressão verbal do pensamento" – na feliz definição de Aníbal Bruno – a lei penal sempre necessitará de interpretação, impondo ao legislador o desafio de descrever a conduta do modo mais objetivo possível e, ao intérprete, a tarefa de identificar seu alcance sem invadir o campo desautorizado da analogia.

Ambas as atividades, de criação e interpretação da lei penal, são realizadas a partir da noção de bem jurídico, cuja função político-criminal responde em grande parte pela limitação e racionalização do direito de punir do Estado.

Todavia, desde a sua estruturação original, formulada pelos iluministas e voltada para a proteção de direitos subjetivos, o conceito de bem jurídico foi sendo paulatinamente desvirtuado até se reduzir a mero instrumento formal para a interpretação das normas, desaguando num positivismo jurídico que permitiu a construção de sistemas penais ideológicos.

Somente a partir do segundo pós-guerra, com a consolidação do ideal de liberdade e democracia, procurou-se restabelecer a função de garantia do bem jurídico como forma de legitimar a intervenção punitiva na esfera de um moderno Estado de Direito.

Ocorre que, como visto, o legislador brasileiro parece ter se vinculado ao conceito político-criminal de bem jurídico, concebido como um valor constitucionalmente relevante.

O conceito de bem jurídico fundamentado nesta concepção constitucional acabou igualmente desfigurado pelas exigências da sociedade atual, determinando a incorporação dos denominados valores universais, representativos de interesses impalpáveis, de caráter coletivo e com vitimização difusa, bem como favorecendo a expansão acentuada do Direito Penal, especialmente diante de uma Constituição analítica como a do Brasil.

A dificuldade de se tipificar tais condutas obrigou a uma técnica de legiferação voltada preferencialmente para a construção de tipos omissivos, de perigo abstrato, com a abusiva utilização de elementos normativos e de normas penais em branco, através da qual o legislador praticamente delega ao intérprete a definição da matéria proibida.

Somando-se a tudo isso a reconhecida insuficiência da proibição da analogia para manter a interpretação dentro do limite imposto pela literalidade da lei, o aspecto generante da jurisprudência não pode mais ser desdenhado, resultando daí a necessidade de se construir mecanismos que possibilite maior controle da jurisdição e a uniformização dos entendimentos jurisprudenciais.

A valorização do precedente judicial, tradicionalmente adotada nos países do *common law*, surge, assim, como importante via para se assegurar a almejada segurança jurídica.

A criação de cortes internacionais penais e a busca pela uniformização da legislação europeia também estimulam o estreitamento dos sistemas do *common law* e *civil law*.

O certo é que, na busca pela redução das incertezas decorrentes da interpretação dos tipos de ilícito, o Direito Penal brasileiro, acompanhando o fluxo de aproximação entre os diversos sistemas do Direito moderno, também começa a valorizar a análise dos precedentes jurisprudenciais.

3 Violações da legalidade na práxis da jurisprudência nos crimes contra o patrimônio

A obstinada procura de uma resposta punitiva para o enfrentamento dos conflitos de feição transindividual, ainda que à custa da relativização dos princípios penais de garantia, terminou por contaminar também o tratamento dispensado aos crimes tradicionais, tornando o Direito Penal ainda mais seletivo e irracional.

Como exemplo dessa afirmativa, a jurisprudência paulatinamente tem aumentado o rigor na interpretação dos delitos contra o patrimônio, por vezes extrapolando os limites da própria proibição da analogia.

Assim é que o momento de consumação dos crimes de furto e roubo foi se estendendo até superar o significado semântico do verbo "subtrair"; os conceitos de "grave ameaça" e "violência" alcançaram uma dimensão etérea capaz de identificá-los com o simples arrebatamento da coisa ou com as vias de fato e, por fim, a relutância em se admitir o princípio da insignificância determinou o reconhecimento da tipicidade material do furto e do roubo mesmo em casos de subtração de ínfimo valor.

A existência de uma jurisprudência contraditória impede a concreção das garantias e acentua a irracionalidade do sistema penal, motivo pelo qual não se pode responder de modo totalmente preciso à pergunta acerca de como o Direito Penal pode alcançar o profundo respeito ao princípio da legalidade.

Em todo caso, é evidente que deve começar pela denominada criminalidade clássica e somente depois intensificar esta tendência à criminalidade contemporânea, caso se entenda mesmo conveniente seu controle por parte do Direito Penal.

Assim sendo, no exercício de sua função de guarda e intérprete oficial da legislação federal, o Superior Tribunal de Justiça tem a responsabilidade de proteger o cidadão mediante o controle da interpretação formulada pelas instâncias ordinárias acerca da validade e alcance dos tipos penais.

4 Uniformização da interpretação da legislação infraconstitucional e controle da legalidade pelo Superior Tribunal de Justiça

O Superior Tribunal de Justiça foi instalado no dia 7 de abril de 1989 com o elevado propósito de zelar pela aplicação isonômica e uniformidade interpretativa da legislação federal.

Consideradas as peculiaridades próprias do Direito Penal, essas funções se tornam ainda mais significativas, pois se voltam para a proteção da liberdade de cada cidadão.

O principal instrumento de garantia do indivíduo frente ao poder punitivo estatal é o princípio da legalidade, cuja origem histórica remonta à luta contra o arbítrio e a opressão impostos pelo sistema penal do final do Século XVIII.

Portanto, mais do que favorecer a igualdade de todos perante a lei, a busca pela uniformização da interpretação da lei penal visa à proteção da liberdade individual, somente alcançável através da estrita observância do princípio da legalidade.

Para desincumbir-se da grave tarefa de uniformizar a legislação penal e harmonizá-la com o princípio da legalidade, o Superior Tribunal de Justiça conta com novos instrumentos para diminuir o número de processos em tramitação e, assim desafogado, fomentar a reflexão necessária sobre inúmeros temas que precisam ser superados, especialmente em seus desdobramentos referentes à segurança jurídica e à previsibilidade das decisões judiciais.

Todas as inovações que tenham por objetivo tornar mais efetivo o princípio da legalidade são importantes, especialmente no campo do Direito Penal, onde o verdadeiro sentido e alcance de inúmeros tipos penais ainda desafiam a doutrina e os operadores do Direito.

Por outro lado, as súmulas e demais instrumentos voltados para a filtragem dos processos não pode impedir o monitoramento da legalidade sobre a inteireza do ordenamento jurídico penal, sendo importante repisar a proposta, de *lege ferenda*, de criação de mecanismos de controle concentrado da legalidade pelo Superior Tribunal de Justiça.

CONCLUSÃO GERAL

Num Estado em que tradicionalmente a Carta Política acolhe o princípio da legalidade em todas as suas nuances, o ordenamento jurídico-penal deve conter meios aptos a dirimir eventuais divergências hermenêuticas sobre a validade, o alcance e a extensão da conduta proibida.

Compete ao Superior Tribunal de Justiça, na qualidade de uniformizador da legislação infraconstitucional e guardião da sua estrita obediência, exercer o controle da interpretação dada pelas instâncias ordinárias aos inúmeros tipos penais, afastando as exegeses que desbordarem dos limites impostos pelo princípio da legalidade.

A interpretação do tipo penal formalizada pelo Superior Tribunal de Justiça possui eficácia em razão do seu papel constitucional de intérprete soberano da lei federal, devendo ser seguida como forma de se evitar soluções divergentes pelas demais instâncias.

A atuação desse específico órgão de cúpula permite ainda a interferência de outros domínios sociais no controle da legalidade, como a opinião pública construída a partir das universidades, institutos e doutrina especializada.

Para que a jurisprudência vinculante favoreça a segurança jurídica e desempenhe as garantias do princípio da legalidade, imprescindível a correta análise do precedente, sobretudo sua identidade ou similitude com o caso em julgamento.

Os filtros recursais instituídos para limitar a subida de processos, a par de potencializarem as altas atribuições da Corte, não podem impedir o controle da legalidade sobre a totalidade da legislação penal, motivo pelo qual, como sugestão para uma futura reforma do ordenamento, propõe-se a criação de mecanismos de controle concentrado da legalidade pelo Superior Tribunal de Justiça.

REFERÊNCIAS BIBLIOGRÁFICAS

ABBOUD, Georges. *Jurisdição constitucional e direitos fundamentais.* São Paulo: RT, 2012.

ADEODATO, João Maurício. *Ética e retórica.* Para uma teoria da dogmática jurídica. 3 ed. São Paulo: Saraiva, 2007.

ALFLEN DA SILVA, Pablo Rodrigo. *Leis penais em branco e o direito penal do risco.* Rio de Janeiro: Lumen Juris, 2004.

ALVIM, Arruda. *A alta função jurisdicional do Superior Tribunal de Justiça no âmbito do recurso especial e a relevância das questões. In*: STJ 10 anos: obra comemorativa. Brasília: STJ, 1999, p. 37-47.

ANDRADE, Vera Regina Pereira de. *A ilusão de segurança jurídica*: do controle da violência à violência do controle penal. Porto Alegre: Livraria do Advogado Editora, 2003.

ASÚA, Luiz Jiménez de. *Tratado de derecho penal.* 2 ed. Buenos Aires: Losada, 1956, t. I.

ASÚA, Luiz Jiménez de. *Tratado de derecho penal.* 2 ed. Buenos Aires: Losada, 1950, t. II.

BACIGALUPO, Enrique. *Las bases institucionales de la política criminal española en los últimos anos*: el principio da legalidad como tarea inconclusa. In: BAIGÚN, David et al. De las penas: homenaje al profesor Isidoro de Benedetti. Buenos Aires: Depalma, 1997, p. 1-24.
BARROS, Humberto Gomes de. Superior Tribunal de Justiça *versus* segurança jurídica: a crise dos 20 anos. *Revista do advogado*. São Paulo: AASP, nº. 103, p. 57-61, mai-2009.

BARROSO, Luis Roberto. *O controle de constitucionalidade no direito brasileiro*. São Paulo: Saraiva, 2011.

BASSI, Nicola. *Principio di legalità e poteri amministrativi impliciti*. Milano: Giuffrè, 2001.

BAPTISTA DA SILVA, Ovídio A. *A função dos tribunais superiores*. *In*: STJ 10 anos: obra comemorativa. Brasília: STJ, 1999, p. 145-165.

BATISTA, Nilo. *Introdução crítica ao direito penal brasileiro*. 5 ed. Rio de Janeiro: Revan, 1999.

BATISTA, Weber Martins. *O furto e o roubo no direito e no processo penal*. Doutrina e jurisprudência. 2. ed. Rio de Janeiro: Forense, 1997.

BAUMANN, Jürgen. *Derecho penal:* conceptos fundamentales y sistema. Trad. Conrado A. Finzi. Buenos Aires: Depalma, 1981.

BECCARIA, Cesare. *Dos delitos e das penas*. Trad. por Lucia Guidicini e Alessandro Berti Contessa, 2 ed., São Paulo: Martins Fontes, 1997.

BITENCOURT, Cezar Roberto. *Tratado de direito penal*, v.1, 17 ed., São Paulo: Saraiva, 2012.

BITENCOURT, Cezar Roberto.*Tratado de direito penal*. Parte especial, v. 3, 7 ed. São Paulo: Saraiva, 2011.

BONAVIDES, Paulo. *Curso de direito constitucional*. 25 ed. São Paulo: Malheiros Editores, 2010.

BOTTINI, Pierpaolo Cruz. *Crimes de perigo abstrato*, 2 ed., São Paulo: RT, 2010.

BRANDÃO, Cláudio. *Curso de direito penal. Parte geral.* Rio de Janeiro: Forense, 2008.

BRANDÃO, Cláudio. *Introdução ao direito penal*: análise do sistema penal à luz do Princípio da Legalidade. Rio de janeiro: Forense, 2002.

BRODT, Luís Augusto Sanzo. *O peso das penas.* Disponível em http://www.direitopenalvirtual.com.br/artigos/o-peso-das-penas. Acesso em: 20.6.2011.

BRUNO, Aníbal. *Direito penal*: parte geral, tomo I, 3 ed. Rio de Janeiro: Forense, 1967.

BRUNO, Aníbal. *Direito penal*: parte geral, tomo I, 5 ed. Rio de Janeiro: Forense, 2005.

BUONINCONTI, Ave Gioia. *Profili di diritto penale amministrativo.* Europolis: Roma. 2005.

BUSATO, Paulo César. *Régimen disciplinario diferenciado como producto de um derecho penal del enemigo.* In: Derecho penal y estado de derecho: reflexiones sobre la tensión entre riesgos y seguridad. Coord. por Luis Reyna Alfaro e Sergio Cuaresma Terán, Montevideo-Buenos Aires: Editorial B de f, 2008, p. 1-16.

CABRAL, Bernardo. *Superior Tribunal de Justiça: 10 anos. In*: STJ 10 anos: obra comemorativa 1989-1999. Brasília: STJ, 1999, p. 49-69.

CADOPPI, Alberto. *Introduzione allo studio del diritto penale comparato*, 2 ed., Verona: CEDAM, 2004.

CAPEZ, Fernando. *Curso de direito penal.* Parte especial, v. 2, 3 ed. São Paulo: Saraiva, 2004.

CARNEIRO, Athos Gusmão. *O papel da jurisprudência no Brasil. A súmula e os precedentes jurisprudenciais. Relatório ao Congresso de Roma. In*: Doutrina do Superior Tribunal de Justiça: edição comemorativa 15 anos. Brasília: STJ, 2005, p. 327-346.

CERNICCHIARO, Luiz Vicente. *RDD – Regime disciplinar diferenciado. In*: Doutrina do Superior Tribunal de Justiça: edição comemorativa 15 anos. Brasília: STJ, 2005, p. 452-456.

CHAMON JÚNIOR, Lúcio Antônio. *Teoria constitucional do direito penal.* Contribuições a uma reconstrução da dogmática penal 100 anos depois. Rio de Janeiro: Lumen Juris, 2006.

CHAVES, Alberto Alpízar. *Función de taxatividad del tipo penal (mandato de certeza 'lex certa'). In* Revista de la Asociación de Ciencias Penales de Costa Rica, n. 24, 2006, p. 35-43.

COELHO DOS ANJOS, João Miguel. *Reclamação constitucional. In*: Processo nos tribunais superiores. Coord.: FÉRES, Marcelo Andrade e CARVALHO, Paulo Gustavo M. São Paulo: RT, 2006.

CÓRDOBA RODA, Juan. *Consideraciones sobre el principio de legalidad. In*: Homenaje al Profesor Dr. Gonzalo Rodríguez Mourullo. Navarra: Aranzadi, 2005, p. 237-251.

COSTA JUNIOR, Paulo José da. *Direito penal*: curso completo. 7 ed. São Paulo: Saraiva, 2000.

COUTINHO, Jacinto Nelson de Miranda; GIAMBERARDINO, André Ribeiro. *Legalidade e reformas parciais do CPP*: a excrescência da relativização das regras e princípios constitucionais. In: Princípio da legalidade: da dogmática jurídica à teoria do direito. Coord. por Cláudio Brandão *et. al.* Rio de Janeiro: Forense, 2009.

CUNHA, Rosa Maria Cardoso da. *O caráter retórico do princípio da legalidade.* Porto Alegre: Síntese, 1979.

DEDES, Christos. *Sobre el origen del principio <nullum crimen nulla poena sine legge>*. In Revista de Derecho Penal y Criminologia, 2. Época, n. 9, 2002, p. 141-146.

DIAS, Jorge de Figueiredo. *Legalidade e tipo em direito penal. In* Escritos em homenagem a Alberto Silva Franco, São Paulo: RT, 2008, p. 213-225.

DIAS, Jorge de Figueiredo. *Para uma dogmática do direito penal secundário. In*: Direito penal secundário: estudos sobre crimes econômicos, ambientais, informáticos e outras questões. Coord. Por D'ÁVILA, Fábio Roberto e SOUZA, Paulo Vinicius Sporleder de. São Paulo: RT, 2006.

DIP, Ricardo Henry Marques. Princípio da legalidade penal: realidade e mito. *In*: Justiça Penal, v. 7. Coord. Jaques de Camargo Penteado, São Paulo: RT, 2000, p. 34-83.

DIMOULIS, Dimitri e MARTINS, Leonardo. *Teoria geral dos direitos fundamentais*. 3 ed. São Paulo: RT, 2011.

DOTTI, Renê Ariel. *Uma jurisprudência humanitária. In*: STJ 10 anos: obra comemorativa 1989-1999. Brasília: STJ, 1999, p. 195-232.

FÉRES, Marcelo Andrade e CARVALHO, Paulo Gustavo M. *Processo nos tribunais superiores*. São Paulo: RT, 2006.

FERRAJOLI, Luigi. *Diritto e ragione. Teoria del garantismo penale*. Roma: Laterza, 2000.

FERRAJOLI, Luigi. *Direito e razão*: teoria do garantismo penal. Trad. Ana Paula Zomer, Fauzi Hassan Choukr, Juarez Tavares e Luiz Flávio Gomes. São Paulo: RT, 2002.

FERREIRA, Pinto. *O Superior Tribunal de Justiça. In*: STJ 10 anos: obra comemorativa 1989-1999. Brasília: STJ, 1999, p. 173-194.

FEUERBACH, Anselm von. *Tratado de derecho penal*. Trad. por Eugenio Raúl Zaffaroni. Buenos Aires: Hammurabi, 1989.

FIANDACA, Giovanni e MUSCO, Enzo. *Diritto penale: parte generale*. 6 ed. Bologna: Zanichelli Editore, 2009.

FOUCAULT, Michel. *Vigiar e punir. História da violência nas prisões*. Trad. por Raquel Ramalhete. 15 ed. Petrópolis: Vozes, 1997.

FRAGOSO, Heleno Cláudio. *Lições de direito penal.* Parte especial, v. I, 10 ed. Rio de Janeiro: Forense, 1988.

FRAGOSO, Heleno Cláudio [atualização de Fernando Fragoso]. *Lições de direito penal*: parte geral. 17 ed., Rio de Janeiro: Forense, 2006.

FRANCO, Alberto Silva. *A medida provisória e o princípio da legalidade. In* Revista dos Tribunais, n. 648, out. 1989, São Paulo: RT, p. 366-368.

FRANCO, Alberto Silva *et. al. Código penal e sua interpretação jurisprudencial.* São Paulo: RT, 6 ed., v. I, t. I, 1997.

GANDULFO, Eduardo. *Qué queda del Principio de Nullum Crimen Nulla Poena sine Lege? Un enfoque desde la argumentación jurídica.* Política Criminal, v. 4, n. 8, 2009, p. 296 (292-382). Disponível em: <http://www.politicacriminal.cl/Vol_04/n_08/Vol4N8A2.pdf>. Acesso em: 11.2.2012.

GIACOMOLLI, Nereu José. *Função garantista do princípio da legalidade. In*: Revista Ibero-Americana de Ciências Penais, Ano 1, Porto Alegre, maio/agosto de 2000, p. 41-55.

GIACOMOLLI, Nereu José. *O princípio da legalidade como limite do 'ius puniendi' e proteção dos direitos fundamentais. In*: Revista de Estudos Criminais, Ano VI, n. 23, Porto Alegre, jul./dez. 2006, p. 153-177.

GIACOMOLLI, Nereu José; SILVA, Pablo Rodrigo Alflen da. *Panorama do princípio da legalidade no direito penal alemão vigente.* São Paulo: Revista Direito GV, n. 12, jul-dez 2010, p. 565-582.

GOMES, Luiz Flávio. Princípio da legalidade (ou da reserva legal) e os limites das "medidas provisórias" em direito penal. In.: *Responsabilidade penal da pessoa jurídica e medidas provisórias em direito penal.* São Paulo: RT, 1999. p. 208-252.

GOMES, Luiz Flávio. *Norma e bem jurídico no direito penal.* São Paulo: RT, 2002.

GOMES, Mariângela Gama de Magalhães. *Direito penal e interpretação jurisprudencial:* do princípio da legalidade às súmulas vinculantes. São Paulo: Atlas, 2008.

GOMES, Mariângela Gama de Magalhães. *Notas sobre as súmulas vinculantes em matéria penal. In*: Revista Brasileira de Ciências Criminais. Ano 18, n. 84, São Paulo: RT, maio-jun./2010, p. 77-110.

GRECO, Luís. *Modernização do direito penal, bens jurídicos coletivos e crimes de perigo abstrato.* Rio de Janeiro: Lumen Juris, 2011.

GRECO, Rogério. *Curso de direito penal:* parte geral, v. I, 10 ed., Niterói: Impetus, 2008.

GRECO, Rogério. *Curso de direito penal.* Parte especial, v. III, 5 ed. Niterói: Impetus, 2008.

GREGORI, Giorgio. *Saggio sull'oggetto giuridico del reato.* Padova: CEDAM, 1978.

GUIRAO, Rafael Alcácer. *Los fines del derecho penal*: una aproximación desde la filosofía política. Bogotá: Universidad Externado de Colombia, 2004.

GÜNTHER, KLAUS. *De la vulneración de un derecho a la infracción de un deber. Un <cambio de paradigma> en el Derecho Penal?. In* La insostenible situación del Derecho Penal. Granada: Editorial Comares, 2000.

HADDAD, Carlos Henrique Borlido. *Normas penais brasileiras. In*: Revista CEJ, Brasília, Ano XII, n. 41, abr./jun. 2008, p. 15-23.

HASSEMER, Winfried. *Introdução aos fundamentos do direito penal.* Trad. da 2ª edição alemã por Pablo Rodrigo Alflen da Silva. Porto Alegre: SAFE, 2005.

HASSEMER, Winfried. *Direito penal: fundamentos, estrutura, política*. Trad. por Adriana Beckman Meirelles *et al.* Porto Alegre: SAFE, 2008.

HEGEL, G. F. *Filosofía del derecho*. Trad. por Angélica Mendoza de Montero. Buenos Aires: Editorial Claridad, 1937.

HUNGRIA, Nelson. *Comentários ao código penal*. 6. ed. Rio de Janeiro: Forense, 1980, v. I, t. I.

HUNGRIA, Nélson. *Comentários ao código penal*, v. VII: arts. 155 a 196, 4. ed. Rio de Janeiro: Forense, 1980.

Instituto de Ciências Penais. *Relatório final sobre a reforma do Código Penal*. Belo Horizonte: 2012.

JAKOBS, Günther. *A imputação objetiva no direito penal*. Trad. por André Luís Callegari. São Paulo: RT, 2000.

JAKOBS, Günther. *Tratado de direito penal*: teoria do injusto penal e culpabilidade. Trad. por Gercélia Batista de Oliveira Mendes e Geraldo de Carvalho. Belo Horizonte: Del Rey, 2009.

JESCHECK, Hans Heinrich; WEIGEND, Thomas. *Tratado de derecho penal: parte general*. Trad. Miguel Olmedo Cardenete. 5 ed. Granada: Editorial Comares, 2002.

KANT, Immanuel. *Fundamentação da metafísica dos costumes*. Trad. por Paulo Quintela. Lisboa: Edições 70, 2007.

LOPES, Jair Leonardo. *Curso de direito penal*. 3. ed., São Paulo: RT, 1999.

LOPES, Luciano Santos. *Os elementos normativos do tipo penal e o princípio constitucional da legalidade*. Porto Alegre: SAFE, 2006.

LOPES, Maurício Antonio Ribeiro. *Princípio da legalidade penal:* projeções contemporâneas. São Paulo: RT, 1994.

LOPES, Maurício Antonio Ribeiro. *Direito penal, estado e constituição*: princípios constitucionais politicamente conformadores do direito penal. São Paulo: IBCCRIM, 1997.

LOVIS, Angelo Barbosa. *Súmula vinculante*: exemplo da interpenetração entre os sistemas da *common law* e da *civil law*. In: Processo nos tribunais superiores. Coord. Por Marcelo Andrade Féres e Paulo Gustavo M. Carvalho. São Paulo: Saraiva, 2006, p. 363-403.

LUISI, Luiz. *O tipo penal, a teoría finalista e a nova legislação penal*. Porto Alegre: SAFE, 1987.

LUISI, Luiz. *Um direito penal do inimigo: o direito penal soviético*. In: Direito penal em tempos de crise. Org. por Lenio Luiz Strek, Porto Alegre: Livraria do Advogado, 2007, p. 111-132.

MANTOVANI, Ferrando. *Diritto penale*. 3 ed. Milano: Cedam, 1992.

MARCHI JÚNIOR, Antônio de Padova. *Do conceito de violência na parte especial do código penal*. Dissertação de mestrado apresentada à Faculdade de Direito da Universidade Federal de Minas Gerais, 2002.

MARQUES, Daniela de Freitas. *Elementos subjetivos do injusto*. Belo Horizonte: Del Rey, 2001.

MARQUES, Daniela de Freitas. *Sistema jurídico-penal do perigo proibido e do risco permitido*. Porto Alegre: SAFE, 2008.

MARQUES, José Frederico. *Tratado de direito penal*, v. 1, 1 ed. atualizada. Campinas: Bookseller, 1997.

MARTÍNEZ, Rosario de Vicente. *El principio de legalidad penal*. Valencia: Tirant lo Blanch, 2004.

MATEU, Juan Carlos Carbonell. *Derecho penal*: concepto e princípios constitucionales. Madri: Tirant lo Blanch, 1999.

MATEU, Juan Carlos Carbonell. *Reflexiones sobre el abuso del derecho penal y la banalización de la legalidad. In:* Homenaje al Dr. Marino Barbero Santos. Coord. Por Adán Nieto Martín, v. I. Cuenca: Ediciones de la Universidad de Castilla-La Mancha/Ediciones Universidad Salamanca, 2001, p. 129-144.

MAXIMILIANO, Carlos. *Hermenêutica e aplicação do direito.* 11 ed. Rio de Janeiro: Forense, 1990.

MAYOS, Gonçal. *La ilustración.* Barcelona: Editorial UOC, 2007, p. 9.

MENDES, Conrado Hübner. *Lendo uma decisão: obter dictum e ratio decidendi.* Racionalidade e retórica na decisão. Disponível em http://ebookbrowse.com/19-estudo-dirigido-ratio-decidendi-e-obter-dictum-conrado-hubner-mendes-pdf-d46106398. Acesso em: 22.6.2012.

MIR, Jose Cerezo. *Curso de derecho penal espanol*: parte general, v. I, Madrid: Editorial Tecnos, 1990.

NAUCKE, Wolfgang. *La progressiva pérdida de contenido del principio de legalidad penal como consecuencia de um positivismo relativista y politizado.* In: La insostenible situación del derecho penal. Granada: Comares, 2000. (Estudios de derecho penal, v. 15), p. 531-549.

NAVES, Nilson Vital. Discurso de posse no cargo de Presidente do Superior Tribunal de Justiça. In: http://bdjur.stj.jus.br. Acesso em 04.07.2012.

NAVES, Nilson Vital. *O Superior Tribunal e a questão constitucional.* Revista dos Tribunais. São Paulo, RT, vol. 797, p. 28-42, mar. 2002.

NERY JUNIOR, Nelson. *O STJ e o controle de constitucionalidade de lei e ato normativo. In*: Doutrina do Superior Tribunal de Justiça: edição comemorativa – 20 anos. Brasília: STJ, 2009, p. 453-467.

NICOLITT, André Luiz. Declaração de inconstitucionalidade sem pronúncia de nulidade em matéria penal: reflexão a partir da ADI 4.424 e da ADC 19 – STF e as novas controvérsias sobre a Lei Maria da Penha. *In*: *Boletim do IBCCRIM*, nº. 234, maio/2012.

NUCCI, Guilherme de Souza. *Código penal comentado.* 3 ed. São Paulo: RT, 2003.

OLIVEIRA, Luciano. *A lei é o que o Senhor Major quiser! Algumas achegas sociológicas ao princípio da legalidade no Brasil.* In: Princípio da legalidade: da dogmática jurídica à teoria do direito. Coord. por Cláudio Brandão *et. al.* Rio de Janeiro: Forense, 2009, p. 121-132.

OLIVEIRA, Rodrigo Szuecs de. *Da sociedade de risco ao direito penal do inimigo* tendências de política criminal. Disponível em: <http:www.ibccrim.org.br>. Acesso em 15.05.2012.

PALAZZO, Francesco. *Introduzione ai princìpi del diritto penale.* Torino: G. Giappichelli Editore, 1999.

PIERANGELI, José Henrique. *Códigos penais do Brasil*: evolução histórica. 2 ed. São Paulo: RT, 2001.

PINTO, Felipe Martins. *Introdução crítica ao processo penal.* Belo Horizonte: Del Rey, 2012.

PIRES, Adriane Pinto Rodrigues da Fonseca. *O princípio constitucional da legalidade da intervenção penal e tipicidade penal*: algumas questões acerca do direito penal secundário. In: Revista de Estudos Criminais, Porto Alegre, v. 10, n. 41, abr./jun. 2011.

PIRES, Ariosvaldo de Campos. *Compêndio de direito penal.* Parte especial. Rio de Janeiro: Forense, 1990.

PIRES, Ariosvaldo de; SALES, Sheila Jorge Selim de. *Crimes de trânsito.* Belo Horizonte: Del Rey, 1998.

PIRES, Ariosvaldo de Campos [colaboração e atualização de Sheila J. Selim de Sales]. *Compêndio de direito penal. Parte geral.* Rio de Janeiro: Forense, 2005.

PRADO, Luiz Regis. *Bem jurídico-penal e constituição.* São Paulo: RT, 1996.

PRADO, Luiz Regis. *Curso de direito penal brasileiro*, v.1, 8 ed., São Paulo: RT, 2008.

PRADO, Luiz Regis. *Curso de direito penal brasileiro*. Parte Especial, v. 2, 2 ed., São Paulo: RT, 2008.

QUEIROZ, Paulo. *Direito penal*: parte geral. 3 ed. São Paulo: Saraiva, 2006.

QUEIROZ, Paulo e VIEIRA, Antônio. *Retroatividade da lei processual penal e garantismo*. Disponível em <http://pauloqueiroz.net/retroatividade-da-lei-processual-penal-e-garantismo/>. Acesso em: 29.2.2012.

RAMACCI, Fabrizio. *Os modelos de justiça penal*: entre mito e história, uma crise de transformação? Trad. por Sheila Jorge Selim de Sales. *In*: Execução penal: constatações, críticas, alternativas e utopias. Coord.: Antonio de Padova Marchi Júnior e Felipe Martins Pinto, Curitiba: Juruá, 2008, p. 31-42.

ROXIN, Claus. *Derecho penal parte general*. Trad. por Diego-Manuel Luzón Peña, Miguel Diaz y Garcia Conlledó e Javier de Vicente Remesal. Madrid: Civitas, 1997.

ROCHEFORT, Juan Ignácio Piña. *La estructura de la teoría del delito en el ámbito jurídico del "common law"*. Granada: Editorial Comares, 2002.

ROUSSEAU, Jeas-Jacques. *Do contrato social*. Trad. por Rolando Roque da Silva. Edição eletrônica: Ed. Ridendo Castigat Mores. Disponível em www.cfh.ufsc.br/~wfil/contrato.pdf. Acesso em 14.9.2012.

ROXIN, Claus. *Derecho penal parte general*. Trad. por Diego-Manuel Luzón Peña, Miguel Diaz y Garcia Conlledó e Javier de Vicente Remesal. Madrid: Civitas, 1997.

ROXIN, Claus. *A proteção de bens jurídicos como função do Direito Penal*. Trad. por André Luís Callegari e Nereu José Giacomolli. 2. ed. Porto Alegre: Livraria do Advogado Editora, 2009.

RUGGIERO, Vincenzo. *Delitos de los débiles y de los poderosos*: ejercicios de anticriminologia. Buenos Aires: Ad-Hoc, 2005.

SANTOS, Juarez Cirino dos. *A moderna teoria do fato punível*. Rio de Janeiro: Freitas Bastos, 2000.

SANTOS, Lycurgo de Castro. *O princípio da legalidade no moderno direito penal*. *In* Revista Brasileira de Ciências Criminais, ano 4, n. 15, São Paulo: RT, jul-set/1996, p. 182-199.

SCHMIDT, Andrei Zenkner. *O princípio da legalidade penal no Estado Democrático de Direito*. Porto Alegre: Livraria do Advogado, 2001, p. 144.

SCHMITT, Carl. *Legalidade e legitimidade*. Trad. por Tito Lívio Cruz Romão. Belo Horizonte: Del Rey, 2007.

SELIM DE SALES, Sheila Jorge. *Escritos de direito penal*. 2 ed., Belo Horizonte: Del Rey. 2005.

SELIM DE SALES, Sheila Jorge. *Dos tipos plurissubjetivos*. Belo Horizonte: Del Rey, 1997.

SCHÜNEMANN, Bernd. *El derecho penal es la ultima ratio para la protección de bienes jurídicos! Sobre los límites inviolables del derecho penal en un Estado liberal de derecho*. Trad. por Ángela de la Torre Benítez. Bogotá: Universidad Externado de Colombia, 2007.

SILVA, José Afonso. *Curso de direito constitucional positivo*. 5. ed., São Paulo: RT, 1989.

SILVA SÁNCHEZ, Jesús-Maria. *A expansão do direito penal*: aspectos da política criminal nas sociedades pós-industriais, 2. ed., Trad. por Luiz Otavio de Oliveira Rocha, São Paulo: RT, 2011.

SILVA SÁNCHEZ, Jesús-Maria. Prólogo a la edición española. *In*: *La insostenible situación del derecho penal*. Granada: Comares, 2000. (Estudios de derecho penal, v. 15), p. XI-XV.

SOUZA E SILVA, Gustavo Henrique. *O princípio da legalidade e o direito penal econômico*: análise sob a perspectiva do estado democrático do direito. Dissertação de mestrado apresentada à Faculdade de Direito da UFMG, Belo Horizonte, 2011.

STRECK, Lenio Luiz. *Hermenêutica jurídica e(m) crise*: uma exploração hermenêutica da construção do Direito. 3.ed. Porto Alegre: Livraria do Advogado, 2001.

STRECK, Lenio Luiz e FELDENS, Luciano. *Crime e constituição*: a legitimidade da função investigatória do Ministério Público. 3 ed., Rio de Janeiro: Forense, 2006.

TAVARES, Juarez. *Teoria do injusto penal,* 2 ed., Belo Horizonte: Del Rey, 2002.

TAVARES, Juarez. *Interpretación, principio de legalidad y jurisprudência. In*: Anuario de derecho penal y ciencias penales. Madrid, v. 40, n. 3, set./dez. 1987, p. 753-769.

TEBET, Diogo. *Súmula vinculante em matéria criminal.* São Paulo: IBCCrim, 2010.

THEODORO JÚNIOR, Humberto; NUNES, Dierle e BAHIA, Alexandre. *Breves considerações sobre a politização do Judiciário e sobre o panorama de aplicação no direito brasileiro.* Análise da convergência entre o *civil law* e o *common law* e dos problemas da *padronização decisória.* In: Revista de processo. Ano 35, n. 189, Nov./2010. Coord. Por Teresa Arruda Alvim Wambier, São Paulo: RT, p. 9-52.

TOLEDO, Francisco de Assis. *Princípios básicos de direito penal.* São Paulo: Saraiva, 5 ed., 1994.

TUCCI, José Rogério Cruz e. *Precedente judicial como fonte do direito.* São Paulo: RT, 2004.

VARGAS, José Cirilo de. *Instituições de direito penal.* Belo Horizonte: Del Rey, 1997, Tomo I.

VARGAS, José Cirilo de. *Introdução ao estudo dos crimes em espécie*. Belo Horizonte: Del Rey, 1993.

VÁSQUEZ, Manuel A. Abanto. *El principio de 'certeza' en las leyes penales en blanco*. *In* Revista Peruana de Ciencias Penales, n. 9, 1999, p. 13-34.

VELOSO, Carlos Mário da Silva. O Superior Tribunal de Justiça na Constituição de 1988. *In*, *Revista dos Tribunais*, São Paulo, RT, vol. 77, nº. 638, p. 15-29, dez./1988.

VIGLIAR, José Marcelo Menezes. *Uniformização de jurisprudência como garantia do jurisdicionado*. Tese de doutorado apresentada à Faculdade de Direito da Universidade de São Paulo, São Paulo: USP, s/d, p. 252.

WALD, Arnoldo. *A contribuição do Superior Tribunal de Justiça na consolidação do princípio da confiança*. *In*: Doutrina do Superior Tribunal de Justiça: edição comemorativa 15 anos. Brasília: STJ, 2005, p. 31-48.

WELZEL, Hans. *Derecho penal alemán*. Trad. Juan bustos Ramírez y Sergio Yáñez Pérez, 4 ed. Santiago: Editorial Jurídica de Chile, 1993.

YACOBUCCI, Guillermo Jorge. *El dilema de la legalidad en el derecho penal de los derechos humanos*. *In*: Derecho penal del enemigo: el discurso penal de la exclusión. Coord. Por Cancio Melliá e Gómez-Jara Díez, v 2. Montevideo - Buenos Aires: Editorial B de f, 2006, p. 1073-1116.

YACOBUCCI, Guillermo Jorge e GOMES, Luiz Flávio. *As grandes transformações do direito penal tradicional*. São Paulo: RT, 2005.

ZAFFARONI, Eugenio Raúl; ALAGIA, Alejandro; SLOKAR, Alejandro. *Derecho penal parte general*. 2 ed. Buenos Aires: Ediar, 2002.

ZAFFARONI, Eugenio Raúl e BATISTA, Nilo. *Direito penal brasileiro*, v. II, I, Rio de Janeiro: Revan, 2010.

ZAFFARONI, Eugenio Raúl e PIERANGELI, José Henrique. *Manual de Direito Penal brasileiro*: parte geral. 7 ed. São Paulo: RT, 2007.

ZVEITER, Waldemar. *O sistema federalista no Brasil e o Superior Tribunal de Justiça*. *In*: Doutrina do Superior Tribunal de Justiça: edição comemorativa 15 anos. Brasília: STJ, 2005, p. 411-430.

Impresso em maio de 2016